Eva-Maria Kenngott/Rudolf Englert/Thorsten Knauth (Hrsg.)

Konfessionell – interreligiös – religionskundlich

Kohlhammer

Praktische Theologie heute

Herausgegeben von
Gottfried Bitter
Kristian Fechtner
Ottmar Fuchs
Albert Gerhards
Thomas Klie
Helga Kohler-Spiegel
Isabelle Noth
Ulrike Wagner-Rau

Band 136

Eva-Maria Kenngott
Rudolf Englert
Thorsten Knauth (Hrsg.)

Konfessionell – interreligiös – religionskundlich

Unterrichtsmodelle in der Diskussion

Verlag W. Kohlhammer

1. Auflage 2015

Gesamtherstellung: W. Kohlhammer GmbH, Stuttgart

Print: ISBN 978-3-17-024421-4

E-Book- Formate:
pdf: ISBN 978-3-17-024422-1
epub: ISBN 978-3-17-024423-8
mobi: ISBN 978-3-17-024424-5

Inhalt

II. Religiöse Pluralität und unterschiedliche Stile des Umgangs mit Religion

III. Übersicht und Bilanz

Religiöse Pluralisierung und die Pluralisierung des Religionsunterrichts

Eva-Maria Kenngott

Das Schlagwort von der „Entzauberung der Welt", also dem zunehmenden Rückgang religiöser Überzeugungen und Bindungen und deren Ersetzung durch säkulare Weltverständnisse, hat über Jahrzehnte das Selbstverständnis westlicher Gesellschaften geprägt. Max Weber hatte in seinem berühmten Vortrag „Wissenschaft als Beruf" aus dem Jahr 1917 das Austrocknen des Religiösen als Folge des modernen rationalen Weltverständnisses prognostiziert:

> „Die zunehmende Intellektualisierung und Rationalisierung bedeutet also *nicht* eine zunehmende allgemeine Kenntnis der Lebensbedingungen, unter denen man steht. Sondern sie bedeutet etwas anderes: das Wissen davon oder den Glauben daran: daß man, wenn man *nur wollte*, es jederzeit erfahren *könnte*, daß es also prinzipiell keine geheimnisvollen unberechenbaren Mächte gäbe, die da hineinspielen, daß man vielmehr alle Dinge – im Prinzip – durch *Berechnen beherrschen* könne. Das aber bedeutet: die Entzauberung der Welt" (Weber, 1992, 17).

Auch wenn diese Prognose nicht für alle westlichen Industrienationen zuzutreffen schien – gerade der USA als dem bedeutendsten westlichen Staat wurde ein Ausnahmestatus zugestanden –, so bestimmte das Paradigma der zunehmenden Säkularisierung die Diagnose bis in die achtziger Jahre des vergangenen Jahrhunderts. Doch die Religion schien wider Erwarten nicht aus der modernen Gesellschaft zu verschwinden, im Gegenteil. Die konkurrierende Vorstellung der religiösen Pluralisierung wurde zunehmend bestimmender und verfestigte sich im modernen Selbstverständnis. Eine Reihe von Evidenzen gibt es für die eine wie für die andere Sichtweise, z. B. den deutlichen Rückgang der Mitgliederzahlen der Kirchen oder die (vor allem migrationsbedingte) Zunahme der Bedeutung anderer religiöser Gemeinschaften, in Deutschland insbesondere muslimischer Gemeinschaften.

Jenseits der religionssoziologisch zu klärenden Frage, wie sich Säkularisierung und Pluralisierung zueinander verhalten, ist allerdings festzuhalten, dass die zunehmende Pluralisierung uns in Atem hält. Ein Hinweis darauf sind die öffentlichen und akademischen Debatten über Religion und religiöse Praxen, z. B. über das Kopftuch oder über Beschneidung, um zwei der herausstechenden religionsbezogenen Megathemen der vergangenen Jahre zu nennen. Im Schlepptau dieser meist mit heftiger Verve ausgetragenen Auseinandersetzungen werden grundlegende Problemstellungen mitgeführt, die die Organisation des Zusammenlebens angesichts unterschiedlicher Orientierungen und Lebensformen betreffen: Wie viel Pluralismus von Lebensformen verkraften wir? Nach welchen Maßstäben können oder dürfen oder sollen sie kritisiert werden? Wie sollen Konflikte zwischen unterschiedlichen Lebensformen entschieden werden?[1] Westliche Gesellschaften sind m. a. W. vor die Herausforderung gestellt, das Gemeinwesen so zu organisieren, dass Menschen mit den unterschiedlichsten Orientierungen, religiösen und säkularen, darin ihren Platz finden, gleiche Chancen haben und einigermaßen friedlich und schiedlich zusammen leben können.[2]

Der Religionsunterricht findet nicht im luftleeren Raum statt, sondern vor dem Hintergrund solcher gesellschaftlicher Veränderungen, Selbstbeschreibungen und Diskurse. Auch die Erwartungen, die an den Religionsunterricht herangetragen werden, z. B. die Orientierung Heranwachsender unter den Vorzeichen von Pluralismus zu unterstützen oder zum friedlichen Zusammenleben von Menschen mit unterschiedlichen Orientierungen beizutragen, gehen mit den Pluralisierungsprozessen einher. Ist die bundesdeutsche Organisation des Religionsunterrichts nach Art. 7 des Grundgesetzes den neuen Anforderungen gewachsen? Wie hat der Religionsunterricht auf sie reagiert? Welche Varianten zum Umgang mit der „Welt der Vielfalt“ [3] liegen im Horizont des Möglichen? Welche Einschränkungen gehen mit der konfessionellen Variante der Organisation von Religionsunterricht einher?

Diesen Fragen kommt auch deshalb eine Brisanz zu, weil das bundesdeutsche Modell des konfessionellen Religionsunterrichts sich selbst einem spezifischen Kontext verdankt, nämlich dem der vorwiegend volkskirchlich geprägten westdeutschen Gesellschaft nach dem zweiten Weltkrieg. Vor diesem christlich geprägten Hintergrund machte die spezifische Kooperation von Kirchen und Staat, wie sie bei der grundgesetzlichen Regelung im Blick war, Sinn: Der bekenntnismäßig neutrale Staat hält die Ausbildung persönlicher (Glaubens-) Überzeugungen und Wertungen für ein grundlegendes Gut, legt sie in die Hände der beiden großen christlichen Religionsgemeinschaften und behält im schulischen Raum die Aufsicht über den Religionsunterricht.

In den zurückliegenden Jahren hat dieses Modell konfessionellen Religionsunterrichts durch die sukzessive Einführung islamischen Religionsunterrichts eine gravierende Erweiterung erfahren. Religionsunterricht ist nun nicht mehr automatisch christlicher Religionsunterricht. Die Selbstverständlichkeit einer

1 Rahel Jaeggi (2014) diskutiert die Kritik von und an Lebensformen ausführlich.

2 Als Beispiel für eine der akademischen Debatten zum Thema sei das Streitgespräch zwischen Jürgen Habermas, Charles Taylor, Judith Butler und Cornel West „Religion und Öffentlichkeit“ (Mendieta & VanAntwerpen, 2012) genannt.

3 Die Bertelsmann Stiftung hat einen Reader mit Übungen zum Umgang mit Diversity unter diesem Titel herausgegeben (vgl. Bertelsmann Stiftung & Bertelsmann Forschungsgruppe Politik, 1998).

Erziehung im christlichen Sinne ist damit im schulischen Raum in Deutschland an ihr Ende gekommen. Die vielen muslimischen Schüler/innen können nun mehr und mehr, so sie möchten, ihren eigenen Religionsunterricht anwählen. Damit wurde den Anforderungen zunehmender Pluralisierung zumindest im Hinblick auf die Zugehörigen der zweitgrößten Religionsgruppe in Deutschland entsprochen, wie die Anhänger/innen des konfessionellen Religionsunterrichts argumentieren. Der Islam wird nun (zunehmend) aus der Binnensicht konfessionell ausgebildeter Lehrkräfte an deutschen Schulen unterrichtet.

Das konfessionelle Modell wurde noch in einer zweiten grundlegenden Weise an die gesellschaftlichen Gegebenheiten angepasst: Eine zunehmende Anzahl von Abmeldungen aus dem Religionsunterricht wurde mit Alternativfächern im Bereich Philosophie/Ethik ‚abgefangen'. In allen Bundesländern wurden in den zurückliegenden Jahrzehnten sukzessive werteorientierte Fächer eingeführt. Auch diese Entwicklung unterhöhlt die ursprünglich intendierte christliche Erziehung im schulischen Raum. Damit wurde dem steigenden Anteil säkularer Schülerinnen und Schüler Rechnung getragen. Eine offene Frage ist dabei freilich, welche Bildung im Hinblick auf religionsbezogene Fragen nun diese Schülerinnen und Schüler erhalten.[4]

Parallel zu den von Seiten der jeweiligen Landesregierungen durchgeführten Justierungen am bundesdeutschen Modell veränderte sich die Landschaft des Religionsunterrichts freilich auch ‚von unten'. Es entwickelten sich, begünstigt durch den bundesdeutschen Föderalismus, alternative Organisationsformen im Rahmen der grundgesetzlichen Regelungen von Art. 7 und Art. 141. Dabei sind vor allem drei Trends zu nennen, die zur Abweichung vom herkömmlichen Konfessionalitätsmodell geführt haben:

– Die *Öffnung des Religionsunterrichts* für alle Schüler/innen, die im Hamburger „Religionsunterricht für alle" zu einem dialogischen Modell des Religionsunterrichts ausgebaut wurde;
– die *Kooperation von Religionsgemeinschaften*, die insbesondere in Baden-Württemberg das Modell des „konfessionell-kooperativen Religionsunterrichts" hervorgebracht hat;
– die *Abkehr vom konfessionellen Modell* und die Einführung eines werteorientierten Schulfachs mit religionskundlichen Anteilen („Lebensgestaltung-Ethik-Religionskunde") in Brandenburg.[5]

*

4 Die religionskundlichen Anteile in den verschiedenen Wertefächern sind einerseits vom Umfang her sehr unterschiedlich; andererseits wurde die Verhältnisbestimmung zu den philosophisch orientierten Fachanteilen des Ethikunterrichts in der Philosophiedidaktik bislang nicht entfaltet.

5 Das Land Brandenburg bezog sich dabei auf Art. 141 des Grundgesetzes (vgl. Kenngott in diesem Band). Das Fach LER ist als eine Mischung zwischen einer staatlich gewollten und einer von unten angestoßenen Einführung zu betrachten (vgl. ebd.).

Im vorliegenden Band sind die zurzeit vorfindlichen Organisationsformen des Religionsunterrichts in Deutschland versammelt, wobei der Anlass für diese Zusammenschau in Bremen lag – und damit in demjenigen Bundesland, das immer schon einen Ausnahmestatus gegenüber der Organisation des Religionsunterrichtes nach Art. 7 beanspruchen durfte. Ein Teil der Texte entstand im Rahmen der Vortragsreihe „Religionsunterricht im Umbruch", die im WS 2012/13 im Haus der Wissenschaft in Bremen veranstaltet wurde.[6] Die Idee für einen solchen Austausch über die Organisationsformen des Religionsunterrichts stammte aus dem Institut für Religionswissenschaft und Religionspädagogik der Universität Bremen und hing mit der prekären Lage des Religionsunterrichts in der Stadt zusammen. Hier gilt die sog. Bremer Klausel, und der „Biblische Geschichtsunterricht" (BGU) wurde bislang als bekenntnismäßig nicht gebundener Unterricht auf allgemein christlicher Grundlage in staatlicher Verantwortung angeboten. Dieser Religionsunterricht wurde und wird allerdings kaum erteilt, und wenn er erteilt wird, häufig fachfremd. Die Zeit für einen Umbruch schien damals reif zu sein, zumal der BGU gemäß der Koalitionsvereinbarung zwischen SPD und Grünen modernisiert werden sollte. Zwischenzeitlich ist Bewegung in den Bremer Religionsunterricht gekommen, seit dem 01.08.2014 gilt ein neuer Rahmenlehrplan für das neue Fach „Religion".[7] Der Leitgedanke der Veranstaltungsreihe bestand darin, im städtischen Umfeld zu einem Diskurs über die verschiedenen Modelle von Religionsunterricht einzuladen und aus einem Labor von Ideen aus der bundesdeutschen Religionsunterrichtswirklichkeit Anregungen zu präsentieren.

Die damaligen Vorträge schienen es wert zu sein, sie auch einer breiteren Öffentlichkeit zugänglich zu machen. So entstand die Idee zum vorliegenden Band, in dem die Entwicklungen des Religionsunterrichts in Deutschland aus zwei Perspektiven in den Blick genommen werden. Er gibt zunächst in *Teil 1* eine Bestandsaufnahme über die Organisationsformen von Religionsunterricht in Deutschland, mit einem Blick über den deutschen Tellerrand hinaus. Dabei treffen – selbst im Herausgeber/innenteam – Autor/innen aufeinander, die dezidiert für bestimmte Fächer eintreten und damit gegen andere im Band vertretene. Die vorgestellte Vielfalt der Organisationsformen von Religionsunterricht ist ebenso wenig konfliktfrei wie die Vielfalt von Orientierungen selbst. Die gegenwärtigen Formen des Religionsunterrichts in Deutschland werden um zwei Einblicke erweitert: um einen Bericht von Dominik Helbling über die neuen Entwicklungen zu einem religionskundlichen Unterricht in der Deutsch-Schweiz sowie um einen Überblicksartikel von Peter

6 Die Vortragsreihe wurde von E. Kenngott organisiert und eingeleitet. Weitere Vorträge hielten B. Dressler, R. Englert, T. Knauth und L. Kuld. Die Reihe wurde mit einer Podiumsdiskussion „Wie weiter in Bremen?" abgeschlossen.

7 Der neue Bildungsplan ist zu finden unter: www.lis.bremen.de/sixcms/media.php/13/2014_BP_Religion_Druck_neu.pdf.

Schreiner über die Lage des Religions-unterrichts in Europa. Mit beiden Artikeln wird die Sicht auf die Entwicklungen im eigenen Land in das größere europäische Umfeld eingebunden.

Mit der Pluralisierung der Formen von Religionsunterricht sind allerdings auch verschiedene Stile des Umgangs mit Religion verbunden, wie sie in *Teil 2* zum Thema gemacht werden. Damit einher gehen unterschiedliche didaktische Zugriffsweisen, Bildungsverständnisse sowie die Beantwortung grundlegender Fragen, die den Religionsunterricht begleiten. Hierzu gehört bspw. das Verhältnis von Staat und Religionsgemeinschaften, die Rolle der Lehrkraft als Vertreterin eines Bekenntnisses oder als Darsteller/in der Bekenntnisvielfalt, der Unterricht nach Konfessionszugehörigkeit oder im Klassenverband samt verschiedener Varianten, die dabei jeweils zur Diskussion stehen, z. B. dialogisch oder bekenntnisneutral. Der Religionsunterricht ist, so scheint es, ein Experimentierfeld zum produktiven Umgang mit Pluralismus geworden.

Im abschließenden *Teil 3* ziehen *Rudolf Englert* und *Thorsten Knauth* eine Bilanz aus den dargelegten Positionierungen. Deutlich wird in ihrer systematischen Rekonstruktion der Beiträge, dass es trotz bleibender Differenzen zwischen ehemals konträr zueinander stehenden Organisationsformen auch zu positionellen Annäherungen gekommen ist, die auf gemeinsame Herausforderungen wie auch gemeinsam geteilte Rahmenbedingungen von religiöser Bildung in der Schule zurückzuführen sind. Diese Konvergenzen im Blick auf die didaktische Modellierung des Gegenstandes, die bildungstheoretischen Fundierungen sowie Grundauffassungen im Hinblick auf den Status von Religion als Schulfach bieten eine gute Voraussetzung dafür, die Diskussion über zukunftsfähige Organisationsformen von Religion in der Schule sachlich und kritisch, aber ohne die ideologisch anmutenden Zuspitzungen früherer Kontroversen zu führen.

Der Reigen der Organisationsformen des Religionsunterrichts wird in *Teil 1* mit *Rudolf Englerts* Darstellung des katholischen Religionsunterrichts eröffnet. Englert plädiert für den konfessionellen Religionsunterricht, der durch die vertiefte Auseinandersetzung mit einer Tradition, präsentiert von einer Lehrkraft, die dieser Tradition angehört, einen Beitrag zur Orientierung von Schüler/innen leisten kann. Dieses Plädoyer steht in Spannung zu eigenen Ergebnissen empirischer Forschung, wonach sich katholische Religionslehrkräfte weitgehend aus dem Religionsunterricht zurückgezogen und ihre Unterrichtsanteile auf eine Moderatorenrolle beschränkt haben.

Auch *Bernhard Dressler* argumentiert vor dem Hintergrund des konfessionellen Modells von Religionsunterricht. Dieser soll allerdings nicht aus einer funktionalen Perspektive heraus begründet und verstanden werden – also im Sinne dessen, was er bewirken könnte oder sollte: Religionsunterricht folglich nicht um der Wertebildung willen, sondern um Schülerinnen und Schülern mit einem eigenständigen Modus der Welterschließung bekannt zu machen. Ganz im Sinne Luthers mögen dann aus dem spezifischen evangelischen Verständnis heraus moralische Handlungen erfolgen; sie sind aber nicht Zweck des Unterrichts, sondern allenfalls Nebenfolgen.

Der islamische Religionsunterricht – ein verhältnismäßig junges Schulfach, an das hohe Erwartungen gerichtet wurden – wird von *Amin Rochdi* vorgestellt. Bei der Implementierung des Faches steht zur Debatte, in welcher (Lehr-)Gestalt der Islam in der Schule präsentiert werden soll. Welcher Islam mit welchem Verständnis von islamischer Theologie und im Sinne welchen Traditionsverständnisses? Rochdi plädiert dafür, Schüler/innen als religiöse Subjekte ernst zu nehmen. Dazu gehört, dass sie im schulischen Raum als Fragende – und nicht als zu Belehrende – betrachtet werden, die in Auseinandersetzung mit der Tradition eigenständig nach Lösungen suchen.

Lothar Kuld erläutert den Hintergrund für den konfessionell-kooperativen Religionsunterricht in Baden-Württemberg. Dieser ist nach wie vor ein konfessioneller Unterricht, wobei entweder eine evangelische oder eine katholische Lehrkraft die gemischte Religionsgruppe unterrichtet. Die Kooperation zwischen den beiden Kirchen im Religionsunterricht ist in den vergangenen Jahren verhältnismäßig gut empirisch erforscht worden. Kuld zeigt Forschungsergebnisse im Hinblick auf den Wissensaufbau bei den Schüler/innen, die Dialogfähigkeit und das konfessionelle Bewusstsein. Die neue Unterrichtsform wird von den Beteiligten (Lehrer/innen, Schüler/innen, Eltern) überwiegend geschätzt, auch wenn ganz unterschiedliche Erwartungen an sie gerichtet werden.

In die dialogische Wirklichkeit des Hamburger „Religionsunterrichts für alle“ gibt *Thorsten Knauth* Einblicke. Er ist für alle Schüler/innen geöffnet und fand bis zum Staatsvertrag mit den islamischen Verbänden allein in evangelischer Verantwortung statt. Knauths Schilderung des Unterrichts in einer neunten Klasse sowie der Schülersichten auf den Hamburger Unterricht vermitteln die Wertschätzung, die dieser interreligiöse Unterricht erfährt. Den Hamburger Ansatz nennt Knauth „konfessorisch“ und setzt ihn damit vom konfessionellen Unterricht ab. Ziel des Hamburger Unterrichts ist somit nicht die normative Orientierung an einem spezifischen Bekenntnis, sondern die gemeinsame Suche der Lernenden nach eigenen Positionen.

Mit den Ausnahmen beschäftigt sich *Eva-Maria Kenngott*. Sie stellt die beiden Fächer vor, die in staatlicher Verantwortung unterrichtet werden: den Bremer „Biblischen Geschichtsunterricht“ und das Fach „Lebensgestaltung-Ethik-Religionskunde“ in Brandenburg. Staatlicher Religionsunterricht als gemeinsamer Unterricht im Klassenverband ist in Deutschland deshalb eine Option, weil im Grundgesetz mit Art. 141 eine Ausnahmeregelung geschaffen wurde. Die unterschiedliche Ausgestaltung beider Fächer führt Kenngott u. a. auf die jeweils eigenen Traditionen des politischen Umgangs mit Religion zurück: staatlich verordnete Toleranz in Brandenburg, bürgerschaftliches Laissez faire in Bremen.

Dominik Helbling erweitert mit seiner Darstellung der Entwicklungen in der Deutsch-Schweiz den Horizont der nationalen Gegebenheiten. Religion ist im neuen Schweizer „Lehrplan 21“ eingebunden in den größeren sachlichen Zusammenhang „Natur – Mensch – Mitwelt“ und wird religionskundlich unterrichtet. Ob diese Art von Unterricht etwa „Stricken ohne Wolle sei“, wird von Helbling diskutiert und zurückgewiesen. Die Formulierung von Problemstellungen kann Schüler/innen in religionsbezogene Fragstellungen ‚verstricken‘; etwa wenn sie sich Gedanken machen sollen um einen Friedhof vor Ort, der geeignet ist für Menschen mit unterschiedlicher religiöser Orientierung.

Schließlich gibt *Peter Schreiner* einen Überblick über den Religionsunterricht in Europa. Dass es zu Hause am schönsten ist, ist eine Unterstellung, die nach Schreiner bis in die Präsentation und Diskussion der Modelle des Religionsunterrichts hineinreicht. Er entkommt dieser Versuchung von Eigenlob und selektiver Fremdwahrnehmung, indem er die verschiedenen Umgangsweisen mit Religion und Modelle des Religionsunterrichts anhand von acht Merkmalen vergleichend ausbuchstabiert. Genauer beschrieben werden die Entwicklungen hin zu einem religionskundlichen Unterricht in Schweden und die neueren Entwicklungen des interreligiösen Unterrichts in England.

Bernhard Dressler eröffnet *Teil 2* des Bandes mit dem provokanten Titel „Überlegungen zu einem evangelischen Bildungsverständnis“. Kann ein evangelisches Bildungsverständnis ein anderes sein als ein katholisches oder ein islamisches? Liegt nicht der Horizont von Bildung jenseits aller Partikularität und einer religiös motivierten Begründung? Dressler legt dar, dass Bildung zwar nicht mehr theologisch zu begründen ist, aber auch religiöse Bildung umfassen muss. Auch wenn keine einheitliche Perspektive auf die Welt mehr in Anschlag gebracht werden kann, so soll Bildung doch die Auseinandersetzung mit spezifischen Lebensdeutungen, z. B. einer evangelischen, einschließen.

Auch *Henning Schluß* beschäftigt sich mit der religiösen Dimension von Bildung, die ihrerseits in bildungstheoretischen Diskursen profan begründet wird. Dabei diskutiert er aus erziehungswissenschaftlicher Sicht zwei Kriterien zur Rechtfertigung von Bildung in der Zwangsinstitution Schule: auf der inhaltlichen Ebene die Wissenschaftsbezogenheit des zu vermittelnden Stoffes, auf der institutionellen Ebene die Chancengerechtigkeit. Sie sind auch auf religiöse Bildung in der Schule anzuwenden, die angesichts von Säkularisierung und religiöser Pluralisierung umso dringlicher geworden ist.

Joachim Willems erörtert Grundlagen für eine religionskundliche Didaktik, die er freilich nicht als distanziertes Reden über Religion verstanden wissen will. Religionskundlicher Unterricht bezieht sich nicht normativ auf eine bestimmte Religion oder Konfession und darf weder die negative noch die positive Religionsfreiheit verletzen. Willems überträgt die Kriterien, die im Beutelsbacher Konsens für die Politische Bildung gefunden wurden, auf den religionskundlichen Unterricht und legt Gründe für eine subjektorientierte religionskundliche Didaktik dar, wonach die Schüler/innen dazu befähigt werden sollen, einen Standpunkt in religiösen und weltanschaulichen Fragen zu entwickeln.

Nach *Nicolett Wels* herrscht bei Lehrkräften des Schulfachs Lebensgestaltung-Ethik-Religionskunde in Brandenburg häufig Unklarheit darüber, was unter religiös-weltanschaulicher Neutralität zu verstehen ist. Aus dieser Verunsicherung über das Prinzip der Bekenntnisneutralität heraus entstehe eine Beschränkung auf die Weitergabe von Wissen über Religionen. Deshalb steckt Wels in Auseinandersetzung mit der verfassungsrechtlichen Diskussion zentrale Bestandteile von Bekenntnisneutralität ab und legt dar, welche Auswirkungen sie für den religionskundlichen Unterricht sieht.

Katharina Frank hat eine empirische Untersuchung zum Religionsunterricht, den sie vorwiegend in der Schweiz beobachtet hat, durchgeführt. Sie unterscheidet dabei zwischen religiösem Unterricht und religionskundlichem Unterricht, wobei diese Kategorien aus dem empirischen Material heraus noch weiter spezifiziert werden. Der religionskundliche Unterricht ist ein Unterricht aus der Beobachterperspektive, wonach Themen, die sich mit Religion befassen, in der dritten Person dargelegt werden. An die empirischen Befunde knüpft Frank erste grundlegende Überlegungen zu einer religionskundlichen Didaktik.

Allen Autorinnen und Autoren sagen wir als Herausgeber/innen-Team herzlichen Dank für die interessanten Beiträge und ihre Geduld mit uns. Der vorliegende Band wäre freilich ebenso wenig entstanden ohne die überaus engagierte Mitarbeit von Katharina Karp in Essen und Lea Mayer in Bremen. Ferner danken wir Johanna Baron, Steffi Kleine und Robin Christopher Rozmann für die Unterstützung bei all den vielen zeitraubenden Arbeiten, die beim Abschluss eines Buches zu erledigen sind. Sie alle haben zum Gelingen des vorliegenden Bandes beigetragen.

*

Den berühmten Vortrag „Wissenschaft als Beruf“ beendete Max Weber mit einer Bilanz für die persönliche Lebensführung angesichts der entzauberten Welt. Für ihn blieb eine Art von trotziger Selbstbestimmung, wonach „... jeder den Dämon findet und ihm gehorcht, der seines Lebens Fäden hält“ (Weber, 1992, 37). Denn es gibt für Weber keine richtigen Antworten im wissenschaftlichen Sinne auf die Fragen: Was sollen wir tun? Oder: Wie sollen wir leben? Moderne Menschen müssen sich entscheiden zwischen den Wertordnungen, die in der entzauberten Welt miteinander im Kampf stehen (vgl. a.a.O., 27).

Schon vor knapp hundert Jahren war für Max Weber die Selbstverständlichkeit eines christlichen Verständnisses von Leben und Welt an ihr Ende gekommen.

Jeder musste nun selbst die Antwort auf die entscheidenden Lebensfragen finden. Das ist wohl so und hat sich als modernes Selbstverständnis in uns verankert. Die Pluralisierung der Orientierungen ist zwischenzeitlich im Alltagsverständnis westlicher Gesellschaften angekommen. Der Religionsunterricht kann einen Beitrag zur Orientierung und zum produktiven Umgang mit Differenz leisten. Die Debatte darüber, welche Form für einen solchen Religionsunterricht am angemessensten ist, ist eröffnet.

Literatur

Jaeggi, R. (2014) *Kritik von Lebensformen* (Frankfurt a. M., Suhrkamp).

Bertelsmann Stiftung & Bertelsmann Forschungsgruppe Politik (1998) *Eine Welt der Vielfalt. Ein Trainingsprogramm des A World of Difference-Institute in der Anti-Defamation-League, New York, in der Adaption für den Schulunterricht. Praxishandbuch für Lehrerinnen und Lehrer* (New York, Anti-Defamation League & Gütersloh, Bertelsmann Stiftung).

Mendieta, E. & VanAntwerpen, J. (Hrsg.) (2012) *Religion und Öffentlichkeit* (Frankfurt a. M., Suhrkamp).

Senatorin für Bildung und Wissenschaft (Hrsg.) (2014) *Religion Bildungsplan. Grundschule – Oberschule – Gymnasium, Jahrgangsstufen 1-13 (Bremen).* Verfügbar unter: www.lis.bremen.de/sixcms/media.php/13/2014_BP_Religion_Druck_neu.pdf [31.08.2014].

Weber, M. ([9]1992) *Wissenschaft als Beruf* (Berlin, Duncker & Humblot).

I. Gegenwärtige Formen des Religionsunterrichts

Connection impossible? Wie konfessioneller Religionsunterricht Schüler/innen ins Gespräch mit Religion bringt

Rudolf Englert

1 Hat sich der konfessionelle Religionsunterricht überlebt?

Die Inhalte schulischer Bildung sind ein Spiegel der kulturellen und gesellschaftlichen Entwicklung eines Landes. Von daher ist es kein Wunder, dass gerade weltanschaulich sensible Inhalte wie z. B. Gesellschaftslehre oder Sexualkunde gesellschaftliche Kontroversen auslösen können. Kein Fach aber ist in der Bundesrepublik Deutschland so häufig Gegenstand von Anfragen, Kritik und Bestreitungen gewesen wie der schulische Religionsunterricht. Schon vor mehr als hundert Jahren gab es Forderungen nach Abschaffung des Religionsunterrichts. Interessanterweise sind derartige Forderungen mittlerweile eher selten geworden. Kaum jemand bestreitet, dass Religion ein Gegenstand schulischer Bildung sein muss. Offensichtlich hat die Zunahme religiöser Pluralität der Position: Schule muss sich der Auseinandersetzung mit religiösen Fragen stellen, zusätzliche Plausibilität eingebracht. Gleichzeitig aber lässt die religiöse Pluralisierung die in den meisten Teilen der Bundesrepublik etablierte Form von Religionsunterricht, den konfessionellen Typus, in den Augen vieler Menschen zunehmend als gestrig erscheinen. Diese sind der Meinung: Weil die in unserer Gesellschaft anzutreffenden Erscheinungsformen von Religion längst nicht mehr nur christlich oder gar in einem strengen Sinne konfessionell geprägt sind, muss auch der Religionsunterricht multireligiös orientiert sein und als interreligiöser oder gar bekenntnisneutraler Religionsunterricht organisiert werden. Von daher versteht sich meine erste These: *Religiöse Pluralität führt zu einer Aufwertung von Religion als schulischem Bildungsgegenstand, gleichzeitig aber auch zu einer Infragestellung der Form konfessionellen Religionsunterrichts.*

Im Folgenden will ich, zugegebenermaßen ein bisschen einseitig, versuchen, die Stärken des konfessionellen Religionsunterrichts ins Licht zu rücken. Ich möchte davor warnen, leichtfertig die in diesem Kontext gewachsene Kultur einer differenzierten Auseinandersetzung mit religiösen Traditionen preiszugeben. Um besser verständlich zu machen, was ich damit meine, will ich kurz etwas sagen zur Entwicklung des konfessionellen Religionsunterrichts in Deutschland. Als man 1949 in das Grundgesetz der Bundesrepublik Deutschland einen eigenen Artikel zum Religionsunterricht aufnahm, geschah dies aus einem bestimmten Verständnis von Religionsfreiheit, staatlicher Neutralität und Antitotalitarismus heraus. Die nach der Katastrophe des Nationalsozialismus im öffentlichen Bewusstsein erstarkten Kirchen sollten, auch im Raum von Schule, ein Widerlager gegen staatliche Machtansprüche und Gewissenszwänge sein können. Man übertrug daher die inhaltliche Verantwortung für den Religionsunterricht den Religionsgemeinschaften. Dabei dachte man sich diesen Unterricht, das zeigen auch höchstrichterliche Urteile aus späteren Jahren, als Unterweisung in der Glaubenslehre einer bestimmten, in diesem Fall: christlichen Konfession.

Von diesem Ausgangspunkt vor sechzig Jahren hat sich der Religionsunterricht zwischenzeitlich deutlich entfernt. Das hat mit dem veränderten gesellschaftlichen Stellenwert der Kirchen, mit dem gewandelten Verständnis von Religion und Glaube und auch mit dem veränderten Verständnis der Bildungsaufgabe von Schule zu tun. Auch konfessioneller Religionsunterricht ist heute nicht mehr einfach Unterweisung im Glauben einer konkreten Religionsgemeinschaft. Empirische Befunde zum Aufgabenverständnis der gegenwärtigen Religionslehrer/innen zeigen sehr deutlich: Evangelischen wie katholischen Religionslehrer/innen geht es heute nicht mehr um die Vermittlung des Glaubens der Kirche, sondern um die Stärkung der religiösen Orientierungsfähigkeit ihrer Schüler/innen. Das heißt: Auch im konfessionellen Religionsunterricht wird heute nicht mehr von der Lehre der Religionsgemeinschaften, sondern von den Orientierungsbedürfnissen der Schüler/innen her gedacht. Konfessionell ist dieser Religionsunterricht nicht mehr, weil er Kinder und Jugendliche zur Anerkennung eines bestimmten Bekenntnisses führen will; konfessionell ist er vielmehr insofern, als er die religiöse Entwicklung der Schüler/innen durch die Auseinandersetzung mit den Traditionen einer bestimmten Religionsgemeinschaft unterstützen will. Von daher ergibt sich meine zweite These: *Konfessionell ist der gegenwärtige Religionsunterricht in Deutschland nicht im Sinne seiner Zielsetzung, sondern im Sinne seines Ausgangspunktes bzw. seines Bezugsrahmens.*

Ich möchte diesen Aspekt noch ein wenig weiter ausführen, weil er mir für das Verständnis eines konfessionellen Religionsunterricht modernen Zuschnitts ganz wesentlich zu sein scheint. Ein solcher Religionsunterricht hat sich in mehrfacher Hinsicht über das überkommene Konfessionalitätsmodell hinausentwickelt.

1.) Was seine *Inhalte* anbelangt: Ein moderner Religionsunterricht setzt die Relevanz religiöser Traditionen nicht mehr voraus, sondern prüft sie in Auseinandersetzung mit den Lebensfragen heutiger Schüler/innen. Von daher ist auch ein konfessioneller Religionsunterricht in hohem Maße welthaltig, lebensbezogen und gegenwartsorientiert. Darüber hinaus unterzieht der Religionsunterricht religiöse Traditionen immer wieder auch einem Vergleich mit alternativen Deutungsmustern, sowohl anderer Religionen und Weltanschauungen als auch gesellschaftlich vorfindlicher Sinnkonzepte. Das heißt, auch der konfessionelle Religionsunterricht hat sich längst für eine multireligiöse Perspektivik geöffnet. (Vgl. Leimgruber, 2007; Schweitzer, 2014)

2.) Es ist eine Weiterentwicklung auch festzustellen, was die *Intentionen* konfessionellen Religionsunterrichts angeht. Ich will noch einmal unterstreichen: Auch einem konfessionellen Religionsunterricht geht es nicht um ein Einstimmen der Schüler/innen in ein bestimmtes Bekenntnis, sondern um die Stärkung religiöser Orientierungsfähigkeit. Im Kontext schulischer Bildung kann die Auseinandersetzung mit religiösen Fragen nicht von den Interessen der Religionsgemeinschaften, sondern nur von den Interessen der Schülerinnen und Schüler her bestimmt sein. Auf dieser Linie wäre heute zu interpretieren, was die evangelische Kirche schon 1958 einen „freien Dienst an einer freien Schule" nannte. Man müsste dann allerdings konsequenterweise auch sagen: Wenn dieser Dienst einmal nicht mehr gefragt sein sollte, muss man kirchlicherseits auch bereit sein sich zurückzuziehen.

3.) Eine gewisse, wenn auch meiner Ansicht nach zu zögerliche Entwicklung ist auch im Bereich der *organisatorischen Gestalt* konfessionellen Religionsunterrichts festzustellen. Konfessioneller Religionsunterricht heißt nicht mehr zwangsläufig Religionsunterricht in monokonfessionellen Lerngruppen. So haben beide großen christlichen Kirchen Möglichkeiten zu unterschiedlichen Formen konfessioneller Kooperation geschaffen, sodass beispielsweise evangelische Religionslehrer/innen auch katholische Kinder oder katholische Religionslehrer/innen auch evangelische Kinder unterrichten können. (Vgl. Kuld, Schweitzer, Tzscheetzsch & Weinhardt, 2009; Schmid & Verburg, 2010) Hier müssten meines Erachtens noch deutlich mutigere Schritte gewagt werden bis hin zu einem Religionsunterricht, der im Sinne eines ökumenischen Modells wirklich von beiden christlichen Kirchen gemeinsam verantwortet wird. Auch ein solcher ökumenischer Religionsunterricht wäre aus meiner Sicht bekenntnisorientiert und in diesem Sinne konfessionell. Von daher versteht sich meine dritte These: *Im Zusammenhang mit dem Wandel seiner Inhalte und Zielsetzungen bedarf der konfessionelle Religionsunterricht auch eines Wandels seiner organisatorischen Gestalt in Richtung eines von beiden großen christlichen Kirchen gemeinsam verantworteten ökumenischen Religionsunterrichts.*

Die Alternativen zu einem konfessionellen Religionsunterricht sind damit nicht ein ökumenischer, sondern ein interreligiöser und ein bekenntnisneutraler Religionsunterricht. Und in diesem Sinne bin ich tatsächlich ein Befürworter des konfessionellen Modells, als ich sagen würde: Unter den in Deutschland heute gegebenen Bedingungen halte ich einen konfessionellen Religionsunterricht gegenüber einem interreligiösen oder einem bekenntnisneutralen Modell für die bessere Lösung. Es sind vor allem drei Gründe, die mich zu einem solchen Votum veranlassen.

1.) Ein *theologischer Grund:* Ich habe großen Respekt vor dem, was an interreligiösen Konzepten beispielsweise in Großbritannien oder in Hamburg entwickelt wurde. Aber ich glaube, dass die diesen Konzepten zugrundeliegende Theologie der Religionen erhebliche Schwachpunkte hat. Im Verlauf der Diskussion zum Beispiel um eine pluralistische Religionstheologie hat sich gezeigt, dass es viel schwieriger und problematischer ist, verschiedene Religionen aufeinander abzubilden, als es diese Theorie unterstellt. Letztlich liegt dieser Religionstheologie ein Ansatz zugrunde, der im Verschiedenen vor allem gemeinsame Tiefenstrukturen erkennt. Dagegen haben vor allem die französischen Postmodernisten opponiert, weil sie, aus meiner Sicht zu Recht, sagen: Wir brauchen, gerade im Bereich von Religion und Religionen, einen Verstehensansatz, der auch den Unterschieden gebührende Aufmerksamkeit zuwendet, so etwas wie eine „Hermeneutik der Alterität". Und dann stellt sich der Ramadan eben nicht einfach als die Fastenzeit der Muslime dar, sondern als etwas durchaus Eigenes und Besonderes.

2.) Ein *religionsdidaktischer Grund*: Ein moderner konfessioneller Religionsunterricht bietet Schüler/innen eine bestimmte religiöse Tradition als eine Art Experimentiermaterial an. Der Umgang und die kritische Auseinandersetzung mit diesem Material soll ihnen helfen, ihre eigene Religiosität und ihre eigene Sicht auf den Grund und den Sinn des Lebens zu entwickeln. Dieses entwicklungsförderliche Potenzial lässt sich aus einer religiösen Tradition aber aus meiner Sicht nur dann entbinden, wenn diese Tradition mit einer gewissen Gründlichkeit erforscht und ausgelotet wird. Eine religiöse Sprachschule etwa kann eine Tradition nur sein, wenn diese den Schüler/innen von einem wirklichen „native speaker" in der faszinierenden Vielfalt ihrer Formen präsentiert wird; wenn die Schüler/innen eine ungefähre Ahnung davon erhalten, welcher über Jahrhunderte hinweg gewachsene Reichtum in den Symbolen, Riten, Gottesbildern, Gleichnissen und Legenden einer bestimmten Religionsgemeinschaft steckt. Eine theologische Argumentationsschule kann eine Tradition nur sein, wenn heutige Kinder und Jugendliche die inneren Bezüge wenigstens der zentralen religiösen Überzeugungen einigermaßen durchschauen lernen. Nur dann kann sich so etwas ausbilden wie ein Sinn für eine konsistente theologische Argumentation und darüber hinaus: für Qualitätsstandards theologischen Denkens. Und eben solche Standards muss ein moderner Religionsunterricht heute entwickeln helfen.

3.) Schließlich möchte ich noch *einen praktischen Grund* dafür anführen, warum ich einen konfessionellen Religionsunterricht anderen Lösungen gegenüber, mindestens heute noch, für überlegen halte. Ich bin in einem sehr stark multikulturell geprägten großstädtischen Ballungsraum mit der Ausbildung katholischer Religionslehrer/innen beschäftigt. Viele unserer Studierender bringen beim Eintritt ins Studium äußerst dürftige Voraussetzungen für ihre spätere Tätigkeit mit; die Bibel ist ihnen weitgehend fremd, am kirchlichen Leben nehmen sie nur noch punktuell teil, eine vertiefte Auseinandersetzung mit theologischen Fragen hat oft noch kaum stattgefunden. Und selbst am Ende des Studiums, bei den Examina, blickt man mitunter noch in Abgründe fachlichen Nichtwissens und theologischen Ungeschicks. Da fällt es mitunter schwer, sich diese Absolventen als katholische Religionslehrer vorzustellen; doch welche Bedenken müsste man erst haben, wenn diese jungen Leute zusätzlich dem Anspruch genügen sollten, etwa auch mit der Welt des Islam oder des Buddhismus kompetent vertraut zu machen. Ich möchte diese Überlegungen in einer vierten These zusammenfassen: *Aus theologischen, religionsdidaktischen und praktischen Gründen ist der konfessionelle Religionsunterricht gegenüber interreligiösen oder bekenntnisneutralen Modellen aus meiner Sicht gegenwärtig die bessere Lösung.*

Zum Abschluss dieses ersten Punktes möchte ich noch einmal deutlich machen: Es steht auch für mich außer Frage, dass die religiöse Pluralitätsfähigkeit der Schülerinnen und Schüler eines der vorrangigen Ziele heutigen Religionsunterrichts sein muss. Klar scheint mir auch zu sein: Eine solche Pluralitätsfähigkeit lässt sich nur entwickeln, wo monokonfessionelle Perspektiven auf die Auseinandersetzung mit anderen Konfessionen, Religionen und Sinnkonzepten hin aufgebrochen werden. Auch ein konfessioneller Religionsunterricht modernen Zuschnitts muss daher Formen interreligiösen Lernens beinhalten. Es wäre ein großer Gewinn, wenn alle Religionsgemeinschaften, die für religiöse Bildung an den Schulen Verantwortung übernehmen, im Sinne einer solchen offenen Konfessionalität zusammenwirken könnten. Und es wäre schön, wenn in diesem Sinne auch in der öffentlichen Diskussion noch klarer würde: Wo es um religiöse Bildung an staatlichen Schulen geht, stehen die Religionsgemeinschaften zusammen. Gleichwohl meine ich: Wenn Christen, Juden und Muslime sowie noch dazu Vertreter fernöstlicher Religionen heute versuchten, den Religionsunterricht an der Schule inhaltlich komplett gemeinsam zu verantworten, würden die besonderen Konturen dieses Fachs nicht gestärkt, sondern geschwächt. Denn die Stärke des Religionsunterrichts im schulischen Bildungsprogramm kommt am besten nicht da zum Tragen, wo er Außenansichten auf alle möglichen Religionen präsentiert, sondern wo er mit den Innenansichten einer bestimmten Religion konfrontiert. Oder, noch einmal anders gesagt: Religionsunterricht brauchen Kinder und Jugendliche heute nicht in erster Linie, um ein Panoptikum religiöser Vielfalt kennenzulernen, sondern um sich von einer substantiellen religiösen Tradition zu eigenen Versuchen religiösen Denkens, theologischen Argumentierens und spirituellen Lebens herausfordern zu lassen.

Dies will ich im Folgenden noch ein wenig ausführen und etwas sagen zum Potenzial einer konfessionellen Orientierung.

2 Worin besteht das Potenzial einer konfessionellen Orientierung?

Ich möchte im Folgenden nun gezielt jene Punkte etwas weiter vertiefen, in denen ich die besonderen Stärken des konfessionellen Modells sehe:

1.) Religiösen Traditionen „auf Augenhöhe" begegnen: Der Religionsunterricht katholischer wie evangelischer Prägung verfolgt eine über viele Jahre bewährte didaktische Leitidee: Kinder und Jugendliche ins Gespräch mit der religiösen Tradition zu bringen, und zwar so, dass die Heranwachsenden mit ihren Erfahrungen und Vorstellungen dabei genauso zum Zuge kommen wie die religiöse Tradition selbst. Diese Leitidee wird in der katholischen Religionspädagogik unter dem Begriff der „Korrelationsdidaktik", in der evangelischen Religionspädagogik unter dem Begriff der „Elementarisierung" jeweils variantenreich umgesetzt. (Vgl. Englert, 2008, 122–158; Schweitzer, 2003) Es hat sich gezeigt, dass die Konzepte der „Korrelation" bzw. der „Elementarisierung" flexibel genug sind, um unterschiedlichen alters- und schulformspezifischen Gegebenheiten Rechnung zu tragen. Sie sind selbst dort einsetzbar, wo ein erheblicher Teil der Schülerschaft *keiner* Konfession angehört. Der Vorzug dieser Konzeptionen ist, dass sie, anders als andere Ansätze früher und heute, die Gegenwartserfahrung der Schüler/innen und die Tradition einer Religion zu einer Begegnung „auf Augenhöhe" zusammenführen. So kann es zu Befragungen und Kontroversen zwischen den beiden Dialogpartnern kommen, die sich didaktisch spannend inszenieren lassen. Ein solcher Religionsunterricht, der religiöse Traditionen nicht einfach vermittelt, sondern auf ihre Gegenwartsrelevanz hin kritisch befragt und für Formen individueller Aneignung und Verarbeitung verfügbar macht, hat allerdings weitreichende hermeneutische und theologische Implikationen. Im Grunde setzt er die Auseinandersetzung des Christentums mit der europäischen Aufklärung voraus. Dieses Modell wäre nach meiner Einschätzung, mindestens bis zur Stunde, interreligiös nicht konsensfähig. Das heißt: Würde Religionsunterricht interreligiös organisiert, bedeutete dies wohl das Ende der didaktischen Leitidee eines kritisch-produktiven Dialogs – genauso wie wohl auch didaktische Prinzipien aufgegeben werden müssten, die *anderen* Religionen besonders am Herzen liegen. Aus meiner Sicht, der Sicht eines christlichen Religionspädagogen, wäre dies ein empfindlicher Verlust an gewachsener und bewährter didaktischer Kultur.

2.) Konfrontation mit einem Anspruch, der herausfordert: Die zentrale Aufgabe modernen Religionsunterrichts ist es, die religiöse Orientierungsfähigkeit seiner Schüler/innen zu stärken. Orientierungsfähigkeit kommt nicht schon da zustande, wo man vieles kennt und manches weiß, sondern erst da, wo man sich aufgefordert fühlt, aus seiner Rolle als neutraler Beobachter herauszutreten und sich selbst zu positionieren. Wo Religion auf Distanz gehalten wird, kalt lässt und bloß – mit welchen Mitteln auch immer – analysiert wird, kann ihr eigener

Anspruch nicht zum Tragen kommen. Religionen wollen den Menschen nicht lassen, wie er ist, sondern für Erfahrungen sensibilisieren, die ihn über sich hinausführen: indem sie ihn achtsam machen für die Schönheit und das Leiden der Schöpfung, indem sie ihn konfrontieren mit der Not des Anderen, indem sie ihn öffnen für das Geheimnis der Welt. Wer Religionen verstehen will, muss diesen Anspruch wenigstens vernommen haben, auch wenn er ihn für sich selbst vielleicht zurückweist. Konfessioneller Religionsunterricht fordert die Schüler/innen heraus, sich mit der Botschaft und dem Anspruch einer konkreten Religion kritisch auseinanderzusetzen; er lädt sie gleichzeitig aber auch dazu ein, sich ihrerseits von dieser Botschaft und diesem Anspruch befragen zu lassen. Orientierungsfähig wird und bleibt nur, wer sein Verständnis von Leben und Welt in der Begegnung mit anderen Entwürfen prüft und weiterentwickelt. Die Religionen bieten die Chance zu einer solchen Begegnung.

3.) Religiöse Tradition als Bildungsgegenstand anbieten: Bei alledem ist der Umgang mit religiösen Traditionen am Ort „Schule" ein spezifisch anderer als im Kontext „Kirche". Dies ist unbedingt zu beachten, wenn ein konfessioneller Religionsunterricht nicht konfessionalistisch werden soll. Die Kirche ist die Kommunikationsgemeinschaft des Glaubens, in der dieser Glaube gelebt, gefeiert und tradiert wird. Die säkulare Schule hingegen ist ein Teil des öffentlichen Bildungswesens, für das dieser Glaube zunächst einmal ein Teil des kulturellen Erbes ist. In der Schule wird die Tradition christlichen Glaubens unweigerlich zu einem Bildungsgegenstand. Man könnte sagen: Um schultauglich zu werden, ist Religion didaktisch eigens zu modellieren. Dabei durchläuft sie zwangsläufig einen Transformationsprozess. (Vgl. Porzelt, 2007) Idealtypisch betrachtet, könnte man diesen etwa folgendermaßen beschreiben: Während es in der Glaubensgemeinschaft „Kirche" um den Voll*zug* von Religion geht, geht es in der Lerngemeinschaft „Schule", speziell im Religionsunterricht, um das *Verstehen* von Religion. Sicherlich lässt sich das Verstehen von Religion durchaus auch als eine Dimension religiöser Praxis selbst begreifen. Doch anders als im glaubensgemeinschaftlichen Kontext geschieht *unterrichtliches* Verstehensbemühen heute in wachsendem Maße nicht primär als ein Verstehen aus der Perspektive von *Teilnehmern*, sondern aus der Perspektive von *Beobachtern*. Oder, anders gesagt: Die Akteure im Raum von Schule sind nicht an ihrem Glauben arbeitende Kirchenmitglieder, sondern an ihrer Orientierungsfähigkeit arbeitende Schüler/innen. Im Religionsunterricht geht es dementsprechend nicht in erster Linie um ein „learning *in* religion", sondern um ein „learning *from* religion", nicht um Einübung *in*, sondern um Lernen *von* Religion. Das heißt, eine religiöse Tradition wird in einen unterrichtstauglichen Bildungsgegenstand transformiert und in dieser Form den Schüler/innen als Ressource für die Entwicklung ihrer religiösen Orientierungsfähigkeit angeboten. Insofern ist der Religionsunterricht eben kein Ort authentischer religiöser Praxis, sondern ein Ort pädagogisch-didaktischer Arbeit.

3 Wird das Potenzial des konfessionellen Modells in der Praxis genügend genutzt?

Eine große Frage ist natürlich: Wird das Potenzial des konfessionellen Modells, von dem gerade die Rede war, im real existierenden Religionsunterricht auch tatsächlich genutzt? Oder, offener gefragt: *Wie* versucht man denn das in der Praxis: Schüler/innen und Schüler von heute mit religiösen Traditionen in ein produktives Gespräch zu bringen? Davon soll jetzt im dritten Teil die Rede sein.

Es wurde bereits angesprochen, dass der konfessionelle Religionsunterricht in der Vergangenheit stark von einem religionskundlichen Unterricht abgesetzt wurde.[1] Während es die Aufgabe eines religionskundlichen Unterrichts sei, aus analytischer Distanz zu betrachten, was es im Bereich des Religiösen an Formenreichtum gibt, stehe im konfessionellen Religionsunterricht die Konfrontation mit der Frage im Raum, inwiefern eine bestimmte religiöse Tradition auch heute noch als relevant und gültig anzusehen sei. In einem Essener Forschungsprojekt nun haben wir mehrere Jahre lang über 100 Stunden Religionsunterricht videografiert und analysiert (vgl. Englert, Hennecke & Kämmerling, 2014) und dabei festgestellt: Die gegenwärtige religionsunterrichtliche Praxis zeigt eine Reihe von Merkmalen, die zu diesem Selbstverständnis mindestens in einer deutlichen Spannung stehen. Einige besonders auffällige Aspekte möchte ich im Folgenden ansprechen.

3.1 Die Rolle des Religionslehrers

In dem von uns aufgezeichneten Unterricht fungieren die Religionslehrer/innen überwiegend nicht als „Zeugen des Glaubens", als die sie bis heute in der Literatur immer wieder angesprochen werden (vgl. Böttigheimer & Dausner, 2011, 457–461), sondern als Moderatoren des unterrichtlichen Prozesses. Zum Rollenverständnis gerade jüngerer Religionslehrer/innen gehört offenbar, in der Grundschule noch deutlicher als in den weiterführenden Schulen, dass sie sich nicht nur mit ihrer eigenen Überzeugung, sondern überhaupt mit eigenen inhaltlichen Eingaben stark zurückhalten. Das heißt, ihre Zurückhaltung gilt nicht nur für bekenntnisartige Statements, bei denen sich der Lehrer mit seinem eigenen Glaubensstandpunkt in den Unterricht einbringt, sondern auch für die fachliche Expertise, bei der es beispielsweise um sachkundliche Hintergründe, vertiefende Erklärungen oder perspektivische Weitungen usw. geht.

1 Vgl. beispielsweise die verschiedenen Positionen in dem Band „Religion – warum und wozu in der Schule?" von Jürgen Lott (1992).

Der deutlichste Indikator dafür ist das quantitative Ausmaß dessen, was wir in unserer Untersuchung „Lehrerpräsentation“ genannt haben. Die Lehrerpräsentation umfasst nach unserem Verständnis das Einbringen inhaltlich relevanter Impulse wie Sachinformationen, Erklärungen, Herstellen von Zusammenhängen usw. Sie ist eine von acht „inhaltlichen Aktivitäten“, die wir unterscheiden und in ihrer Häufigkeit und ihrem Umfang genau erfasst haben. Es zeigt sich: Die Lehrerpräsentation spielt, mit wenigen Ausnahmen, im gesamten Datenmaterial eine sehr geringe Rolle: Sie umfasst nur knapp 7 Prozent der Unterrichtszeit. Im Durchschnitt investieren die Lehrer/innen für die Klärung methodischer und organisatorischer Fragen mehr Zeit als für die Präsentation eigener inhaltlicher Impulse. Wir halten den geringen Stellenwert der Lehrerpräsentation für ein deutliches Anzeichen dafür, dass der Lehrer in seiner Rolle als fachlicher und vor allem eben auch als theologischer Experte im gegenwärtigen Religionsunterricht stark zurücktritt, ja, man könnte in etlichen Fällen sogar sagen: kaum noch vorkommt.

3.2 Der Anspruch der Inhalte

In dem von uns aufgezeichneten Religionsunterricht fungieren religiöse Zeugnisse meist nicht als Herausforderung, an denen sich die Schüler/innen abzuarbeiten hätten, sondern eher als Spielmaterial für individuelle Aneignungen. Seit die Korrelationsdidaktik als Leitkonzept des katholischen Religionsunterrichts gilt, das heißt seit Mitte der 1970er Jahre, wurde von verschiedener Seite immer wieder herausgestellt: Die Überzeugungen christlichen Glaubens bzw. allgemeiner: religiöse Traditionen fordern die Vorstellungen, Werteprioritäten und Sinnmuster heutiger Kinder und Jugendlicher zum Teil kräftig heraus. Das heißt: Nicht nur die Schüler/innen sollen die Zeugnisse und Überzeugungen der Religionen kritisch anfragen, sondern umgekehrt sollen auch diese Zeugnisse die heutigen Schüler/innen herausfordern können – und das, was diesen plausibel und selbstverständlich vorkommt, in Frage stellen. Ein solch wechselseitiger Befragungsprozess setzt allerdings voraus, dass die Fremdheit zwischen religiösen Zeugnissen einerseits und gegenwärtigen Schülererfahrungen andererseits nicht ausgeblendet oder reduziert, sondern eben gerade deutlich herausgearbeitet wird. In der religionsdidaktischen Theorie-Diskussion wird dieser Punkt sogar neuerdings wieder stärker betont.[2]

Im Unterschied aber zu dieser vonseiten der religionsdidaktischen Theorie erhobenen Anforderung ist in dem von uns beobachteten Unterricht eine sehr deutliche Tendenz festzustellen, die Fremdheit und die Anstößigkeit der in

---

2 Vgl. dazu etwa den Ansatz der sog. „Alteritätsdidaktik“, insb. Bernhard Grümme (2007) Vom Anderen eröffnete Erfahrung. Zur Neubestimmung des Erfahrungsbegriffs in der Religionsdidaktik.

den Unterricht eingebrachten religiösen Traditionen möglichst nicht hervortreten zu lassen. Das im Vordergrund stehende Muster, nach dem Tradition und Lebenswelt miteinander ins Gespräch gebracht werden, ist nicht die produktive Anstößigkeit, sondern die Analogie, zum Beispiel: Was Schülerinnen und Schüler heute erleben, haben auch schon biblische Figuren in dieser oder jener Situation erlebt. Und insofern bieten diese Figuren eine Identifikationsmöglichkeit. Den Schüler/innen soll dies zeigen: Die religiösen Traditionen sind bis heute aktuell, insofern sie, gerade in der Gestalt biblischer Erzählzusammenhänge, elementare menschliche Grundsituationen ansprechen – z. B. der Verzweiflung und Verlassenheit, des Zorns und der Wut, der Eifersucht und der Rivalität, der Freundschaft oder der Solidarität. Zu diesem Ansatz passt, dass methodisch vor allem individualisierende Arbeitsformen eingesetzt werden: Die Schüler/innen sollen z. B. überlegen, mit welchen eigenen Erfahrungen, Gedanken und Gefühlen eine bestimmte biblische Erzählung oder ein bestimmter Psalmvers korrespondieren.

Es steht außer Zweifel, dass eine solche Herangehensweise, die auf die individuelle Aneignung religiöser Zeugnisse abzielt, sehr produktiv sein kann und dass sie ihren guten Platz im Religionsunterricht hat. Wenn dieser Ansatz aber einseitig in den Vordergrund tritt, droht die Gefahr, dass der Eigenanspruch religiöser Traditionen nicht mehr angemessen zur Geltung kommt. Wenn nicht mehr spürbar wird, welche Anfragen z. B. von prophetischen Texten an die heute im Umlauf befindlichen Vorstellungen von Gerechtigkeit ausgehen oder von der jesuanischen Bergpredigt an unsere eigenen Ideen von der Zukunft und Bestimmung der Menschheit, dann bleibt diese Form religionsunterrichtlicher Arbeit einfach zu vieles schuldig. Von daher stellen sich Fragen an die Praxis konfessionellen Religionsunterrichts, die, jedenfalls nach Ausweis unserer Studie, häufig dazu tendiert, den Eigenanspruch religiöser Traditionen zu „ermäßigen“ – gewiss aus dem nur allzu verständlichen Bemühen heraus, den Schüler/innen einen möglichst gut begehbaren Zugang zu diesen Traditionen zu ermöglichen.

3.3 Die Perspektive der Schüler/innen

Wir haben im gegenwärtigen Religionsunterricht gar nicht so wenige Formen unterrichtlicher Arbeit gefunden, die an einem wirklichen Dialog mit der religiösen Tradition kein stärkeres Interesse zeigen. Dies ist etwa dann der Fall, wenn über religiöse Traditionen lediglich informiert wird. Und zwar nicht nur dann, wenn *„andere“* Religionen Thema sind, also wenn zum Beispiel im katholischen Religionsunterricht über den Islam gesprochen wird, sondern nicht selten auch dann, wenn über Zeugnisse und Überzeugungen der *„eigenen“* Religion gesprochen wird. Beispiel: Eine Unterrichtsreihe über Namenspatrone. Die von einem korrelativen Ansatz her eigentlich zu erwartende Frage, inwieweit sich aus der näheren Begegnung mit dem eigenen Namenspatron ein gewisses biografisches Anregungspotenzial ergibt bzw. ob sich von den betreffenden Heiligen irgendetwas lernen lässt, bleibt im Hintergrund. Die unterrichtliche Arbeit beschränkt sich weitgehend auf Recherche, Information und unverbindlichen Austausch. – Insgesamt gibt es deutliche Anhaltspunkte dafür, dass auch im konfessionellen Religionsunterricht die Tradition christlichen Glaubens vermehrt wie eine „Fremdreligion“ behandelt wird: dass hier eine Verlagerung von einer Teilnehmer- zu einer Beobachterperspektive stattfindet.

Soweit dieser Blick auf die gegenwärtige Praxis des konfessionellen Religionsunterrichts. Man kann zusammenfassend sagen: In den über 100 Stunden Religionsunterricht aus vierten und zehnten Klassen, die wir in unserer Essener Forschungsgruppe im Laufe der letzten Jahre gründlich analysiert haben, finden sich nicht viele Stunden, von denen wir sagen würden: Da ist der Dialog zwischen dem, was Kindern und Jugendlichen wichtig ist, und dem, was für die christliche Tradition wichtig ist, so intensiv geführt worden, dass auf Seiten der Schüler/innen wirklich ein Orientierungsgewinn erzielt werden konnte. In der Regel bleibt das Gespräch mit der religiösen Tradition, wo es überhaupt zustande kommt, eher flach – sodass weder die Lebensoptionen der Schüler/innen von religiösen Zeugnissen her angefragt werden, noch umgekehrt diese Zeugnisse von den Schüler/innen einer wirklich ernsthaften Kritik unterzogen würden. Vielfach hat man das Gefühl, Religionsunterricht wird, bewusst oder unbewusst, so inszeniert, dass es möglichst nicht zu Konfrontationen kommt. Man bleibt selten so lange am Ball, bis Fragen aufkommen, bis Klärungsbedarf entsteht, bis Irritationen möglich werden, man könnte auch sagen: bis ein gewisser Druck aufgebaut wird, die eigenen Auffassungen noch einmal genauer zu überdenken, sie vielleicht tiefer zu begründen und jedenfalls nicht einfach nur dies und das zu behaupten, sondern zu argumentieren. In der Terminologie der Lernpsychologie könnte man sagen: Der gegenwärtige Religionsunterricht hat eine unübersehbare Schwäche im Bereich der kognitiven Aktivierung.

Was heißt das? Kann es zwischen Kindern und Religion und vor allem zwischen Jugendlichen und Religion am Ort der Schule heute nicht mehr zu einer wirklich weiterführenden und erkenntnisträchtigen Begegnung kommen? Muss man sagen: „Connection impossible“? Oder wäre das Gespräch mit religiösen Zeugnissen didaktisch und methodisch noch einmal anders zu akzentuieren und zu inszenieren? Mit mehr fachlicher Expertise vonseiten der Lehrer/innen? Mit mehr Mut, sich auch dem zu stellen, was an religiösen Zeugnissen vielleicht zunächst befremdet? Mit einem entschiedeneren Bemühen, die Schüler/innen auch kognitiv herauszufordern und zu begründeter eigener Positionierung zu befähigen? Ich habe in diese Richtung einen entsprechenden Versuch unternommen. (Vgl. Englert, 2013) Es geht um eine Art Lehrstück-Didaktik, die besonderen Wert gerade auf die eben genannten

Punkte legt: auf die fachliche Expertise der Lehrer/innen, auf die Entfaltung kontroverser Sichtweisen, auf die unterrichtliche Dramaturgie und den durch sie erzeugten Spannungsbogen. Man wird sehen, ob das praxistauglich ist. Aber das ist ein anderes Thema.

4 Literatur

Böttigheimer, S. & Dausner, R. (2011) Kompetente Glaubenszeugen. Was sollen Religionslehrer leisten?, in: *Herder Korrespondenz 65* (9), 457–461.

Englert, R. (2007) *Religionspädagogische Grundfragen. Anstöße zur Urteilsbildung* (Stuttgart, Kohlhammer), 122–158.

Englert, R. (2013) *Religion gibt zu denken. Eine Religionsdidaktik in 19 Lehrstücken* (München, Kösel).

Englert, R., Hennecke, E. & Kämmerling, M. (2014) *Innenansichten des Religionsunterrichts. Fallbeispiele, Analysen, Konsequenzen* (München, Kösel).

Grümme, B. (2007) *Vom Anderen eröffnete Erfahrung. Zur Neubestimmung des Erfahrungsbegriffs in der Religionsdidaktik* (Gütersloh, Gütersloher).

Kuld, L., Schweitzer, F., Tzscheetzsch, W. & Weinhardt, J. (Hrsg.) (2009) *Im Religionsunterricht zusammenarbeiten. Evaluation des konfessionell-kooperativen Religionsunterrichts in Baden-Württemberg* (Stuttgart, Kohlhammer).

Leimgruber, S. (2007) *Interreligiöses Lernen* (München, Kösel).

Lott, J. (Hrsg.) (1992) *Religion – warum und wozu in der Schule?* (Weinheim, Deutscher Studienverlag).

Porzelt, B. (2007) „Wer wechselt, wandelt sich." Schulische Transformation des Religiösen im Spiegel einer Lehrererzählung, in: *Religionspädagogische Beiträge 58,* 53–60.

Schmid, H. & Verburg, W. (Hrsg.) (2010) *Gastfreundschaft. Ein Modell für den konfessionellen Religionsunterricht* (München, dkv).

Schweitzer, F. (2003) *Elementarisierung im Religionsunterricht. Erfahrungen, Perspektiven, Beispiele* (Neukirchen-Vluyn, Neukirchener).

Schweitzer, F. (2014) *Interreligiöse Bildung* (Gütersloh, Gütersloher).

Religionsunterricht ist kein Werteunterricht. Eine evangelische Perspektive

Bernhard Dressler

Der Ruf nach Wertevermittlung eint gegenwärtig in der Schul- und Bildungspolitik ganz unterschiedliche Lager: Diejenigen, die den konfessionellen Religionsunterricht wie in Berlin durch ein obligatorisches Fach ersetzen wollen, mit dem eine staatliche Werteerziehung angestrebt wird („was Werte sind, bestimmen jetzt wir"), und diejenigen, die bis in die Kirchenleitungen hinein den Religionsunterricht der Öffentlichkeit freudig als die allseits geforderte Wertevermittlung andienen, froh darüber, dass der Religionsunterricht nun endlich in dieser Hinsicht im öffentlichen Bewusstsein als *brauchbar* zu gelten scheint.

Dagegen möchte ich die These vertreten, dass nicht nur der evangelische Religionsunterricht kein Werteunterricht ist, sondern dass sich religiöse Bildung in welcher Form auch immer gegen die Erwartung verwahren muss, der Wertevermittlung dienen zu sollen. Für diese These werde ich pädagogische Gründe geltend machen, aber auch Gründe, die mit meinem Verständnis von Religion zu tun haben. Ich will nämlich Religion kategorial von jenen funktionalistischen Nutzenkalkülen unterschieden halten, die von ihr vor allem den sozialmoralischen Kitt erwarten, der die Gesellschaft zusammenhält, und der sie in den Augen ihrer Kritiker allererst zu dem werden lässt, was sie ihr vorhalten: Opium des Volkes.

1 Werteverfall? Wertekonflikte!

Indem gegenwärtig fast kampagneartig „Werte" verteidigt werden, wird ungewollt deutlich, dass das, was wir unter Werten verstehen, nicht mehr selbstverständlich ist. Oder: dass uns die Kraft abhanden gekommen ist, selber praktisch für das einzutreten, was uns als Lebensorientierung selbstverständlich gültig zu sein scheint. Nun ist es ohnehin ziemlich schwierig, genauer zu erfahren, was jemand eigentlich unter jenen Werten versteht, die angeblich vom Verfall bedroht sein sollen. Falls darunter nur solche sogenannten „Sekundärtugenden" wie Ordnungsliebe, Pünktlichkeit, Sauberkeit, Fleiß usw. gemeint sind, will ich gleich offen sagen, dass ich mich auf eine solche Diskussion nicht gerne einlasse. Wohlgemerkt: Ich halte solche

Tugenden nicht für unwichtig, würde mich auch freuen, wenn ich sie bei Kindern und Jugendlichen wahrnehmen könnte. Aber von solchen Tugenden ist zu Recht gesagt worden, man habe mit ihnen in der Vergangenheit auch Konzentrationslager leiten können – und ein Übermaß an solchen Tugenden hat jedenfalls im vergangenen Jahrhundert in Deutschland viele Menschen nicht von Gewaltexzessen abgehalten. Also das, was wir ganz grundsätzlich unter Moralität verstehen, scheint nicht einfach an solchen Tugenden zu hängen. Auch andere wichtige Tugenden wie z. B. Verlässlichkeit, Treue oder Loyalität werden in diesem Zusammenhang genannt. Hier würde ich auch schon andere moralische Qualitäten einräumen. Nur muss man wissen, dass in den gegenwärtigen wirtschaftlichen Modernisierungsprozessen exakt diese Tugenden z. T. direkt untergraben werden. Dazu muss man gar nicht nur auf die Eskapaden der Finanzwirtschaft schauen. Gegenwärtig wird z. B. „Flexibilität" zur wichtigsten Qualifikation auf dem Arbeitsmarkt. So etwas wie „Normalerwerbsbiographien" gehören der Vergangenheit an – also dass jemand ein Leben lang in seinem erlernten Beruf arbeitet. Loyalitäten können sich im ständigen Wechsel der „Jobs" gar nicht aufbauen – und es ist nicht zufällig immer mehr von Jobs statt von Berufen die Rede. Menschen werden zunehmend weniger in der Lage sein, so etwas wie einen erzählbaren ‚roten Faden' in der eigenen Lebensgeschichte zu entdecken. Um ein etwas pathetisch klingendes, aber die Sache auf den Punkt bringendes Beispiel zu nennen: Der Wunsch, dauerhaft an dem Ort zu leben und zu arbeiten, an dem die eigenen Eltern begraben sind, gilt unter den Vorzeichen von Flexibilität und Mobilität nunmehr doch eher als schrullig. Mit Lebenstüchtigkeit wird das nicht mehr vereinbar sein. Das hat Folgekosten, die sich im Wandel der moralischen Orientierungen von Menschen und in den Verunsicherungen ihres Verhaltens niederschlagen. Diese Folgekosten werden nun mit dem Lamento vom Werteverfall den Individuen zugerechnet. Soziokulturelle Probleme werden moralisiert und zu subjektiven Angelegenheiten gemacht. Das ist bestenfalls unterkomplex, schlimmstenfalls zynisch. Und das fördert die Bereitschaft, sich bei solchen Themen lieber aufzuregen, als sich unvoreingenommen zu informieren. Über der Aufregung wird dann z. B. übersehen, dass bei Jugendlichen vom angeblichen Werteverfall weniger als bei der gegenwärtigen Erwachsenengeneration die Rede sein kann. Jugendliche kalkulieren z. B. mit einem fast bedrückenden, sozusagen „früherwachsenen" Ernst ihre prekären Ausbildungskarrieren und Zukunftschancen. Nichts von der vermeintlichen jugendlichen „Spaßkultur", von der mit unterschwelligem „Hedonismus"-Vorwurf immer wieder die Rede ist. Wohl aber sind die „hedonistischen" Werte (die Verbindung von egoistischer Ellenbogen-Mentalität mit dem Motto ‚Ich will Spaß, ich geb Gas') gerade bei der jetzt maßgeblichen Erwachsenengeneration überrepräsentativ häufig festzustellen.

Der wild gewordene Casino-Kapitalismus, dessen vergebliche Zähmungsversuche wir gegenwärtig beobachten, fördert gemeinwohlschädliche Einstellungen und erkauft die ökonomischen Wertmaximierungsstrategien mit moralischem Werteverfall. Davon zu unterscheiden ist die Beobachtung, dass der vermeintliche Werteverlust in der Regel ein Pluralisierungsphänomen ist. Salopp gesagt: Wir haben nicht zu wenig, sondern *zu viel* Werte im Sinne einer wachsenden Pluralität von Lebensführungspräferenzen, die z. B. als „Lebensstile" nicht nur Gesinnungsmerkmale bleiben, sondern verstärkt darstellbare „Außenseiten" erhalten. Gerade die Unterschiede, mit denen Menschen heute ihre Lebensformen „darstellen", sollen die je eigene Individualität unterstreichen. Sie sollen abgrenzen. Soziologen sprechen von „Distinktionsgewinnen", die die Menschen sich aus ihren unterschiedlichen moralischen und ästhetischen Lebensführungskonzepten erhoffen. Das aber heißt nun, dass „Werte" genau das *nicht* mehr leisten, was von ihnen erwartet wird. Sie eignen sich immer weniger als einigendes Band unseres sozialen und kulturellen Lebens. Sie sind eher konfliktsteigernd als konfliktregulierend. Im Übrigen: Auch die Attentäter des 11. September 2001 verstanden sich als Verteidiger bestimmter Werte. Eben darauf, dass nämlich *Werte immer nur in der Form von Wertekonflikten* zu haben sind, hat freilich schon am Beginn des 20. Jahrhunderts Max Weber, der erste bedeutende deutsche Soziologe, hingewiesen.

2 Was sind Werte? Und wer entscheidet darüber?

Die Schwierigkeit beginnt schon mit der Frage, was Werte eigentlich sind. „Es gibt" ja keine Werte auf die gleiche Weise, wie es Sachverhalte gibt. Am ehesten könnte man sich darauf einigen, Werte als Verhaltens- und Geschmackspräferenzen zu verstehen. Der Pädagoge Alfred Treml sieht Werte allerdings nicht als psychisch verankerte Handlungsdispositionen, sondern als Kommunikationsmedien, bloße „Strukturierungshilfen von moralischer Kommunikation" (Treml, 1996, 149). Ähnlich beurteilt der Sozialphilosoph Niklas Luhmann Werte als Medien, mit denen eine Gemeinsamkeit zwischen Menschen angenommen oder unterstellt wird, durch die nur eingeschränkt wird, was gesagt oder gefordert werden kann – ohne dass Werte positiv regeln könnten, was je konkret getan werden soll, zumal sie „keine Regel für den Fall des Konflikts zwischen Werten" enthalten (Luhmann, 1998, 341 u. ö.).[1] Werte, so sagte ich, existieren nur in Form von Wertekonflikten – es

1 Die geringe Bindekraft von Werten ist nach Luhmann konstitutiv für ihre Funktion: „Werte sind sozial stabil, weil psychisch labil" (343). Die Funktion von Werten „liegt allein darin, in kommunikativen Situationen eine Orientierung des Handelns zu gewährleisten, die von niemandem in Frage gestellt wird. Werte sind also nichts

sei denn, Werte sind – etwa als sog. „Grundwerte“ – so abstrakt-allgemein, dass ihre orientierende Kraft gleich Null ist: Wer spricht sich schon gegen Frieden oder gegen Gerechtigkeit oder gegen Gesundheit aus? Und trotzdem bleibt umstritten, wie man zum Frieden und zur Gerechtigkeit kommt, oder was eine gute Gesundheitspolitik ist.

Mit den Werten verhält es sich ähnlich wie mit dem Sinn, der auch nicht als welthafter Sachverhalt *vorhanden* ist, den wir finden könnten wie der Chemiker den Alkohol im Wein. Wir können unter „Sinn“ eine Strukturierungs- und Deutungskategorie verstehen, ohne die die Welt bloßes Rauschen wäre. Anders gesagt: Es gibt *Werte* nicht außerhalb unserer Kommunikationen. Noch anders: Es gibt keine Werte außerhalb von Wertungen; es sei denn, man nimmt einen objektiven Wertekosmos an, eine Werteontologie – das wird aber philosophisch außerhalb des katholischen Naturrechtsdenkens heute kaum ernsthaft vertreten. Unvermeidlich ist daher der Zirkel des Wertens: „Sind Grundwerte Orientierungen für unser Handeln, weil sie Grundwerte sind, oder sind Grundwerte Grundwerte, weil sich Menschen an ihnen orientieren?“ Schon diese Frage stellt „Grundwerte“ als solche in Frage, suspendiert aber nicht „die Frage nach der Orientierung menschlichen Handelns“ (Benner, 1995, 248). Eher muss man umgekehrt sagen, dass die Rede von Grundwerten den Dialog über die richtige Handlungsorientierung zu beenden droht.

Der Staatsrechtler und ehemalige Verfassungsrichter Ernst-Wolfgang Böckenförde weist darauf hin, dass es eine „Werteordnung der Verfassung“ im Sinne einer „rational kontrollierbaren Erkenntnis von Werten ... nicht gibt.“ Nicht einmal zu erkennen sei ein „rational begründetes Vorzugs- und Abwägesystem für konkurrierende Geltungsansprüche verschiedener, oftmals miteinander kollidierender Werte“. Wie schwierig die entsprechenden Güterabwägungen sind, zeigt sich gegenwärtig exemplarisch am Streit um die Beschneidung. „Freiheit, Gleichheit, Gerechtigkeit, Sicherheit, Selbstverwirklichung, Solidarität, Schutz des Lebens werden heutzutage als in der Verfassung enthaltene ‚Werte‘ nebeneinandergestellt, ohne dass gesagt wird, warum sie „Werte“ sind und in welchem Rang- und Zuordnungsverhältnis

---

anderes als eine hochmobile Gesichtspunktmenge.“ Oder, anders gesagt: „Werte sind das Medium für eine Gemeinsamkeitsunterstellung, die einschränkt, was gesagt und verlangt werden kann, ohne zu determinieren, was getan werden soll“ (341 u. 343). Anders als Wahrheiten werden Werte also nicht durch bestreitbare und überprüfbare Behauptungen kommuniziert, sondern durch Unterstellungen, die nur deshalb überzeugen, weil die Einwände fehlen. Es wird aber keinerlei Vorsorge für Wertekonflikte getroffen, wenn sich niemand findet, der sich gegen Frieden, gegen Gerechtigkeit, gegen Ehrlichkeit, gegen Gesundheit etc. ausspricht. Und es wird sich schon deswegen niemand finden, weil in Wertediskursen die „Last der Komplexität ... dem zugeschoben (wird), der einen Einwand vorbringen möchte“ (799).

sie und die aus ihnen sich ergebenden rechtspraktischen Folgerungen zueinander stehen.“ Böckenförde sieht in der Berufung auf die Werte lediglich „eine pluralistische Einigungsformel“ für etwas, was „im Hinblick auf die Fundierung der staatlichen und gesellschaftlichen Ordnung einer sinnvermittelnden Begründung bedarf, ohne daß diese Begründung mit dieser Berufung selbst schon gegeben ist“ (Böckenförde, 1976, 60, 81ff.). Wer entscheidet dann aber über die Werte? Der Staat ist zwar daran interessiert, Freiheit, Gleichheit, Gerechtigkeit, Sicherheit, Selbstverwirklichung, Solidarität, Schutz des Lebens usw. als Werte zu vermitteln, aber die Interpretation dieser Werte, ihre Reihenfolge bzw. ihre Gewichtung, aber auch die unterschiedlichen Motivationen, die unterschiedlichen Weltanschauungsperspektiven, aus denen Werten zugestimmt wird, können vom Staat nicht festgelegt werden. Es gibt weder einen Katalog über die Rangfolge von Werten, noch einen festen Kanon von Werten. Ich halte es sogar für gefährlich, wenn der Staat sich als „Wertegemeinschaft“ zu begründen versucht. Der liberale Rechtsstaat ist eine Rechtsgemeinschaft, und er erkennt die Rechte seiner Bürger – unabhängig von ihren weltanschaulichen Auffassungen – an, solange diese den Gesetzen gehorchen. Man muss, um die Gesetze des Staates zu akzeptieren, nicht unbedingt die Werte teilen, aufgrund derer andere Bürger diesen Gesetzen ebenfalls gehorchen.

Ich habe Werte vorhin als „konfliktsteigernd“ bezeichnet. „Konfliktregulierend“ ist dagegen die Anerkennung und urteilsfähige Inanspruchnahme von (selbstverständlich nicht „wertneutralen“) Grund*rechten*. Grundrechte ermöglichen, dass mit unterschiedlichen Weltanschauungen gleiche Handlungsorientierungen verbunden sein können – oder auch nicht. Werden „Grund*werte*“ den Grundrechten aber systematisch vor- und übergeordnet, so sind sie nach dem Urteil des Politikwissenschaftlers Christian Graf v. Krockow schlicht: „verfassungswidrig“! (v. Krockow, zit. n. Benner, 1995, 262).

Um diese auf den ersten Blick erstaunliche Pointe zu verstehen, muss an Kants Unterscheidungen zwischen Personen und Sachen und parallel dazu zwischen Würde und Wert erinnert werden. (Kant, 1972, 78ff.) Es ist eben kein Zufall, dass der Wertbegriff der Ökonomie entstammt, wo der den Bestimmungsgrund des Preises einer Sache bezeichnet.[2] Das scheinbar so pastoral-gravitätische Wort „Wert“ hat seinen Ursprung also durchaus nicht in der Sphäre bewahrenswerter Kulturgüter, sondern im nüchtern-berechnenden Geschäft des Tauschhandels. Sachen haben Wert, aber Personen haben Würde – und zwar unbedingt und unabhängig von ihren Eigenschaften und Leistungen. Eben deshalb ist zu widersprechen, wenn aus dem Prinzip der Würde der Person ein Wert und aus Grundrechten Grundwerte gemacht wer-

2 Der Tübinger Theologe Eberhard Jüngel sieht in diesem Sachverhalt ein Indiz dafür, dass es sich beim Begriff „Wert“ um einen Gegenbegriff zur „Wahrheit“ handelt (vgl. Jüngel, 1990).

den. Die fundamentale Differenz zwischen Grundrecht und Grundwert besteht darin, dass unsere Grundrechte mit dem Prinzip der Würde der Person vereinbar sein müssen – und nicht umgekehrt die Würde sich vor Werten zu legitimieren hat.

Allerdings wird im Zuge einer alle Poren der Gesellschaft durchdringenden Ökonomisierung die Sphäre des Tauschhandels immer mehr zum Ersatz für die Frage nach Wahrheit. Das Vordringen der „Wertedebatte" ist genau dafür ein Symptom. Interessant ist nicht, was wahr ist, sondern was wirksam, was effektiv, was wertvoll ist. Die Rede von den Werten, die wir bewahren sollen, ist deshalb so impertinent, weil sie hinter dem Gestus des Bewahrens und kultureller Erbschaftssicherung ihre Komplizenschaft mit den Kräften und Wirkmechanismen verbirgt, die moralische Urteile utilitaristisch begründen. Es ist in der abendländischen Geistesgeschichte nicht zufällig Nietzsche, der den Werten als Erster vorrangige Bedeutung beimisst: Als von der Frage nach Wahrheit abgekoppelte und interessegeleitete Wertungen, als „Umwertung aller Werthe". In den Werten überwältigt das Interesse die Ethik.

3 Wertevermittlung: Unethisch und pädagogisch naiv

Wenn von „Wertevermittlung" die Rede ist, muss man also zunächst einmal nüchtern feststellen, dass Werte keine „Substanz" besitzen, die man transportieren könnte. Der Berliner Erziehungswissenschaftler Heinz-Elmar Tenorth äußert sich zur angeblichen Aufgabe der Schule, Werte zu vermitteln, prononciert: „Die Schule ist für mich *nicht* der Ort, an dem Werte primär normativ verinnerlicht … und im Modus der Identifikation gelehrt werden. Sie lehrt nicht primär Werte, sondern sie lehrt Möglichkeiten der begründeten und begründenden Bewertung. Sie ist … nicht der Ort, an dem man … Identitäten stiftet. Und ich füge hinzu: Gott sei Dank – sonst würde ich meine Kinder nicht mehr dahin schicken" (Tenorth, 2005, 42).

Gründe für eine solche Position liegen, wie wir sehen konnten, zunächst im Wertebegriff selbst. Ich erörtere als weitere Gründe eine pädagogisch-empirische Grenze: Unterrichtliche Moralerziehung funktioniert in aller Regel nicht so, wie das in den Plädoyers für Wertevermittlung unterstellt wird. Und weiter mache ich dann als eine ethische Grenze die Achtung der Freiheit der Kinder und Jugendlichen geltend.

Zunächst also zur pädagogisch-empirischen Grenze: Wir wissen aus unserer Lebenserfahrung, können es aber auch empirisch sehr gut begründen, dass moralische Dispositionen und Präferenzen nicht durch Belehrung, sondern durch Erfahrungen in sozialen Handlungszusammenhängen entstehen. Der ehemalige Direktor des Max-Planck-Instituts für Bildungsforschung und Leiter der ersten deutschen PISA-Studie, Jürgen Baumert, kann lapidar formulieren: „In der Schule der Moderne bildet der Unterricht und erzieht die Organisation“ (Baumert, 2002, 106). Wenn die Schule etwas zur – ich bleibe einmal bei diesem Begriff – Werteorientierung der Kinder und Jugendlichen beiträgt, dann im informellen Schulleben auf dem Schulhof, oder eben auch – hoffentlich – mittels einer entsprechend gestalteten Schulkultur. Tolerant z. B. wird man nicht wegen moralischer Appelle zur Toleranz, sondern wegen Erfahrungen mit Toleranz – v. a. wegen erfahrener Anerkennung, die es Menschen möglich macht, eigene Gewissheit (also gerade nicht Indifferenz) mit dem Respekt vor anderen Gewissheiten zu verbinden. Bei Lichte betrachtet ist es geradezu lächerlich: Ein Schulfach mit maximal zwei Wochenstunden soll moralerzieherisch gegen die Wucht aller anderswo gemachten Lebenserfahrung aufkommen! Schulen können die sozialmoralischen Desintegrationserscheinungen, die außerhalb der Schule erlebt werden, nicht kompensieren, sondern allenfalls abfedern, weil sie generell als *Sozialisations*agenturen zu schwach sind. Und es ist zynisch, wenn Werteerziehung als Kompensation der tiefen Verunsicherungen durch die Modernisierungs- und Ökonomisierungsprozesse begründet wird, wobei der von der Ökonomie geforderte flexible Mensch eigentlich gar keine feste Wertorientierung besitzen darf, außer der an jenen ökonomischen Werten, auf die dieser Begriff tatsächlich zutrifft.

Nun ist es ohnehin eher erstaunlich, wie selten die tiefgreifenden Verunsicherungen der gegenwärtigen sozialen und ökonomischen Verhältnisse unser moralisches Regelwissen untergraben. In der Regel wissen Kinder und Jugendliche ziemlich gut, was sich gehört, was als gerecht gelten kann, dass Menschen Achtung und Anerkennung entgegenzubringen ist usw. Die Zustimmungsbereitschaft zu den Regeln und Normen unseres Zusammenlebens, sei es zu einer in den „10 Geboten“ zusammengefassten Ethik, sei es zu Normen unseres Strafrechts, ist gegenwärtig jedenfalls nicht niedriger als irgendwann in der Vergangenheit.

Aber wir wissen auch, dass Wertpräferenzen – wie es die empirischen Sozialwissenschaftler sagen – keine Verhaltensprädiktoren sind. Es gibt keine signifikanten Zusammenhänge zwischen Äußerungen zur je eigenen Werteorientierung und dem tatsächlichen Handeln. So gibt es kaum bekennende, wohl aber praktizierende Sozialdarwinisten; und die Befürworter von Geschwindigkeitsbegrenzungen fahren im Durchschnitt nicht signifikant langsamer. Das wusste übrigens schon der Apostel Paulus: „Das Gute, das ich will, das tue ich nicht; aber das Böse, das ich nicht will, das tue ich“ (Röm 7,19).

Sodann zur ethischen Grenze: Bildung hat die Freiheit der Kinder und Jugendlichen zu achten. Bildungsprozesse sind dadurch charakterisiert, dass sich Schülerinnen und Schüler auch gegen die Inhalte des Unterrichts wenden können müssen. Wir haben es hier mit einem altehrwürdigen pädagogischen Problem zu tun. Kant sah die Erziehung bekanntlich mit der Grundfrage konfrontiert: „Wie kultiviere ich die Freiheit bei dem Zwange?“ Wie können Kinder, die von ihrer Freiheit noch keinen durchweg vernünftigen Gebrauch machen können, gleichwohl so erzogen werden, dass ihre Befähigung zum Selbstgebrauch ihrer Freiheit wächst? Bei diesem alten, oft durchdachten Dilemma handelt es sich nicht nur um ein Problem ethischer Bildung und Erziehung, sondern um ein ethisches Problem von Bildung und Erziehung. Selbstverständlich können wir andere Menschen zwingen, eine Handlung auszuführen, aber wir können sie nicht zwingen, dies auch zu *wollen*. In der erziehungswissenschaftlichen Literatur schlägt das Problem immer wieder durch: „Kinder müssen lernen, die Normen nicht nur zu kennen, sondern auch befolgen zu wollen“ (Nunner-Winkler, 1993, 105). Schon Rousseau sieht in seinem Erziehungsroman „Emile“ das Ziel einer moralischen Erziehung erst dann als erreicht an, wenn der Zögling nicht nur das tut, was der Lehrer will, sondern wenn er das auch wollen will: „Zweifellos darf es (das Kind) tun, was es will, aber es darf nur das wollen, von dem ihr wünscht, dass es das tut“ (Rousseau, 1963, 265). Die berühmt-berüchtigte Frage im Kindergarten: „Müssen wir heute wieder tun, was wir wollen?“ ist die Kehrseite dieser Paradoxie.

Aus diesen Zirkeln und Paradoxien kommt man nur heraus, wenn man anerkennt, dass Bildung strikt von Werteerziehung zu unterscheiden ist. In Bildungsprozessen sollen Menschen zum Gebrauch ihrer Freiheit im Blick auf Handlungsmöglichkeiten befähigt werden. Darum dürfen, wenn es Alternativen gibt, bestimmte Optionen nicht als unerwünscht gelten.

Man kann *Wissen* über moralische Regeln und Maximen vermitteln, aber man kann dieses Wissen nicht intentional (also im Sinne eines vorsätzlichen Erziehungsziels) zugleich als einen Willen, eine Gesinnung, anstreben. Das schließt natürlich nicht aus, dass *gelehrte* Regeln und Werthaltungen auch *gelernt* und angeeignet werden. Dies aber geschieht nicht so, dass man durch bestimmte Maßnahmen mit gewisser Wahrscheinlichkeit auch bestimmte Resultate erzielen könnte, sondern (pointiert gesagt) *zufällig*. Erziehungsprozesse sind eigensinnig und unplanbar. Es ist nicht möglich, die Lebensgeschichte, aber auch nicht den Charakter eines Kindes auf der Grundlage von Beobachtungen über seine Erziehung zu prognostizieren – Gott sei Dank! Und: Bildung ist keine Garantie für moralische Güte – sie kann es nicht sein, und sie soll es auch um den Preis der Freiheit willen nicht sein.

Natürlich sind Bildung und Erziehung nur analytisch zu unterscheiden, empirisch dagegen nicht zu trennen. So wie man zwischen Menschen nicht nicht kommunizieren kann, kann man im Unterricht nicht nicht erziehen. Erziehender Unterricht kann und darf aber niemanden zwingen, etwas zu wollen; nicht einmal wir selbst können uns ja dazu entscheiden, etwas, was wir tun wollen, auch gerne zu tun – dass wir etwas gerne tun, liegt gleichsam außerhalb unserer Willensfreiheit.

4 Ethik im Unterricht

Unterricht, in dem – egal ob als Ethikunterricht oder ob als Religionsunterricht – moralische Fragen erörtert werden, soll der Unterscheidung zwischen Orientierungswissen und Tatsachenwissen dienen und damit die Fähigkeit zur ethischen Urteilsbildung fördern, die eben etwas anderes ist als eine Sachverhaltsfeststellung. Orientierungswissen trägt die Erkenntnis mit sich, dass moralische Überzeugungen nie für sich allein existieren und begründbar sind, sondern immer nur im Kontext einer bestimmten Welt- und Selbstdeutung, sei es einer Religion oder einer nicht-religiösen Weltanschauung. Solche Zusammenhänge kann Unterricht klären. Und weiter: Nur durch Bildung zur ethischen Urteilsfähigkeit kann auch sozial erwünschtes Handeln in den Blick geraten – aber im Sinne freier, und eben darum auch stabiler Selbstorientierung. Es geht also darum, dass Emotionen, Haltungen, Einstellungen, Gesinnungen, die im Zuge des Bildungsprozesses entstehen, weder den Pädagogen noch den Bildungspolitikern zur Disposition stehen – und zwar de facto nicht zur Disposition stehen, weil das pädagogische Handeln hier auf eine Grenze seiner Operationalisierbarkeit stößt, aber auch aus Gründen der Würde der zu Erziehenden nicht zur Disposition stehen dürfen.

Dass ein ethisch orientierendes Schulfach nicht als Werteerziehungs-Fach verstanden werden darf, gilt für den Ethikunterricht prinzipiell genauso wie für den Religionsunterricht, aber noch einmal verstärkt, wenn und weil dieses Fach allein in staatlicher Verantwortung, und das heißt: weltanschauungsneutral, angeboten wird. Der Religionsunterricht hat in der Mehrzahl der Bundesländer demgegenüber immerhin den Vorteil, dass er die Positionalität, die ihm nach Art. 7.3 GG erlaubt ist, transparent macht. Ohnehin ist ja das vermeintlich neutrale Entscheiden zwischen Werten eine abstrakte, haltlose Vorstellung. Die Selbstständigkeit der Wahl ist gerade nicht ohne Überzeugungsstärke denkbar.

Dabei ist zu bedenken, dass Religionen, anders als oft gemeint wird, wahrscheinlich erst dann in der Lage sind, sich mit der modernen Kultur – also auch mit Rechtsstaat, Demokratie und Pluralismus – zu verbinden, wenn sie nicht auf das bloß Lehrhafte (wenn man so will: auf das Ideologische) reduziert bleiben, sondern als Praxis einer individuellen Gottesbeziehung zu verstehen gegeben werden, die das bloße Wertegerüst relativieren kann. Gerade den Fundamentalisten aller Couleur, die sich so sehr auf bestimmte Werte kaprizieren, fehlt es an religiöser Bildung. Es wäre zudem ein Missverständnis, eine Religion wäre umso harmloser, je mehr man sie auf ein bloßes Wertereservoir reduziert. So wie sich die Realität einer Religion erst von ihrer konkreten Praxis her erschließt, kann sie sich auch erst von dieser ihrer Innenseite her über sich selbst aufklären. Die Fähigkeit, andere Überzeugungen zu achten, verlangt persönliche, von eigener Überzeugung getragene

Stärke, nicht müde Gleichgültigkeit, die im Zweifel dem Druck des Mächtigeren nachgibt. In dieser Hinsicht Wertneutralität zu postulieren, ist entweder naiv – oder es bemäntelt die eigene positionelle Erziehungsabsicht. Diese Erziehungsabsicht hingegen offensiv als Staatsaufgabe zu propagieren, halte ich für einen illiberalen Übergriff, im Zweifelsfall auch für einen Verstoß gegen die in Art. 4 GG gesicherte Integrität religiöser Überzeugungen und gegen die Religionsfreiheit.

5 Religionsunterricht kann nicht Werteerziehung sein

Im evangelischen Verständnis ist es Konsens, den Religionsunterricht vom Bildungsauftrag der Schule her zu begründen. Er ist keine „Kirche in der Schule", aber bislang auch, weil es kein religiöses Esperanto gibt, keine „Religion ohne Religionsgemeinschaft". Unabhängig davon, dass der Religionsunterricht in den meisten Bundesländern nach Art. 7.3 GG vom Staat zwar angeboten, aber wegen dessen weltanschaulicher Neutralität in Kooperation mit Religionsgemeinschaften erteilt wird, ist für das deutsche Religionsverfassungsrecht maßgeblich, dass es mit Art. 4 GG eine negative *und* positive Religionsfreiheit kennt. Es geht also um mehr als um ein Diskriminierungsverbot und Gleichheitsgebot, um mehr als private Gesinnungs- und Gedankenfreiheit. Zu den Grundrechten gehört vielmehr das Recht auf öffentliche Religionspraxis.

Für den Religionsunterricht an den öffentlichen Schulen eines weltanschaulich neutralen Staates kann es nun keinen anderen Grund geben als die Befähigung zur aktiven Inanspruchnahme eines Grundrechts in diesem Staat, nämlich des Rechts auf freie Religionsausübung. Freie Religionsausübung ist nur als eine bestimmte, nicht als abstrakt-allgemeine Religionspraxis möglich. Es gibt, wie gesagt, kein religiöses Esperanto. Wohl gibt es allgemeine Diskurse über Religion, aber der Religionsunterricht intendiert mehr als die Befähigung zur öffentlichen Diskussion über Religion. Religionsunterricht zielt also auf die Fähigkeit zur urteilsfähigen Partizipation an einer Praxis. Um gleich jedes Missverständnis abzuwehren: Zur Partizipationskompetenz gehört immer auch die Fähigkeit zur begründeten Nichtteilnahme. Partizipationskompetenz kann deshalb nie Resultat einer Rekrutierungsabsicht sein.

Mit dieser kurz skizzierten bildungstheoretischen Begründung für religiösen Unterricht an öffentlichen Schulen kann angeschlossen werden an den neuzeitlichen Religionsbegriff, wie er für die protestantische Theologie derzeit weitgehend als maßgeblich gilt, und der in der Unterscheidung Friedrich Schleiermachers aus seinen „Reden über die Religion" (1799) gründet, wonach Religion weder Metaphysik – wir würden heute eher sagen: Erkenntnistheorie – noch Moral sei, sondern eine „eigene Provinz im Gemüth“, in der „Sinn und Geschmack für das Unendliche“ gepflegt werden. Schleiermacher wendet sich damit u. a. gegen die unter Aufklärungsphilosophen übliche Reduktion der Religion auf Ethik. Diese Reduktion erfolgte oft in der erklärten Absicht, die Religion, die sonst eher für eine überholte Weltsicht gehalten wurde, als moralisches Domestizierungsmittel zu instrumentalisieren und für die unteren Ränge des Publikums am Leben zu halten. Eben dagegen richtete sich zu Recht die Marx'sche Religionskritik.

Religiöse Bildung, wie ich sie verstehe, erschließt und fördert Religion als *eigenständige und eigensinnige* kulturelle Praxis, die ihren Sinn und ihr Gewicht nicht zuerst im funktionalen Bezug auf andere (z. B. politische und sozial-moralische) Praxen zu erweisen hat. In Begriffen derzeitiger Bildungstheorie: Religion wird im Religionsunterricht erschlossen als ein eigenständiger „Modus der Welterschließung“. Im Vergleich mit anderen Schulfächern wird damit keine andere Welt, aber diese Welt als eine andere in den Blick genommen. Ein religionsdidaktischer Leitgedanke lässt sich mit der Frage formulieren: Was gehört dazu, um als religiöser Zeitgenosse ein Leben in der kulturellen Moderne mit den anderen Praxen moderner Kultur, insbesondere mit Naturwissenschaft und Technik „zusammenbestehen“, d. h. führen und nicht nur erleiden zu können?[3]

Es geht darum, das hartnäckige Missverständnis zu bearbeiten, bei der Religion handele es sich um die Zumutung, vorwissenschaftliche Tatbestände für wahr halten zu müssen. In der Religion geht es aber überhaupt nicht um für wahr zu haltende Sachverhalte, die mit feststellenden Sätzen auszudrücken wären, sondern um eine Selbst- und Weltdeutung, die sich in Symbolen, Metaphern und Erzählungen artikuliert, bevor sie dann theologisch-lehrhaft systematisiert wird.

Religion kann nunmehr als *ein*, keineswegs privilegierter Modus des Weltverstehens gelten. Aber Religion leistet nicht wenig, wenn sie die Erfahrungen von Unverfügbarkeit und Unbedingtheit zu einer Welt- und Selbstdeutung verbindet, die die Erkenntnisse und Regeln anderer (z. B. wissenschaftlicher, rechtlicher oder ästhetischer) Weltzugänge zwar nicht dementiert, aber in einen übergreifenden Sinnhorizont rückt. Religiöse Bildung, die über Religion nur informieren will, ohne ihre Leistung für diese Verbindung von Weltdeutung und Selbstverständnis zu erschließen, unterbietet die Bedeutung von Religion so weit, dass damit nicht nur ein unzureichendes, sondern geradezu ein falsches Bild von Religion vermittelt wird.

---

3 Das Problem der „Zusammenbestehbarkeit“ von Christentum und moderner Kultur als Aufgabe zeitgemäßer Religionspraxis formulierte am Ende des 19. Jahrhunderts Ernst Troeltsch (Troeltsch, 1922, 227–327).

Natürlich kann Religion betrachtet werden unter dem soziologischen Aspekt, welche Funktion sie für eine Gesellschaft hat, unter dem kulturhermeneutischen Aspekt, wie sie auch unsere säkularen Lebensformen geprägt hat, unter dem ästhetischen Aspekt, welche Kunstwerke sie hervorgebracht hat, unter dem religionskritischen oder historischen Aspekt, welche Konflikte sie stimuliert hat und noch stimuliert usw. Aber das vereinseitigt jeweils Religion auf ihre Funktion für etwas, was sie nicht selbst ist. Geht es dagegen um den Eigensinn von Religion, dann stellt sie sich nicht dar als Wertesystem, sondern, so würde ich es im Anschluss an Hermann Lübbe sagen, als eine Kultur des Verhaltens zum Unverfügbaren, eine Welt- und Selbstdeutung, also eine bestimmte kulturelle Praxis, in der sich ein Verstehen der Welt ausdrückt, das dann freilich auch moralische Folgerungen haben sollte. Ganz im Sinne Martin Luthers, wonach nicht gute Werke fromme Menschen machen, aber fromme Menschen gute Werke tun – jedenfalls ist darauf zu hoffen, nicht mehr und nicht weniger.

Natürlich gehören ethische Themen zum Religionsunterricht, auch wenn er sich nicht auf Moralerziehung reduzieren lässt. Wie auch der Ethik-Unterricht soll der Religionsunterricht mit Blick auf moralische Probleme die ethische Urteilsfähigkeit fördern: *Reflexion* von Moral hat immer auch die Funktion der *Warnung* vor Moral und der oft konfliktsteigernden Folgen des Moralisierens. Im Unterschied zum Ethikunterricht kann und darf der Religionsunterricht darüber hinaus den gesellschaftlichen Konsens aufsprengen: Die herrschenden moralischen Werte und Normen müssen in ihm auch kritisiert werden können. Jedenfalls hat aber die christliche Religion für ethische Bildung und für Moralerziehung keine besonderen „Werte" zu vertreten. Die biblische Tradition kennt moralisches Verhalten immer nur als *Antwort* auf das befreiende Handeln und die zuvorkommende Liebe Gottes: Dem „Imperativ" moralischer Gebote kommt der „Indikativ" der liebevollen Zuwendung Gottes gegenüber dem Menschen zuvor. Im christlichen Religionsunterricht hat deshalb die Erschließung orientierender Erfahrungen mit dem biblisch bezeugten Gott *sachlichen* Vorrang vor ethischen Themen. Der Religionsunterricht leistet insofern nur nach*rangig*, gleichsam als „Kollateralnutzen" einen Beitrag zur öffentlichen Moral – dies aber vielleicht nach*haltiger* als andere und penetrantere Versuche des Schulunterrichts.

6 Ausblick

Es mehren sich die Stimmen, die den Ort religiöser Fragen auf das Privatleben beschränken wollen. Aber gerade wenn Religion(en) sich nicht öffentlich darstellen und verantworten müssen, sind sie vom fundamentalistischen Bazillus gefährdet. Religiöse Bildung ist auch Fundamentalismusprophylaxe.

Kann sich das deutsche Modell des Religionsunterrichts als *res mixta*, als Kooperationsprojekt von Staat und Religionsgemeinschaften halten? Dass das, was *de jure* unter dem Schutz des verfassungsmäßigen Zweidrittelquorums noch gilt, *de facto* an Akzeptanz verloren hat und vermutlich weiter verliert, lässt sich ja jetzt schon absehen, gleichgültig, ob man das für wünschenswert hält oder nicht. Ich halte es aber für möglich, auch dann für die Regelung nach Art. 7.3 GG einzutreten, wenn dessen Ausgangsbedingung, die selbstverständliche Vorherrschaft der großen christlichen Kirchen auf dem Feld der Religion, nicht mehr gilt. Ohnehin ist hier zwischen Genese und Geltung zu unterscheiden. Auch als Minderheitenschutz lässt sich Art. 7 vertreten. Als nachteilig wird sich freilich erweisen, dass der dann vorherrschende Ethikunterricht bislang überwiegend nicht wirklich als Äquivalent für religiöse Bildung gestaltet wird.[4]

Zwar ist religiöse Bildung nicht die Voraussetzung religiöser Praxis. Religiöse Bildung ist aber die Voraussetzung dafür, religiöse Reflexivität und religiöse Authentizität so in der Balance zu halten, dass sie sich nicht wechselseitig behindern. Damit ist ein Gestaltwandel der Religion zu erwarten. Eine „Religion, die zu sich hinbildet, unterliegt ihrerseits unhintergehbar einem Umbildungsprozess“ (Drehsen, 1994, 46). Von einer sozialisatorisch-erzieherisch tradierten, in Bildungsprozessen gleichsam sekundär reflektierten Religion wird sich eine Religion unterscheiden, die allererst in Bildungsprozessen angeeignet wird. Zu religiöser Bildung als dem vorherrschenden Tradierungsmodus von Religion gibt es – jedenfalls im Sinne einer expressionsfähigen und auch kognitiv explikationsfähigen Religion – in der modernen Gesellschaft keine Alternative, genauer: *soll* es im protestantischen Verständnis keine Alternative geben. Religion vermittelt sich zunehmend über individuelle Aneignungsprozesse und reflexive Selbstverhältnisse. Institutionell und organisatorisch werden damit (auch aus anderen, eher soziologischen und mit der Entwicklung neuer Medien verbundenen Gründen) distanziertere, jedenfalls flexiblere Zugehörigkeits- und Partizipationsmuster verbunden sein. Beides – ein veränderter Tradierungsmodus und neue institutionelle Formen – schließen unvermeidlich Transformationsprozesse der Religion ein, die zwar nicht genau zu prognostizieren sind, die aber auch aus kirchlicher Sicht zu riskieren sind, wenn überhaupt die christliche Religion zukunftsfähig sein soll.

Hierbei kann an eine Entwicklung angeschlossen werden, die sich bereits jetzt als Gewinn bei der Umstellung des Religionsunterrichts von der „Stoffvermittlung“ auf die „Kompetenzorientierung“ abzeichnet, nämlich dass Religion deutlicher *als eine kulturelle Praxis* wahrgenommen wird, mit der sich Menschen in ihrem Leben orientieren und durch deren *Vollzug* sie sich zur Unverfügbarkeit ihres Lebenssinnes verhalten. So verstanden wird eine

4 Siehe hierzu Dressler 2010, 112–128.

Religion nicht dadurch erschlossen, dass man auf eine bestimmte Gesinnung verpflichtet wird oder bestimmte Behauptungen für wahr halten soll. Die „Vollzugselemente und Vorstellungsgehalte der Religion" gehören zusammen (Korsch, 2007, 835). Deshalb ist bei den Lehrkräften im Religionsunterricht „Sinn und Geschmack" für Religion aus *sachlichen* Gründen unerlässlich. Hier geht es also weniger um die Verpflichtung auf eine bestimmte Konfession und deren Bekenntnisformeln, schon gar nicht darum, den Religionsunterricht klerikaler Kontrolle zu unterwerfen. Nicht aus Gründen der Gesinnungstreue, sondern aus Gründen der Sachangemessenheit wäre daher sowohl die Mitwirkung der Religionsgemeinschaften als auch die Mitgliedschaft der Lehrkräfte in den jeweiligen Religionsgemeinschaften für den Religionsunterricht weiterhin gut vertretbar. Auch wenn die Mitgliedschaft dafür kein zwingender Qualitätsausweis ist, ist für den erforderlichen „Sinn und Geschmack" kein anderes Kriterium erkennbar als die mit einer religionsgemeinschaftlichen Mitgliedschaft unterstellte und in einem Theologiestudium ausgebildete Fähigkeit, religiöse Praxis aus einer Teilnahmeperspektive erschließen zu können und gleichzeitig in einer Beobachterperspektive reflektieren zu können. Das bedeutet freilich zugleich, dass die Bedeutung dieses Kriteriums nur dann plausibel bleibt, wenn für den unterrichtlichen Vollzug die kategoriale Differenz zu dem der gleichen Domäne zugerechneten Philosophie- oder Ethikunterricht maßgeblich bleibt. Wenn für die Positionalität des Religionsunterrichts und als Eignungskriterium der Religionslehrkäfte nur die Verpflichtung auf einen propositionalen Wahrheitsanspruch übrig bleiben würde, würden eher die in der Öffentlichkeit wie in den Erziehungswissenschaften zu hörenden Vorbehalte gegen den Religionsunterricht bestärkt werden.[5] Zudem wird sich ein von den Religionsgemeinschaften mit verantworteter Religionsunterricht an öffentlichen Schulen immer weniger begründen lassen, wenn er nicht *allgemein* – und insbesondere auch aus erziehungswissenschaftlicher Perspektive – zustimmungsfähig ist. Jeder Anschein eines Partikularinteresses ist zu vermeiden. Umso wichtiger ist es, den Beitrag des Religionsunterrichts zu den *Bildungszielen* der Schule insgesamt hervorzuheben, statt ihn, die Religion instrumentalisierend, als erzieherisch-sozialpädagogischen Appendix – „Wertevermittlung" – anzudienen. Wenn Religion neben der Philosophie als jene kulturelle Praxis verstanden wird, in der das Deuten selbst thematisch wird und in religiöser Bildung die Frage nach den Bedingungen der Möglichkeit der „Lesbarkeit der Welt" aufgeworfen und bearbeitet wird, dann soll damit zugleich deutlich werden, dass das Wissen der unterschiedlichen Wissenssysteme seinen Sinn nicht in sich selbst trägt, sondern immer erst im Bezug auf einen lebensweltlichen Sinnhorizont gewinnt. Mehr ist von allgemeiner Bildung nicht zu erwarten.

---

5 Vgl. etwa als eine der maßgeblichen erziehungswissenschaftlichen Stimmen: Tenorth, 1997, 376–384.

7 Literatur

Baumert, J. (2002) Deutschland im internationalen Bildungsvergleich. in: N. Killius, J. Kluge & L. Reisch (Hrsg.) *Die Zukunft der Bildung* (Frankfurt a. M., Suhrkamp), 100–150.

Benner, D. (1995) *Studien zur Theorie der Erziehung und Bildung,* Bd. 2 (Weinheim, München, Juventa).

Böckenförde, E.-W. (1976) *Staat, Gesellschaft, Freiheit. Studien zur Staatstheorie und zum Verfassungsrecht* (Frankfurt a. M., Suhrkamp).

Drehsen, V. (1994) *Wie religionsfähig ist die Volkskirche? Sozialisationstheoretische Erkundungen neuzeitlicher Christentumspraxis* (Gütersloh, Güterloher).

Dressler, B. (2010) Religion im Ethikunterricht. Problemanzeigen, in: *Zeitschrift für Pädagogik und Theologie* (2), 112–128.

Jüngel, E. (1990) *Wertlose Wahrheit. Zur Identität und Relevanz des christlichen Glaubens*; Theologische Erörterungen III (München, Mohr Siebeck).

Kant, I. (1972) *Grundlegung zur Metaphysik der Sitten,* Stuttgart 1972 (erst. 1785)

Korsch, D. (2007) Theologie, in: W. Gräb & B. Weyel (Hrsg.) *Handbuch Praktische Theologie* (Gütersloh, Gütersloher), 833–842.

Luhmann, N. (1998) *Die Gesellschaft der Gesellschaft* (Frankfurt a M., Suhrkamp).

Nunner-Winkler, G. (1993) *Zur moralischen Sozialisation,* in: H. Huber (Hrsg.) *Sittliche Bildung. Ethik in Erziehung und Unterricht* (Asendorf, Mut), 105–127.

Rousseau, J.-J. (1963) *Emile oder Über die Erziehung* (Stuttgart, reclam).

Tenorth, H.-E. (1997) Reform-Pädagogik-Religion, in: *Der Evangelische Erzieher* (4), 376–384.

Tenorth, H.-E. (2005) Welche Orientierung liefern Tests und Standards dem Bildungssystem (nicht)?, in: V. Elsenbast, M. Götz-Guerlin & M. Otte (Hrsg.) *wissen – werten – handeln. Welches Orientierungswissen braucht die Bildung?* (Berlin, Wichern), 41–50.

Treml, A. K. (1996) Ist Werteerziehung möglich? Möglichkeiten und Grenzen moralischer Bildung in einer pluralistischen Gesellschaft, in: H.-P. Burmeister & B. Dressler (Hrsg.) *Werterziehung in der Pluralität? Herausforderungen an Theologie und Pädagogik*, Loccumer Protokolle (3), 139–156.

Troeltsch, E. (1922) *Die christliche Weltanschauung und ihre Gegenströmungen* [1894]. in: E. Troeltsch (Hrsg.) Gesammelte Schriften, Bd. 2 (Tübingen, J.C.B. Mohr), 227–327.

Theologie in der Schule? Islamischer Religionsunterricht zwischen Anspruch und Wirklichkeit

Amin Rochdi

Islamischer Religionsunterricht als neues Fach hat jetzt schon mehr Aufmerksamkeit in der Öffentlichkeit erlangt als andere Schulfächer vor ihrer Einführung. Das hat mit den hohen politischen, gesellschaftlichen sowie religiösen Erwartungen an dieses Fach zu tun. Einer dieser Erwartungshorizonte lässt sich gegenwärtig mit dem Begriff „islamische Theologie" ganz gut fassen: Dabei geht es um die Frage, welche Gestalt der Islam als Lehre in spezifischen Kontexten wie zum Beispiel als Schulfach, als Alltagskultur von Musliminnen und Muslimen, unter dem Eindruck von Migration oder im Zuge seiner Institutionalisierung annimmt; es geht sozusagen um den Islam in seiner Gesamtheit. Im folgenden Artikel soll aus diesem Grund die Verbindung zwischen Islamischer Theologie sowie einer genuin Islamischen Religionspädagogik dargestellt und das Spannungsverhältnis, in dem sich das in vielen Bundesländern im Aufbau befindliche Fach befindet, beschrieben werden.

1 Zum Begriff Islamische Theologie

Versucht man sich dem Fach aus der Richtung einer „islamischen Theologie" zu nähern, stellt man zunächst fest, dass „Theologie" ein Begriff ist, den man nicht bedenkenlos ins Arabische übersetzen kann. Dennoch wird er derzeit überraschend häufig benutzt – gerade mit Blick auf die jüngst eingerichteten Zentren für Islamische Theologie an deutschen Hochschulen (vgl. Schulze, 2010). Fragt man Muslime nach ihrem Verständnis von Theologie, so erhält man viele unterschiedliche Antworten. Daher stellt sich die Frage, was eigentlich mit islamischer Theologie gemeint sein könnte. In der islamischen Welt wird, wer Religionsgelehrter ist, maßgeblich über seine theologische Denkkultur beziehungsweise seine theologische Schule identifiziert, also gleichsam über seinen Stallgeruch: Wer war sein Lehrer, welche Bücher hat er gelesen, welche Institution formaler Religionsgelehrsamkeit hat er besucht? Das mag als Resultat der Existenz vier sunnitischer Rechtsschulen angesehen werden, aber man kann das auch umkehren: Der Befund, dass heute noch mit gewisser Vorliebe von vier scheinbar unumstößlich anerkannten sunnitischen Rechtsschulen die Rede ist, hat mit diesem Phänomen der gesicherten Herkunft einer Lehrmeinung zu tun, vergleichbar einem Herkunftscode.

Man kann darüber streiten, ob diese Sicht der Dinge etwas mit Theologie zu tun hat, so wie man sie sich wünscht: Den eigenen Bestand an Tradiertem intelligent, kritisch und progressiv und nicht bloß kulturkonservativ in den Blick nehmend, als Rede von Gott aus der Betroffenheit heraus, sich der Probleme der Menschen annehmend. Theologiegeschichtlich unbestritten sind die Prozesse, nach welchen religiöse Lehrmeinungen bislang konturiert und tradiert wurden: Ein bestimmtes Problem in einer bestimmten Situation führt zu einer bestimmten Anfrage des Betroffenen an den Religionsgelehrten. Der sucht nach Antworten früherer Rechtsgelehrter, bevor er seine Meinung begründet. Basis dieses Vorgehens ist die Annahme, der Islam sei von Muhammad als vollendetes System für alle Menschen an allen Orten zu allen Zeiten hinterlassen worden. Deshalb sei das, was von den Altvorderen so ausgedacht wurde, normativ. Schließlich habe man früher bereits alle Eventualitäten im Blick gehabt und es bestehe nun wenig Anlass zu Neuerungen. Besonders in der sunnitischen Tradition der Rechtsfindung ist die Übernahme bereits bestehender Auslegungen aus autoritativen Rechtsquellen (arab. *taqlīd*) eine seit dem 10. Jahrhundert von Theologen geforderte und seitdem praktizierte Methode, Antworten auf theologische Fragen zu finden. Daneben steht der sog. *idschtihād*, die „Anstrengung" zur selbstständigen Auslegung von Koran und Prophetenwort, sowie die Auffassung beispielsweise des Religionslehrers als *mudschtahid binafsih*. Demgegenüber kann es passieren, dass *taqlīd* als „blinder Konformismus" verstanden wird (vgl. dazu al-ᶜAlwānī, 1993; Leaman, 1999).

Es ist wohl den starken gesellschaftlichen, ökonomischen und technischen Veränderungen zu verdanken, dass *idschtihād* zunehmend an Boden gewinnt. Motor dafür ist das gemeinsame auf vereinbarte Ziele hin gerichtete Ringen um Lösungen für Probleme, die einer Lösung bedürfen (*idschmāᶜ*). Dabei geht es nicht einfach darum, *taqlīd* ins Museum zu verweisen: Zu einer modernefähigen Theologie gehört dazu, den eigenen Bestand an Traditionen kritisch zu reflektieren. Das kann man nicht, indem man ihn negiert. Vielmehr sind beide theologischen Diskursprinzipien in ihrer simplen Gegenüberstellung anachronistisch, denn neben der kritischen Reflexion geht es auch darum, das Ausufern theologischer Einzelmeinungen in die Zucht zu nehmen, die mit dem Anspruch auf Lehre formuliert werden. Deshalb liegt, wenn heute unter Muslimen von Theologie die Rede ist, die Betonung auf dem Aspekt der gemeinsamen Anstrengung (vgl. Behr, 2005, 348ff.).

Trotzdem scheint heute der Rückgriff auf die gesichert tradierte, da schriftlich kanonisierte Rechtsauslegung, für viele Islamgelehrten wieder die bevorzugte Gangart zu sein, sich im Islam und mit dem Islam zurechtzufinden. Einer Renaissance konservativer Gelehrsamkeit gleich, lässt sich heute unter praktizierenden Muslimen seltsamerweise eine erhöhte Akzeptanz von *taqlīd* beobachten. Das mag auch erklären, warum die so genannte Ilmihal-Literatur innerhalb der islamischen Gemeinschaften so viel Zuspruch erfährt. In diesen Büchern, die auch als „islamische Katechismen" beschrieben werden, finden sich zu alltäglichen Anfragen von Muslimen Antworten, die schon mal auf einer Rechtsmeinung (arab. *fatwā)* aus dem 9. Jahrhundert n. Chr. basieren können.

Das Problem liegt dabei weniger darin, dass derlei Texte überhaupt kursieren: Einiges von dem, was die Altvorderen zu sagen hatten, klingt intelligenter als manche moderne Auslegung, der nicht mehr zu entnehmen ist als dass sie dem Zeitgeist huldigt. Kritisch wird die Sache nur, wenn in solchen Texten ungefiltert eine gültige Handlungsanweisung für die Jetztzeit gesehen wird, wenn also versäumt wird, solche Texte an ihren historischen Entstehungskontext zurückzuführen.

Denn interessant ist hier weniger, was sie nun konkret aussagen – dazu reicht nicht selten auch der gesunde Menschenverstand. Es bedarf zum Beispiel keiner theologischen Begründung, warum eine Frau während der Entbindung nicht zum Gebet aufstehen muss, wenn sie den Gebetsruf hört. Wichtiger ist die Analyse der Denkprinzipien und Argumentationsstrategien, die zu bestimmten Aussagen geführt haben – durchaus auch kulturraumspezifischer Art. Interessant ist hierbei die Person Ibn Taimīya. Der Theologe aus dem 13./14. Jahrhundert wird derzeit gerne von extremistischen Gruppen als Referenz herangezogen, ohne den historischen Hintergrund seiner Quellen (Kreuzzüge, Mongolenstürme, usw.) in Betracht zu ziehen. Auch in anderen Kontexten wird dieser Hintergrund gegenwärtig oft sträflich vernachlässigt. Ein weiteres Beispiel dafür, welche Schwierigkeiten dadurch entstehen können, stellt die von der Presse als „Kamel-Fatwa" bezeichnete Stellungnahme eines damals in Hessen wirkenden Muslims aus dem Jahr 1998 dar: Mit dem Hinweis auf die Strecke einer „Tagesreise eines Kamels" (veranschlagt mit 81 Kilometern), wie sie in einem überlieferten Prophetenwort vorkommt, widerspreche eine Schulfahrt (Spanien als das Ziel des Aufenthalts ist weiter als 81 Kilometer vom Wohnort der Schülerin entfernt) den islamischen Regeln, es sei denn die Schülerin habe einen männlichen Schutzbegleiter an ihrer Seite.

Inzwischen finden sich unzählige Fatwa-Datenbanken im Internet, die Intelligenteres bereit halten. Dennoch ist ihnen gemein, dass sie den *taqlīd*, missverstanden als Geisteshaltung religiöser Obedienz sozusagen voraussetzen – das stellt nachgerade ihre Legitimation als spezifisch religiöse Literaturgattung dar. Progressive theologische Gutachten, die sich da an einen neuen Zugang heranwagen, indem sie genau diese Systematik in Frage stellen, werden von der etablierten und institutionalisierten Religionsgelehrsamkeit ins Abseits gestellt; Plausibilität und situative Angemessenheit werden durch Formalismus und Traditionalismus verdrängt. Das wurde besonders deutlich, als es im Jahr 2005 auf internationaler Fatwa-Ebene um die Frage ging, ob eine Frau vor einer Gemeinschaft aus Frauen und Männern am Freitag predigen und dann auch noch ihr gemeinsames Gebet leiten darf (vgl. Behr, 2008, 157–167).

Das Problem ist meines Erachtens nach klar: Wenn man die Scharia auf eine Art Fundus im Sinne einer Sammlung von Präzedenzen beschränkt, vernachlässigt man die produktiven Kategorien ihrer Grammatik. Die latente und nicht verklärungsfreie Rückwärtsgewandtheit auf das, was mal angesagt war, trägt zu den großen theologischen Fragen, die sich durch aktuelle Herausforderungen stellen, wenig bei und als Pädagoge kann mich das nicht kalt lassen.

2 Folgen für Religionspädagogik und Islamischen Religionsunterricht

Die Islamische Religionspädagogik muss hier ihre eigene theologische Expertise betreiben – auch in Fragen, die unter Muslimen kontrovers diskutiert werden („Wie weit darf ich in der Koranarbeit im Unterricht gehen?“ (Rochdi, 2014)) oder die im eigentlichen Sinn theologische Fragen sind und die längst nicht so geklärt sind, wie Muslime das erwarten („Wo befindet sich das Paradies?“ – oder ist die Frage schon falsch gestellt?). Hier ist die Fachdidaktik nicht etwa Vermittlungswissenschaft, wie das heute immer wieder noch angenommen wird (vgl. Tosun, 2008). Als Pädagoge hat man keine andere Wahl: Islamische Theologie muss als Rahmen verstanden werden, in dem man mit muslimischen Schülerinnen und Schülern über ihre Fragen und Ideen spricht, die sie so nur im Diskursraum eines schulischen Unterrichts stellen möchten (vgl. Rochdi & Rochdi, 2007). Daher muss die Frage lauten: Was kann ein theologisch fundierter islamischer Religionsunterricht an der öffentlichen Schule leisten, um Lösungen für heutige Probleme zu finden, die (muslimische) Schülerinnen und Schüler in Deutschland beschäftigen?

Islamische Theologie erschöpft sich also nicht in der Inanspruchnahme historischer Quellen und in naiver Korrelationsdidaktik. Koran und Prophetenwort (arab. *hadīth*) sind eben historische Quellen. Das tut ihrer religiösen Bedeutung ja keinen Abbruch. Im Gegenteil: Mehr über die wirkliche Entstehungsgeschichte zu kennen als das, was die Legende verrät, ist dazu geeignet, die spirituelle Erfahrung zu vertiefen. Je mehr ich hier dem Koran entlocke, desto näher rückt er mir. Es kann nicht mehr als die einzig legitime theologische Strategie akzeptiert werden, wenn auf eine aktuelle Frage geantwortet wird, es gebe da einen Hadith, in dem Muhammad dies oder das gesagt habe. Gerade Jugendliche äußern sich hierzu kritisch, sie würden die Lehrmeinungen und Quellen kennen, erwarten aber vom Religionslehrer eine differenziertere und authentischere Aussage, als sie dies aus anderen Kontexten kennen. Kurzum: Sie wollen als religiöse Subjekte ernst genommen werden und nicht zu belehrbaren Objekten degradiert werden (vgl. Rochdi, Ismael, Salama & Behr, 2011).

Darum sollte ein theologischer Satz zuerst durch bewusste Entscheidung begründet werden, dem Sach- und Vernunftargumente zugrunde liegen. Dass in diesem Prozess auf die alte Präzedenz geblickt wird, ist notwendig und legitim, nicht aber die bedenkenlose Übernahme der ihr zugeschriebenen Normativität, die oft vorrangig an Hand der zeitlichen Nähe ihres Urhebers zu Lebzeiten Muhammads bemessen wird.

Diese Aspekte haben bei den klassischen Rechtsgelehrten sehr wohl eine Rolle gespielt, das wird nur heute oftmals vergessen. Man kann sich nicht immer auf vorhergehende islamische Antworten beziehen, sondern muss in seinem aktuellen Umfeld zu einer eigenen Entscheidung innerhalb des muslimischen Diskurses kommen.

Das wird vor allem im Kontext der Schule lebendig vor Augen geführt, wo muslimische Schülerinnen und Schüler mit einem persönlichen Orientierungsinteresse an Problemstellungen herantreten. Hier darf man als Lehrkraft nicht in die Rolle des Predigers verfallen, der sich auf Gelehrte des letzten Jahrtausends beruft und mit dieser Scheinautorität Meinung verkündet anstatt zur Meinungsbildung beizutragen. Dabei ist es egal, ob es um große oder kleine Fragen geht, um den Weltfrieden oder um den Sportunterricht während des Fastenmonats Ramadan; auch das „Unerhörte", wie die Frage eines Homosexuellen nach dem Heil im Jenseits oder „heiße Eisen" wie der Nahostkonflikt, gehört dazu.

Im Gegenteil, es sind gerade die Themen, die normalerweise nicht in der Moschee oder daheim gestellt werden, welche die Schülerinnen und Schüler anregen. Deshalb kommen auch diejenigen neugierig zum Islamunterricht, die meinen, schon alles zu wissen, weil sie am Wochenende in der Moschee einen Religionsunterricht genießen, den sie für wasserdicht halten. Dabei fordern sie nicht „fertige" Antworten, sondern sie wollen, wie in anderen Fächern auch, die Genese der Lösung mitverfolgen sowie eigene Erfahrungen einbringen können und zur Diskussion stellen. Was als theologischer Lehrsatz formuliert wird, muss plausibel begründet sein, um im Klassenzimmer oder auch im Alltag standhalten zu können. Was diskutiert wird, soll in seinem Ergebnis zum sittlich Guten führen, unbeschadet der Frage nach den konkreten Inhalten oder Kompetenzen. Das ist hier weniger als Anspruch zu verstehen, der auf den kantschen Grundriss sittlicher Erziehung verweist, sondern als pädagogische Notwendigkeit: Islamischer Religionsunterricht ist bildender und erziehender Unterricht (vgl. Koch & Schorch, 2004). Die Schülerinnen und Schüler sollen nicht gegen die anderen Instanzen religiöser Miterziehung, das Elternhaus und die Moschee, aufgewiegelt werden. Aber ihnen muss klar werden, dass eine persönliche Meinung auch persönlich vertreten werden muss und dass es dabei klug ist zu wissen, wo sich die Mitte des *consensus communis* der Muslime befindet. Islamische Theologie fängt oft mit dieser Standortbestimmung an. Oft ist dies Eltern schwieriger zu vermitteln als ihren Kindern. Sie sehen ihre Autorität in Gefahr und – wie es ein Vater dem Verfasser dieses Beitrages mitteilte – haben Angst, dass dieser auf Diskurse abzielende Islamunterricht als *besserer Islam* von seinem Kind wahrgenommen werde, deshalb sollte doch die Lehrkraft immer – am besten als Quintessenz der Unterrichtseinheit – *die islamische Sichtweise* auf den jeweiligen Sachverhalt darstellen. Hier schwingen sicherlich neben theologischen Bedenken auch durch die Migration transportierte Verlustängste eine tragende Rolle. Diese können jedoch nie vollends beseitigt werden, da eben jeder Unterricht Verhandlungssache zwischen Lehrenden und Lernenden ist.

Deshalb sollte abschließend für die theologische Arbeit im Rahmen von Schule und Unterricht folgendes formuliert werden: Wer mit Schülern aus ihrer aktuellen Lebenssituation heraus an Lösungen für ihre Probleme arbeitet, macht die Erfahrung, dass zwei Schüler zu unterschiedlichen, ja entgegengesetzten Ergebnissen gelangen. Deshalb ist es wichtig, das Unterrichtsgespräch nicht zwanghaft auf ein vordergründig islamisch richtiges Ergebnis hinzubiegen, sondern den Schülerinnen und Schülern das Recht auf Unentschlossenheit wie auch auf Distanz zum Unterrichtsgegenstand einzuräumen: Die theologischen Prinzipien des Islamischen Religionsunterrichts wie auch seine Diskursprinzipien sind zustimmungspflichtig. Wenn untereinander wie auch zu Hause diskutiert wird, was im Unterricht zur Sprache kam, ist ein wichtiges Bildungsziel des Islamischen Religionsunterrichts bereits erreicht: die Schaffung einer neuen Diskurskultur (vgl. dazu auch Behr, 2005, 459ff.). So lässt sich vermitteln, dass islamische Theologie nicht etwas Abstraktes und Altmodisches darstellt, sondern ein Instrument, das eigene Leben unter sich veränderten Perspektiven wahrzunehmen und auch zu unkonventionellen Lösungen zu gelangen. Motor ist hier nicht zuletzt die Möglichkeit des Islamischen Religionsunterrichts, seine kognitiven, emotionalen, ästhetischen und handlungsleitenden Dimensionen mit derjenigen des religiösen Erlebens zu verbinden. Islamische Theologie, und das kann sie von der Pädagogik lernen, ist nicht die Sache des Kopfs allein.

3 Literatur

al-[c]Alwāni, T. J. (1993) *Ijtihād. International Institute of Islamic Thought Publications.* (Herndon (Virginia)/London).

Behr, H. H. (2005) *Curriculum Islamunterricht* (Dissertation, Universität Bayreuth).

Behr, H. H. (2008) Allahs Töchter, in: J. Kügler & L. Bormann (Hrsg.) *Töchter (Gottes). Studien zum Verhältnis von Kultur, Religion und Geschlecht* (Münster, LIT), 157–167.

Koch, L. & Schorch, G. (Hrsg.) (2004) *Erziehender Unterricht. Eine Problemformel* (Bad Heilbrunn, Julius Klinkhardt).

Leaman, O. (1999) *A brief introduction to islamic philosophy.* (Cambridge, Polity Press).

Rochdi, E. & Rochdi, A. (2007) "Bin ich hier richtig?" – Eine Erhebung der Schülerinteressen im islamischen Religionsunterricht, in: *Zeitschrift für die Religionslehre des Islam 1* (2), 22–29.

Rochdi, A., Ismail, M., Salama, D. & Behr, H. H. (2011) Das ist unser Fach. Ein Seminarbericht, in: *Zeitschrift für die Religionslehre des Islam 5* (10), 10–21.

Rochdi, A. (2014) „Steht da auch was für mich drin?“ – Zur Koranarbeit im islamischen Religionsunterricht, in: G. Solgun-Kaps (Hrsg.) *Islam. Didaktik für die Grundschule* (Berlin, Cornelsen), 98–113.

Schulze, R. (2010) *Was ist islamische Theologie*? Verfügbar unter: www.wissenschaftsrat.de/download/archiv/Schulze.pdf [16.12.2013].

Tosun, C. (2008) Die Frage der theologischen und pädagogischen Kompetenzen zwischen Rollenerwartung und Selbstentfaltung, in: H. H. Behr, M. Rohe & H. Schmid (Hrsg.) *„Den Koran zu lesen genügt nicht!“* (Münster, LIT), 135–143.

Gemeinsamer Unterricht mit feinen Unterschieden: Konfessionell-kooperativer Religionsunterricht in Baden-Württemberg

Lothar Kuld

1 Zur Genese des Konfessionell-kooperativen Religionsunterrichts in Baden-Württemberg

Die Voraussetzungen für Religionsunterricht ändern sich unentwegt. Sie dürften von Land zu Land unterschiedlich sein. Baden-Württemberg ist ein Flächenstaat mit einer konfessionell weithin gemischten Bevölkerung und einer historisch betrachtet rasanten Veränderung der konfessionellen Landkarte. In traditionell katholischen Orten wie Freiburg ist die Mehrheit der Bevölkerung heute nicht katholisch, in der bis in die Nachkriegszeit evangelischen Stadt Ulm ist die Mehrheit der christlichen Bevölkerung nicht evangelisch. In einigen Stadtteilen von Mannheim, Heilbronn oder Stuttgart gehen in die Grundschulen mehr muslimische als christliche Kinder. Kinder ohne Konfessionszugehörigkeit sitzen ebenso selbstverständlich im Religionsunterricht wie getaufte Kinder. Und die neuere religionspolitische Diskussion um den Religionsunterricht an den Schulen hat auch den deutschen Süden erreicht. Konfessioneller Religionsunterricht ist nicht selbstverständlich. Seine Begründung im Bildungssystem ist nicht Thema der folgenden Ausführungen. Aber sie spielt natürlich eine Rolle, weil der konfessionell-kooperative Religionsunterricht – der sperrige Name sagt es schon – ein konfessioneller Religionsunterricht ist (vgl. Ritter, 2006; Schweitzer, 2009; Seeliger, 2010; Orth, 2011). Er wird in Übereinstimmung mit den Lehren und Grundsätzen der Evangelischen beziehungsweise Katholischen Kirche (vgl. Art 7 Abs. 3 GG) erteilt. Insofern ist er nichts anderes als ein traditioneller konfessionell gebundener Religionsunterricht auch. Neu ist jedoch, dass in diesem seit 2005 in Baden-Württemberg realisierten Konzept von Religionsunterricht mal eine evangelische, mal eine katholische Lehrkraft die gleiche konfessionell gemischte Lerngruppe aus evangelischen, katholischen und zunehmend auch konfessionslosen Schülerinnen und Schülern unterrichtet. Das ist bis heute nicht unumstritten (vgl. Nordhofen, 2002; Seeliger, 2010). Um die Schwierigkeiten bei der Implementierung des konfessionell-kooperativen Religionsunterrichts als Modellversuch – das ist er bis heute – zu, verstehen, hilft ein Blick in die Vorgeschichte. Nach den Vorgaben des

GG Artikel 7, Abs. 3 ist der Religionsunterricht an öffentlichen Schulen „ordentliches Lehrfach. Er wird in Übereinstimmung mit den Grundsätzen der Religionsgemeinschaften erteilt.“ Das Schulgesetz des Landes Baden-Württemberg (§ 96 Abs. 2) präzisiert den gleichen Sachverhalt so: „Der Religionsunterricht wird nach Bekenntnissen getrennt, in Übereinstimmung mit den Lehren und Grundsätzen der betreffenden Religionsgemeinschaft von deren Beauftragten erteilt und beaufsichtigt.“ Das ist der rechtliche Rahmen, innerhalb dessen die Kirchen ihr Verständnis des Religionsunterrichts und seine konfessionelle Verfassung formulieren. Die Katholische Kirche sieht in ihrem Synodenbeschluss von 1974 die konfessionelle Verfassung dadurch gewährleistet, dass Lehrer/in, Inhalt und Schüler/innen in der gleichen Konfession beheimatet sind. Die Konfessionalität des Religionsunterrichts sei durch diese Trias gewahrt. Allerdings sagt das gleiche Papier auch, dass der Religionsunterricht in dem Maße, wie die Kirchen sich in ihrem ökumenischen Denken und Handeln aufeinander zubewegen und zum Dialog und zur Solidarität mit Menschen anderer Religionen und Ideologien bereit seien, „ohne deswegen auf ihr eigenes Selbstverständnis und auf profilierte Meinungen und Überzeugungen verzichten zu müssen“, ebenfalls „zur Offenheit verpflichtet“ sei. „Der Gesinnung nach ist er [der Religionsunterricht] ökumenisch.“ (Sekretariat der deutschen Bischofskonferenz, 1998, 2.7.4). In einem 1996 veröffentlichten Papier der Bischöfe zur „bildenden Kraft des Religionsunterrichts“ wird das Konfessionalitätsprinzip bekräftigt und einem interkonfessionellen, überkonfessionellen oder ökumenischen Religionsunterricht oder einem auf Religionskunde oder Lebenskunde hin orientierten Religionsunterricht eine Absage erteilt. Das war natürlich bildungspolitisch gegen LER (Brandenburg) und vergleichbare Konzepte formuliert, aber auch eine Antwort auf die EKD-Denkschrift „Identität und Verständigung“ (1994), welche „die angemessene Gestalt des konfessionellen Religionsunterrichts für die Zukunft [in der] Form eines konfessionell-kooperativen Religionsunterrichts“ (evangelische Kirche in Deutschland, 1994, 65) sah und dringend für einen entsprechenden inhaltlichen und institutionellen Aufbau eines konfessionell-kooperativen Religionsunterrichts warb. Dieses Plädoyer fiel der EKD insofern leichter, als dass sie in einem Papier von 1974 bereits das Konfessionsprinzip des Religionsunterrichts an der Homogenität von Lehrkraft und Inhalt festmachte. Die Schülerschaft musste nicht zwingend nur evangelisch sein. Das entsprach der Realität an den Schulen. Die baden-württembergische Religionslehrerstudie von Feige & Tzscheetzsch (2005) brachte zutage, dass ein Drittel der evangelischen und katholischen Lehrer/innen in Baden-Württemberg damals Schüler/innen der anderen Konfession unterrichte. Die katholische Trias wurde aus pragmatischen Gründen also nicht mehr so ernst genommen. Es gab einen Graubereich von Religionsunterricht, in dem evangelische und katholische Schülerinnen und Schüler einfach mal gemeinsam unterrichtet wurden, weil das aus Sicht der Schulorganisation praktisch war oder wegen der Aufsichtspflicht der Schule für Kinder nicht anders ging oder klammheimlich religionspädagogisch gewollt, aber offiziell nicht erlaubt war, und den niemand so genau überschaute. Mit einiger Zeitverzögerung (2005) schließlich realisierte die katholische Bischofskonferenz die veränderten Voraussetzungen des Religionsunterrichts und formulierte als Beschluss: „Das Konfessionalitätsprinzip […] schließt Formen konfessioneller Kooperation im Religionsunterricht keineswegs aus." (Die deutschen Bischöfe, 2005, 10f.) Damit war der Weg für einen konfessionell-kooperativen Religionsunterricht auch auf katholischer Seite frei. Noch im gleichen Jahr (01.03.2005) kommt es zu einer Vereinbarung zur konfessionellen Kooperation in Baden-Württemberg.

2 Zielsetzung und Regelungen zum konfessionell-kooperativen Religionsunterricht in Baden-Württemberg

Die Vereinbarung der Kirchen von 2005 begründet die Einführung des konfessionell-kooperativen Religionsunterrichts theologisch und pädagogisch. Theologisch geht es den Kirchen um ein Zeichen ihrer ökumenischen Offenheit und Weite, pädagogisch wollen sie die Ökumene der Kirchen durch die Zusammenarbeit der Konfessionen im Religionsunterricht erfahrbar machen – und zwar auf dem Wege der authentischen Begegnung zwischen evangelischen und katholischen Christ/innen. Das Papier formuliert die Überzeugung der Kirchen, dass die authentische Begegnung mit der jeweils anderen Konfession

- Besonderheiten wie Gemeinsamkeiten von evangelischem und katholischem Glauben erfahrbar mache,
- die religiöse Dialogfähigkeit befördere und
- das Bewusstsein der Schülerinnen und Schüler für die eigene Konfession stärke.

Zu diesem Zweck würden „gemischt-konfessionelle Lerngruppen gebildet, die im Wechsel von einer Lehrkraft des Unterrichtsfaches Evangelische Religionslehre und Katholische Religionslehre unterrichtet werden." (Vereinbarung der Kirchen, 2005, 5) Die Lehrkräfte haben die Aufgabe, „in qualifizierter Zusammenarbeit das konfessionelle Profil beider Kirchen in den Religionsunterricht einzubringen" (ebd.). Bevor es soweit ist, muss der konfessionell-kooperative Religionsunterricht aber erst von der Schule bei den Kirchenleitungen beider Konfessionen beantragt werden. Die Lehrkräfte müssen gemeinsam erarbeitete Lehrpläne vorlegen und Fortbildungen zum konfessionell-kooperativen Religionsunterricht besuchen. Die Fachkonferenzen in Religion müssen der Durchführung von konfessionell-kooperativem Religionsunterricht ohne Gegenstimme zustimmen, die Eltern sind zu informieren. Es gibt also einige Hürden. Die größte ist der Lehrerwechsel innerhalb des Schuljahrs (vgl. unten Punkt 4).

3 Wissensaufbau, Dialogfähigkeit, konfessionelles Bewusstsein – Die Zieldimensionen des konfessionell-kooperativen Religionsunterrichts im Licht des Evaluationsberichts von 2009

Der konfessionell-kooperative Religionsunterricht wurde von 2006 bis 2008 evaluiert (vgl. Kuld, Schweitzer, Tzscheetzsch & Weinhardt, 2009). Anschlussuntersuchungen widmen sich dem Binnengeschehen im konfessionell-kooperativen Religionsunterricht (vgl. Kenngott, Kuld (Hrsg.), 2012, 111–182; vgl. Angele, 2013) und der Vermittlung interkonfessioneller Lehrkompetenzen im Lehramtsstudium (vgl. Pemsel-Maier & Weinhardt, 2011). Frühere Untersuchungen von Schweitzer und Biesinger (2002; 2006) beziehen sich auf konfessionell-kooperativen Religionsunterricht nach dem sog. Tübinger Modell, das aber nicht weitergeführt wurde.

Das Ergebnis der Evaluation des Modellversuchs in Baden-Württemberg kann man so zusammenfassen:

Die Zielsetzungen des Konfessionell-kooperativen Religionsunterrichts werden von allen Beteiligten ganz überwiegend geteilt, freilich aus unterschiedlichen Gründen, Bedarfslagen und Motiven heraus. Der Mehrheit der befragten Eltern von Grundschüler/innen – nur diese Eltern wurden befragt – ist die Konfession der Religionslehrerin bzw. des Religionslehrers nicht das Primäre. Sie wollen, dass ihr Kind im Unterricht etwas über Gott erfährt und Lebensorientierung bekommt, und denken, dass ihr Kind es schön findet, auch in Religion bei der Klassenlehrerin zu sein, sofern sie Religionslehrerin ist. Den Religionslehrer/innen sind die kollegiale interkonfessionelle Zusammenarbeit und die „Normalisierung“ des Religionsunterrichts an der Schule wichtig. Die Schulleiter/innen verweisen auf den schulpädagogischen Effekt des Erhalts des Klassenverbands für Schüler und Lehrer und die überwiegend positive Einstellung der Eltern zum Konfessionell-kooperativen Religionsunterricht. Schulorganisatorische Gründe werden entgegen der latenten Skepsis einer Minderheit von Religionslehrer/innen nur am Rand erwähnt (vgl. Schnitzler, 2009, 193f.). Die Schüler/innen sind für den Konfessionell-kooperativen Religionsunterricht, weil ihnen der Erhalt der Klassengemeinschaft und das Zusammensein mit den Freunden wichtig sind. Bei Grundschülern, Realschülern und vor allem Gymnasiasten kommt als drittes beobachtbares Motiv der Lernwille, etwas über die andere Konfession zu erfahren, hinzu. Wo dieses Motiv stark wird, dürfte das Ziel des Konfessionell-kooperativen Religionsunterrichts besonders gut zu erreichen sein. Die Analyse der Tests an Modell- und Vergleichsschulen (vgl. Angele & Kuld, 2009) bestätigt diese Vermutung. Es gibt also ganz überwiegend viel Zustimmung zur Praxis und Idee des Konfessionell-kooperativen Religionsunterrichts. Das Konzept bewährt sich in der Praxis. Einen Abbruch des Modellversuchs kann sich die Mehrheit der Befragten nicht vorstellen.

3.1 Der Konfessionell-kooperative Religionsunterricht im Urteil der Eltern

Aus der Elternbefragung – befragt wurden allerdings nur die Eltern der Grundschüler/innen im Modellversuch – erfahren wir, dass etwas weniger als der Hälfte der Befragten die Entwicklung des konfessionellen Bewusstseins ihrer Kinder wichtig, der anderen Hälfte unwichtig ist (13,1 % sehr wichtig und 31,3 % ziemlich wichtig gegenüber 46,5 % eher unwichtig und 7,1 % ganz unwichtig). Das Ergebnis passt zu der Auskunft der Mehrheit der Eltern, dass ihnen die Konfession des Religionslehrers bzw. der Religionslehrerin nicht so wichtig sei (50,5 % eher unwichtig; 12,6 % ganz unwichtig) und ein „guter“ Religionsunterricht vor allem drei Dinge leisten sollte: Er hält die Gottesfrage offen (77,8 %), er vermittelt ethische Orientierung (71,2 %) und er trägt zu Verständigungsbereitschaft und Toleranz gegenüber anders Gläubigen (69,7 %), kurz: zur religiösen Dialogfähigkeit bei. Dies lässt sich zu der Aussage verdichten: Den Eltern ist in erster Linie eine allgemein religiöse Grundbildung ihres Kindes wichtig, gefolgt von Wertorientierung und religiöser Dialogfähigkeit. In der Frage des Ziels „konfessionelles Bewusstsein“ ist die Elternschaft gespalten. Knapp die Hälfte hält diese Dimension des Religionsunterrichts für sehr oder ziemlich wichtig, etwas mehr als die Hälfte findet das eher oder ganz unwichtig (vgl. Isak, Roeder & Tzscheetzsch, 2009b).

3.2 Der Konfessionell-kooperative Religionsunterricht im Urteil der Lehrerinnen und Lehrer

Die Religionslehrkräfte sind qua Amt auf die Zieldimensionen des Konfessionell-kooperativen Religionsunterrichts verpflichtet. Es sei darauf hingewiesen, dass über drei Viertel der in der quantitativen Befragung (vgl. Isak, Roeder, & Tzscheetzsch, 2009a) erfassten Lehrkräfte in der Grundschule (76,8 %; N 417) unterrichten. Nur von daher ist zu verstehen, dass das Kollektiv der in der Befragung erfassten Lehrkräfte konfessionelle Unterschiede im Religionsunterricht nur „bedingt“ (35,7 %), „nur sehr eingeschränkt" (31,3 %) oder „überhaupt nicht" (9 %) regelmäßig thematisieren will. Das ist schulartspezifisch richtig und korrespondiert der Auskunft der Mehrheit, dass es nicht ihre primäre Aufgabe sei, im Konfessionell-kooperativen Religionsunterricht nach konfessionellen Unterschieden zu fragen (27,8 % stimmt vollkommen; 44,1 % stimmt weitgehend). In den Interviews sagen die zitierten Lehrerinnen und Lehrer an Grundschulen (und nicht nur dort), es gehe ihnen darum, dass sich die Klasse als Gemeinschaft versteht, in der die konfessionellen Unterschiede – und damit auch das konfessionelle Bewusstsein – zunächst keine Rolle spielen und auch nicht betont werden sollen (vgl. Isak, 2009, 137ff).

Die meisten Lehrerinnen und Lehrer sehen ihre primäre Aufgabe nicht in der Thematisierung von Differenz. Die Befassung mit Themen aus anderen konfessionellen Traditionen empfindet jedoch die Mehrheit der Lehrerinnen und Lehrer als Bereicherung (72 %) (vgl. a.a.O., 175). Konfessionelle Differenz ist für sie und ihre Schülerinnen und Schüler am deutlichsten dort erfahrbar, wo Differenz in den konkreten Formen von Kreuzzeichen, Kirchenraum, Feiertagen oder Heiligen- und Marienverehrung manifest wird. Das ist insbesondere in der Grundschule der Fall, in der bevorzugt volkskirchliche Gestaltungen von Religion Lerngegenstand sind und den religiösen Lernanlass bilden. Ihre Vermittlung in konfessionell gemischten Lerngruppen verlangt eine Form von Differenzkompetenz in der Unterrichtsgestaltung, die in der Religionslehrerausbildung bislang nicht vorkam. Diesem Sachverhalt entspricht das Fortbildungsinteresse der Lehrer/innen. Das Thema „Merkmale der evangelischen/ katholischen Konfession" steht in der Lehrerbefragung (Auswertung nach Mittelwerten) an erster Stelle, dicht gefolgt u.a. von „Konfessionelle Feiertage und religiöses Brauchtum" (a.a.O., 176). Möglicherweise haben die Lehrkräfte – über drei Viertel der antwortenden Lehrer/innen unterrichten in der Grundschule – hier nicht nur den konkreten Bedarf an Weiterbildung und Unterstützung, sondern auch die größten Unsicherheiten. Wie authentisch dürfen sie sein, wie distanziert müssen sie sich zu ihrer eigenen religiösen Praxis verhalten, um den Schülerinnen und Schülern in ihrer konfessionellen – vereinzelt auch religiösen – Verschiedenheit gerecht zu werden (Kuld, 2011)?

3.3 Wirkungen des Konfessionell-kooperativen Religionsunterrichts bei Schülerinnen und Schülern

Nur wenige Grundschülerinnen und Grundschüler, die den konfessionell-kooperativen Religionsunterricht besuchen, können mit den Begriffen „evangelisch" und „katholisch" nichts anfangen. Zugehörigkeitsverhältnisse werden geklärt und erschlossen. Über 80 % aller befragten Grundschüler/innen (2. Klasse in Modell- und Vergleichsschulen) konnten ihre Konfessionszugehörigkeit richtig angeben (vgl. Angele & Kuld, 2009, 97f.). Ob sie dies erst im Laufe der beiden ersten Grundschuljahre gelernt haben, wissen wir nicht, da es keinen Eingangstest gab. Aber man muss es wohl annehmen, da in den Schülerinterviews zu Beginn des Untersuchungszeitraums und an seinem Ende in dieser Hinsicht ein Fortschritt im Wissen um Begriff und Zugehörigkeit zu einer Konfession festgestellt werden konnte. Der Test nach zwei Unterrichtsschuljahren zeigt jedenfalls, dass Modellschüler zu 85,9 % ihre Konfession richtig angeben können und die an Vergleichsschulen es zu 76,7 % richtig machen (vgl. a.a.O., 98). Die Annahme, dass Grundschulkinder der ersten Schuljahre den Unterschied zwischen „evangelisch" und „katholisch" kaum kennen würden, ja nicht einmal ihre eigene Konfessionszugehörigkeit wüssten, wird durch die Tests nicht bestätigt.

Anders ist es mit dem Bewusstsein von Konfessionalität. Hier scheint schon die Unterscheidung von Konfession und Religion schwierig zu sein. Manche Befragte assoziieren mit Religion das Unterrichtsfach, also den Ort, an dem sie mit Religion in Berührung kommen.

Für die Schülerinnen und Schüler auf der Hauptschule ist die Konfession nicht wichtig. Sie ist für sie – das wird in den Gesprächen mit Schülerinnen und Schülern merkwürdigerweise nur hier ein Thema – kein Kriterium, nach dem sie sich ihre Freunde aussuchen. Das ist nicht Ausfluss von Toleranz, sondern Konfession und Konfessionalität spielen in ihrer Lebenswelt schlichtweg keine Rolle. Das Thema Konfession komme auch zu Hause nicht vor. Manche Schülerinnen und Schüler wissen nicht einmal die Konfession ihrer Eltern.

Die Realschülerinnen und Realschüler können die eigene und meist auch die Konfession ihrer Eltern korrekt angeben.

Gymnasialschüler berichten, dass sie im Unterricht von Lehrern als Experten ihrer eigenen Konfession herangezogen werden. Unter den Gymnasialschülerinnen und -schülern scheint es noch am ehesten Kinder und Jugendliche mit einem bewusst religiösen Hintergrund in der Familie und Erfahrungen aus dem Kirchenmilieu zu geben. Sie dürften vom interkonfessionellen Dialog im Unterricht am meisten profitieren.

Aufschlussreich für die Wirkung von Konfessionell-kooperativem Religionsunterricht sind die Tests, mit denen das Wissen der Schüler/innen und Schüler über konfessionelle Spezifika erfragt wurde. Es bestehen signifikante Unterschiede zwischen konfessionell gemischten und konfessionell homogenen Lerngruppen.

Exkurs – Ein Beispiel aus der Grundschule (vgl. a.a.O., 98–102)

Tabelle 1: Zu Maria beten?

„Wir können zu Maria beten“ – Dem Item stimmen zu:	**Konfessionell-kooperativer Unterricht** (Modellschulen)	**Konfessionell getrennter Unterricht** (Vergleichsschulen)
Evangelische Schüler/innen	48,6 %	28,9 %
Katholische Schüler/innen	52,9 %	58,3 %
Andere	41,7 %	28,5 %

Tabelle 2: Ist Maria ein Vorbild?

„Maria ist ein Vorbild“– Dem Item stimmen zu:	**Konfessionell-kooperativer Unterricht** (Modellschulen)	**Konfessionell getrennter Unterricht** (Vergleichsschulen)
Evangelische Schüler/innen	6,4 %	6,0 %
Katholische Schüler/innen	15,1 %	36,2 %
Andere	12,5 %	12,8 %

Wie die beiden Tabellen belegen, stimmen knapp über die Hälfte der katholischen und etwas weniger als die Hälfte der evangelischen Schüler dem Item „Wir können zu Maria beten“ zu. Ist nun das Antwortverhalten der evangelischen Schülerschaft „katholisch“ zu nennen? Kommt es im Konfessionell-kooperativen Religionsunterricht zu Verwischungen der Konfessionsgrenzen oder ungewollten Übernahmen? Diese Diskussion hat die Evaluationsgruppe sehr beschäftigt. Und nicht zuletzt aus der Furcht, es könnte sich eine konfessionelle Richtung einseitig durchsetzen, wurde dann in den Empfehlungen gesagt, ein Wechsel der Lehrperson schon innerhalb des ersten Schuljahrs sei wichtig. Möglicherweise ist diese Empfehlung nicht nur pädagogisch fragwürdig (Kuld, Schweitzer, Tzscheetzsch & Weinhardt, 2009, 219), sondern auch im Blick auf weitere Ergebnisse des Tests. Denn weitere Ergebnisse sprechen gegen den Eindruck ungewollter Konfessionsvermischung. Dem „katholischen“ Item: „Maria ist ein Vorbild“ stimmen gerade mal 6,4 % der evangelischen Schüler/innen an Modellschulen (6 % an Vergleichsschulen), aber 15,1 % der katholischen an Modellschulen (Vergleichsschulen gar

36,2 %) zu. Dies deutet darauf hin, dass das konfessionsspezifisch katholische Thema der Marienverehrung in evangelisch homogenen Lerngruppen vermutlich kaum, in katholisch homogenen Lerngruppen eher affirmativ und in konfessionell gemischten Lerngruppen eher dialogisch unterrichtet wird. Man lernt Fremdes und Eigenes kennen, ohne es deshalb übernehmen oder dementieren zu müssen. Bildungstheoretisch ist das genau der Sinn von Unterricht. Man kann zu Maria beten, muss es aber nicht. Es gibt Christen, die das tun, und andere, die das nicht tun.

4 Lehrerwechsel – ein Problem?

Ein Strukturelement des Konfessionell-kooperativen Religionsunterrichts ist der Lehrerwechsel. Nach Auskunft der Lehrerbefragung haben 61 % der Lehrenden zum Schuljahreswechsel den Lehrerwechsel vollzogen, 9,4 % haben zum Schulhalbjahr gewechselt. Zur Frage, wie sie den Wechsel selbst empfunden haben, äußern sich die Lehrenden zurückhaltend. 37,7 % geben an, dass der Wechsel für sie als Lehrende kein Problem war, 42,5 % denken, dass der Wechsel für ihre Schülerinnen und Schüler kein Problem war (vgl. Isak et al., 2009a, 174). In den Interviews mit Lehrer/innen überwiegt gegenüber einem häufigen Lehrerwechsel die Skepsis, vor allem die Lehrerinnen in der Grundschule sind gegen einen Wechsel mitten im Schuljahr. Die Grundschullehrerinnen sind vor allem am Aufbau einer stabilen Beziehung zu ihren Schülerinnen und Schülern interessiert, die durch zu frühen oder zu häufigen Lehrerwechsel gestört würde. Sie unterrichten daher nicht selten schon länger (schon vor dem Modellversuch?) Religion in der ersten Klasse im Klassenverband. Die Lehrkräfte in der Hauptschule berichten von weniger Disziplinproblemen beim Unterrichten im Klassenverband. Ein Lehrerwechsel dürfte hier von den Schüler/innen vermutlich als Bruch erlebt werden. Allerdings sagen die Interviewten darüber nichts, so dass man resümieren muss: Der Religionslehrerwechsel wird von den Lehrkräften aller Schularten insgesamt akzeptiert, allerdings mit pädagogischen Bedenken, die vor allem Lehrende an der Grund- und Hauptschule äußern.

Entgegen der Einschätzung eines Teils ihrer Lehrerinnen und Lehrer stehen die Grundschülerinnen und Grundschüler in den Interviews dem Lehrerwechsel mehrheitlich neutral gegenüber (vgl. Schnitzler & Schweitzer, 2009). Vielleicht kann man es auch so sagen: Sie wissen nicht, was sie sagen sollen. Die Aussicht, im Religionsunterricht mit Freunden zusammen zu sein, ist ihnen wichtig und auch die Chance, als Experte der eigenen Konfession gefragt zu sein. Den Hauptschülerinnen und Hauptschülern ist die Beziehung zum Lehrer/ zur Lehrerin wichtiger als die Konfession oder die Organisationsform des Religionsunterrichts. Der Lehrer mag wechseln, entscheidend ist für sie der Erhalt des Klassenverbands, der ihnen vertraut ist. Ein Wechsel in der Einschätzung des Lehrerwechsels ist bei Realschülerinnen und -schülern zu melden. Während sie in der ersten Befragung ihr Urteil über den Lehrerwechsel vom Sympathiewert der Religionslehrkraft abhängig machten, fügen sie diesem Argument in der zweiten Befragung noch ein weiteres Kriterium hinzu. Der Lehrerwechsel sorge immerhin für Abwechslung. Die Schülerinnen und Schüler auf dem Gymnasium reflektieren den Religionslehrerwechsel auf der Beziehungs- und Sachebene. Zwischen erster und zweiter Befragung zeigen sich keine Unterschiede. Die Konfession des Lehrers spielt für sie keine Rolle, sondern sein Sympathiewert. Auf der Sachebene denken sie wie die Realschüler an mehr Abwechslung durch Lehrerwechsel. Der Wechsel innerhalb des Schuljahrs oder gar innerhalb einer Unterrichtseinheit wird allerdings als belastend empfunden, vermutlich auch, weil Gymnasialschüler/innen ohnehin viel an Eingewöhnung und Anpassung abverlangt wird.

Über die Hälfte der Eltern (mit Kindern in der Grundschule) befürwortet den Lehrerwechsel nach dem ersten Schuljahr – nur danach wurde gefragt. Sie begründen dies entweder mit dem wünschenswerten Wissensaufbau in der eigenen wie fremden Konfession („ziemlich wichtig“ 39,9 %) oder mit der Chance zu authentischen Begegnungen mit Menschen beider Konfessionen (15,2 % der Antwortenden halten das für „sehr wichtig“). Für problematisch halten den Lehrerwechsel jene Eltern, für die konfessionelle Unterschiede „von geringer Bedeutung“ (18,2 %) sind oder religiöse Bildung eine feste Bezugsperson braucht (6,3 %). Annähernd ein Fünftel (18,2 %) der befragten Eltern äußert sich nicht zum Lehrerwechsel (vgl. Isak et al., 2009b, 199). Das sind die Unentschiedenen, von denen man nicht weiß, was sie denken. Wenn nicht alles täuscht, ist die Elternschaft in der Frage des Lehrerwechsels gespalten. Die einen halten authentische Begegnungen mit konfessionell und religiös engagierten Menschen für wichtig, die anderen denken das nicht und wieder andere haben dazu keine Meinung.

5 Literatur

5.1 Kirchliche Texte und Vereinbarungen

Evangelische Landeskirche in Baden, Evangelische Landeskirche in Württemberg, Erzdiözese Freiburg & Diözese Rottenburg-Stuttgart (2005) *Konfessionelle Kooperation im Religionsunterricht an allgemeinbildenden Schulen* (Stuttgart, Evangelisches Medienhaus).

Evangelische Landeskirche Baden, Evangelische Landeskirche Württemberg, Erzdiözese Freiburg & Diözese Rottenburg-Stuttgart (2009) *Konfessionelle Kooperation im Religionsunterricht an allgemein bildenden Schulen. Vereinbarung zwischen der Evangelischen Landeskirche in Baden, der Evangelischen Landeskirche in Württemberg, der Erzdiözese Freiburg und der Diözese Rottenburg-Stuttgart. Novellierung. Verbindliche Rahmen vom 1. August 2009* (Stuttgart, Evangelisches Medienhaus).

EKD (Evangelische Kirche in Deutschland) ([4]1994) *Identität und Verständigung. Standort und Perspektiven des Religionsunterrichts in der Pluralität. Eine Denkschrift der Evangelischen Kirche in Deutschland* (Gütersloh, Gütersloher).

Sekretariat der Deutschen Bischofskonferenz ([4]1998, 1974) Der Religionsunterricht in der Schule. Ein Beschluss der Gemeinsamen Synode der Bistümer in der Bundesrepublik Deutschland, in: *Texte zu Katechese und Religionsunterricht* (Bonn), 145–179.

Sekretariat der Deutschen Bischofskonferenz (2005) *Der Religionsunterricht vor neuen Herausforderungen* (Bonn).

Sekretariat der Deutschen Bischofskonferenz (1996) *Die bildende Kraft des Religionsunterrichts. Zur Konfessionalität des katholischen Religionsunterrichts* (Bonn).

Sekretariat der Deutschen Bischofskonferenz & Kirchenamt der Evangelischen Kirche in Deutschland (1998) *Zur Kooperation von evangelischem und katholischem Religionsunterricht* (Würzburg & Hannover).

5.2 *Sekundärliteratur*

Angele, C. & Kuld, L. (2009) Wenige Unterschiede im Großen – signifikante im Detail. Lernniveaus in Modell- und Vergleichsschulen, in: L. Kuld, F. Schweitzer, W. Tzscheetzsch & J. Weinhardt (Hrsg.) *Im Religionsunterricht zusammenarbeiten. Evaluation des konfessionell-kooperativen Religionsunterrichts in Baden-Württemberg* (Stuttgart, Kohlhammer), 94–133.

Angele, C. (2012a) Transkription einer Unterrichtsstunde aus dem konfessionell-kooperativen Religionsunterricht zum Thema Beten – Das Kreuzzeichen, in: E.-M. Kenngott & L. Kuld (Hrsg.) *Religion verstehen lernen. Neuorientierungen religiöser Bildung* (Berlin, LIT), 111–132.

Angele, C. (2012b) Dichte Beschreibung zur Unterrichtsdokumentation, in: E.-M. Kenngott & L. Kuld (Hrsg.) *Religion verstehen lernen. Neuorientierungen religiöser Bildung* (Berlin, LIT), 133–148.

Angele, C. (2013) *Organisationsform von Unterricht und Didaktikentwicklung – ein Beitrag zur empirischen Unterrichtsforschung am Beispiel des konfessionell-kooperativen Religionsunterrichts* (unveröffentlichtes Manuskript).

Bastel, H., Göllner, M., Jäggle, M. & Miklas, H. (Hrsg.) (2006) *Das Gemeinsame entdecken – Das Unterscheidende anerkennen. Projekt eines konfessionell-kooperativen Religionsunterrichts. Einblicke – Hintergründe – Ansätze – Forschungsergebnisse* (Wien, LIT).

Bastel, H. & Miklas, H. (2006) „Ich bin informierter und persönlich gestärkt in meinem Glaubensverständnis“ oder Zusammenarbeit der ReligionslehrerInnen verschiedener christlicher Konfessionen – ein empirisches Forschungsprojekt, in: H. Bastel, M. Göllner, M. Jäggle & H. Miklas (Hrsg.) *Das Gemeinsame entdecken – Das Unterscheidende anerkennen. Projekt eines konfessionell-kooperativen Religionsunterrichts. Einblicke – Hintergründe – Ansätze – Forschungsergebnisse* (Wien, LIT), 43–57.

Bastel, H., Miklas, H., Ritzer, G., Schwarz, E., Uljas-Lutz, J. & Wagerer, W. (2011) Interkonfessioneller Unterricht in der ReligionslehrerInnenausbildung auf dem Prüfstand. Werkstattbericht einer Evaluationsforschung der KPH Wien & Krems, in: *ÖRP (Österreichisches Religionspädagogisches Forum) 19. Jahrgang*, 84–86.

Dinter, A. (2012) „Strange kind of religion“. Kommentar zur Unterrichtsstunde, in: E.-M. Kenngott & L. Kuld (Hrsg.) *Religion verstehen lernen. Neuorientierungen religiöser Bildung* (Berlin, LIT) 151–153.

Dressler, B. (2012) Falsche Konfessionalität. Kommentar zur Unterrichtsstunde, in: E.-M. Kenngott & L. Kuld (Hrsg.) *Religion verstehen lernen. Neuorientierungen religiöser Bildung* (Berlin, LIT), 149–150.

Feige, A. & Tzscheetzsch, W. (2005) *Christlicher Religionsunterricht im religionsneutralen Staat? Unterrichtliche Zielvorstellungen und religiöses Selbstverständnis von ev. und kath. Religionslehrerinnen und -lehrern in Baden-Württemberg. Eine empirisch-repräsentative Befragung* (Stuttgart, Kohlhammer; Ostfildern, Schwabenverlag).

Feige, A., Dressler, B. & Tzscheetzsch, W. (Hrsg.) (2006) *Religionslehrerin oder Religionslehrer werden. Zwölf Analysen berufsbiografischer Selbstwahrnehmungen* (Ostfildern, Schwabenverlag).

Frank, J. (2002) Der evangelische Religionsunterricht: konfessionell-kooperativ und ökumenisch offen, in: A. Battke, T. Fitzner, R. Isak & U. Lochmann (Hrsg.) *Schulentwicklung – Religion – Religionsunterricht. Profil und Chance von Religion in der Schule der Zukunft* (Freiburg im Breisgau, Herder), 213–215.

Hoppe, B. (2008) *Konfessionell-kooperativer Religionsunterricht: Geschichtlicher Kontext, Organisationsformen. Zukunftsperspektiven* (Saarbrücken, VDM).

Hoppe, B. & Weinhardt, J. (2009) Ergebnisse der Untersuchung: Konfessionell-kooperativer Religionsunterricht in Baden-Württemberg. Unterrichtsbeobachtungen und schulische Realisierung von Konfessionell-kooperativem Religionsunterricht, in: L. Kuld, F. Schweitzer, W. Tzscheetzsch & J. Weinhardt (Hrsg.) *Im Religionsunterricht zusammenarbeiten. Evaluation des konfessionell-kooperativen Religionsunterrichts in Baden-Württemberg* (Stuttgart, Kohlhammer) 23–71.

Isak, R. (2009) Konfessionell-kooperativer Religionsunterricht im Spiegel der Äußerungen von Lehrerinnen und Lehrern, in: L. Kuld, F. Schweitzer, W. Tzscheetzsch & J. Weinhardt (Hrsg.) *Im Religionsunterricht zusammenarbeiten. Evaluation des konfessionell-kooperativen Religionsunterrichts in Baden-Württemberg* (Stuttgart, Kohlhammer) 134–169.

Isak, R., Roeder, A. & Tzscheetzsch, W. (2009a) Wie Lehrerinnen und Lehrer die konfessionelle Kooperation wahrnehmen, in: L. Kuld, F. Schweitzer, W. Tzscheetzsch & J. Weinhardt (Hrsg.) *Im Religionsunterricht zusammenarbeiten. Evaluation des konfessionell-kooperativen Religionsunterrichts in Baden-Württemberg* (Stuttgart, Kohlhammer) 169–184.

Isak, R., Roeder, A. & Tzscheetzsch, W. (2009b) Wie Eltern die konfessionelle Kooperation wahrnehmen, in: L. Kuld, F. Schweitzer, W. Tzscheetzsch & J. Weinhardt (Hrsg.) *Im Religionsunterricht zusammenarbeiten. Evaluation des konfessionell-kooperativen Religionsunterrichts in Baden-Württemberg* (Stuttgart, Kohlhammer), 195–200.

Jäggle, M. (2006) Schritte auf dem Weg zu einer Kultur gegenseitiger Anerkennung, in: H. Bastel, M. Göllner, M. Jäggle & H. Miklas (Hrsg.) *Das Gemeinsame entdecken – Das Unterscheidende anerkennen. Projekt eines konfessionell-kooperativen Religionsunterrichts. Einblicke – Hintergründe – Ansätze – Forschungsergebnisse* (Wien, LIT), 31–42.

Kenngott, E.-M. & Kuld, L. (Hrsg.) (2012) *Religion verstehen lernen. Neuorientierungen religiöser Bildung* (Berlin, LIT).

Kenngott, E.-M. & Kuld, L. (2012) Umgang mit Differenz – ein Resümee, in: E.-M. Kenngott & L. Kuld (Hrsg.) *Religion verstehen lernen. Neuorientierungen religiöser Bildung* (Berlin, LIT), 175–182.

Knauth, T. (2012) Das Kreuz und die Differenz. Analyse einer konfessionell-kooperativen Unterrichtsstunde zum Kreuzzeichen, in: E.-M. Kenngott, & L. Kuld (Hrsg.) *Religion verstehen lernen. Neuorientierungen religiöser Bildung* (Berlin, LIT), 154–163.

Kuld, L., Schweitzer, F., Tzscheetzsch, W. & Weinhardt, J. (Hrsg.) (2009) *Im Religionsunterricht zusammenarbeiten. Evaluation des konfessionell-kooperativen Religionsunterrichts in Baden-Württemberg* (Stuttgart, Kohlhammer).

Kuld, L. (2009) Schulartspezifische Auskünfte und Ergebnisse im Vergleich, in: L. Kuld, F. Schweitzer, W. Tzscheetzsch & J. Weinhardt (Hrsg.) *Im Religionsunterricht zusammenarbeiten. Evaluation des konfessionell-kooperativen Religionsunterrichts in Baden-Württemberg* (Stuttgart, Kohlhammer), 210–217.

Kuld, L. & Angele, C. (2010) Ein konfessionell-kooperativer Schulversuch, in: *Katechetische Blätter* (1), 52–54.

Kuld, L. (2011) Wie authentisch dürfen und müssen Religionslehrer im Religionsunterricht sein? in: M.-L. Raters (Hrsg.) *Werte in Religion und Ethik. Modelle des interdisziplinären Werteunterrichts in Deutschland und der Schweiz* (Dresden, Thelem w.e.b), 27–34.

Meyer, K. (2012) „Seltsam" – Also probieren wir mal!". Kommentar zur Unterrichtsstunde, in: E.-M. Kenngott & L. Kuld (Hrsg.) *Religion verstehen lernen. Neuorientierungen religiöser Bildung* (Berlin, LIT), 164–174.

Nordhofen, E. (2002) Der katholische Religionsunterricht: konfessionell-kooperativ und ökumenisch offen, in: A. Battke (Hrsg.) *Schulentwicklung – Religion – Religionsunterricht. Profil und Chance von Religion in der Schule der Zukunft* (Freiburg im Breisgau, Herder), 211–213.

Orth, S. (2011) Identität ausbilden. Neue Studien zum konfessionellen Charakter des Religionsunterrichts, in: *Herder-Korrespondenz 65* (12), 626–630.

Pemsel-Maier, S., Weinhardt, J. & Weinhardt, M. (2011) *Konfessionell-kooperativer Religionsunterricht als Herausforderung. Eine empirische Studie zu einem Pilotprojekt im Lehramtsstudium* (Stuttgart, Kohlhammer).

Schnitzler, M. & Schweitzer, F. (2009) Konfessionell-kooperativer Religionsunterricht im Spiegel der Äußerungen von Schülerinnen und Schülern, in: L. Kuld, F. Schweitzer, W. Tzscheetzsch & J. Weinhardt (Hrsg.) *Im Religionsunterricht zusammenarbeiten. Evaluation des konfessionell-kooperativen Religionsunterrichts in Baden-Württemberg* (Stuttgart, Kohlhammer), 71–93.

Schnitzler, M. (2009) Konfessionell-kooperativer Religionsunterricht im Spiegel der Äußerungen der Schulleitungen, in: L. Kuld, F. Schweitzer, W. Tzscheetzsch & J. Weinhardt (Hrsg.) *Im Religionsunterricht zusammenarbeiten. Evaluation des konfessionell-kooperativen Religionsunterrichts in Baden-Württemberg* (Stuttgart, Kohlhammer), 184–195.

Schweitzer, F. (2009) Konfessionalität – Ökumene – Pluralitätsverarbeitung. Zur rechtlichen, theologischen und religionspädagogischen Einschätzung des Konfessionell-kooperativen Religionsunterrichts, in: L. Kuld, F. Schweitzer, W. Tzscheetzsch & J. Weinhardt (Hrsg.) *Im Religionsunterricht zusammenarbeiten. Evaluation des konfessionell-kooperativen Religionsunterrichts in Baden-Württemberg* (Stuttgart, Kohlhammer), 201–209.

Schweitzer, F. & Biesinger, A. (2002) *Gemeinsamkeiten stärken – Unterschieden gerecht werden. Erfahrungen und Perspektiven zum konfessionell-kooperativen Religionsunterricht* (Freiburg, Herder; Gütersloh, Gütersloher).

Schweitzer, F., Biesinger, A., Conrad, J. & Gronover, M. (2006) *Dialogischer Religionsunterricht. Analyse und Praxis konfessionell-kooperativen Religionsunterrichts im Jugendalter* (Freiburg, Herder).

Seeliger, M. (2010) Zur Evaluation des konfessionell-kooperativen Religionsunterrichts in Baden-Württemberg (Vertrag 2005), in: *Notizblock. Materialdienst für Religionslehrerinnen und Religionslehrer der Diözese Rottenburg-Stuttgart* (47), 53–55.

Position und Perspektiven eines dialogischen Religionsunterrichts in Hamburg

Thorsten Knauth

1 Einleitung

Religionsunterricht in der 9. Klasse eines Gymnasiums in Hamburg. Die Schule liegt in einem sogenannten sozialen Brennpunkt. Der Kurs ist für Hamburger Verhältnisse ganz normal zusammengesetzt: knapp die Hälfte der Schüler und Schülerinnen hat einen muslimischen Hintergrund, es gibt außerdem alevitische Jugendliche und auch konfessionslose Schüler/innen. Von dem guten Drittel Schüler/innen mit christlichem Hintergrund sind zwei katholisch, ein Mädchen ist orthodox, der Rest evangelisch. Die Gruppe arbeitet seit über einem halben Jahr zusammen. Für den Religionsunterricht steht ein mit Symbolen und Gegenständen der Religionen ausgestatteter Religionsraum zur Verfügung. Der Raum zeigt, worum es im Religionsunterricht geht: die Schüler/innen lernen, Gespräche zu religiösen Themen zu führen. Weil die Gruppe religiös und weltanschaulich so vielfältig zusammengesetzt ist, geht es dabei immer um Religion im Plural: Sichten der Schüler/innen und die Interpretationen ihrer religiösen Herkünfte und Sichten aus den Religionen kommen ins Gespräch. In der Hamburger Religionspädagogik sagt man dazu: ein lebensweltlich ansetzender interreligiöser Dialog findet statt. Wenn etwa der Kurs sich im ersten Halbjahr mit der Frage von Mitgefühl auseinandersetzt und über Tierversuche diskutiert, dann wird auch in den Schriften der Religionen nach Argumenten und Verhaltensrichtlinien gesucht; wenn sich die Jugendlichen am Beispiel eines jugendlichen Mörders nach der lebensgeschichtlichen Entwicklung von Mitgefühl fragen, über Todesstrafe diskutieren, dann lernen sie auch, dass die sogenannte Goldene Regel ein ethischer Grundsatz in fast allen Religionen der Welt ist. Die Geschichten, Fallbeispiele und Fragen sind Anlässe für Gespräche, in denen die Jugendlichen ihre eigenen Sichtweisen einbringen und sich in der Auseinandersetzung mit Deutungen aus religiösen Traditionen ein Urteil bilden. Das klappt nicht sofort: In den Gesprächen agieren die Jugendlichen anfangs vorsichtig, sie kennen sich noch nicht so gut und haben Scheu, sich zu stark zu exponieren und sich den Beurteilungen anderer auszusetzen. Sie wollen auch Streit vermeiden und sind es anfangs nicht gewohnt, in einer heterogenen Gruppe offen und frei ihre Ansichten auszusprechen. In Interviews, die sie mit mir führen, wird deutlich, dass sie besonders in Fragen des Dialogs über Religion auf Harmonie aus sind und zu starke Meinungsunterschiede fürchten.

Dies ändert sich im Laufe des Schuljahres, in dem die Schüler/innen auch Gelegenheit erhalten, sich in kleineren und nach religiösen Hintergründen gemischten Gruppen auszutauschen und zu Themen zu arbeiten: Wie halten es Christentum und Islam mit Geschlechtergerechtigkeit; welche biblischen und koranischen Aussagen gibt es zu Gewalt; was sagen die Religionen zum Umgang miteinander? Durch die Gespräche untereinander entsteht mehr Offenheit, die Kommunikation im Kurs profitiert davon. Man kann jetzt auch die heißen Eisen anfassen und Meinungsunterschiede offen austragen. Im zweiten Schulhalbjahr beginnt eine längere Sequenz zur Gottesfrage. Die Schüler/innen haben sich an die in der Gruppe etablierten Kommunikationsregeln gewöhnt und freuen sich über die Unterschiedlichkeit der Positionen und Perspektiven, auf die sie treffen. Außer von ihrem angestammten Religionslehrer werden sie in der Einheit zur Gottesfrage auch noch von einem ehemaligen Pastor und einem Imam unterrichtet.

In einer Doppelstunde geht es um die Frage, wie man Gott angesichts unverdienten Leids rechtfertigen könne. Um eine persönliche Tönung des Gespräches zu erreichen, gibt der Lehrer zunächst Gelegenheit, über persönliche Schicksalsschläge nachzudenken und sich auszutauschen. Dann steht die Frage im Raum, wie diese Erfahrungen mit dem persönlichen Verständnis von Gott in Einklang gebracht werden könnten. Es entwickelt sich ein Gespräch im Stuhlkreis. Svenja mit evangelischem Hintergrund vertritt die Auffassung, dass kollektive Schicksalsschläge wie zum Beispiel ein Tsunami geschähen, damit Menschen daraus lernen könnten und zum Beispiel bessere Häuser bauten. Dennis, überzeugter Atheist, widerspricht energisch: Das, was sie gesagt hat, sei eigentlich voll Quatsch. Es mache keinen Sinn, Hunderttausende Menschen sterben zu lassen, nur damit man lerne, bessere Häuser zu bauen. Imen, mit muslimischem Hintergrund, schaltet sich ein. Sie bestreitet, dass dies der Grund sei, Gott habe vielleicht andere Gründe, über die man nur mutmaßen könne. Vielleicht bestehe ein Grund auch darin, dass Gott die Menschen erinnern wolle, dass es ihn noch gebe. Nalan, auch mit muslimischem Hintergrund, stimmt ihr zu: Gott könne unschuldige wie auch schlechte Menschen strafen – aber an Gott zu zweifeln könne man nicht. Svenja bezweifelt die Argumentation von Imen und Nalan und Alex, aber auch Hanife pflichtet ihr bei. Gott verhänge keine Strafen für unschuldige Menschen. Nach nur wenigen Beiträgen hat sich in der Lerngruppe ein Diskursfeld aufgebaut, das im weiteren Verlauf des Unterrichtsgespräches durch andere Schüler und Schülerinnen ergänzt und erweitert wird. Deutlich wird im Laufe der Stunde: Die Schüler/innen nutzen das Gespräch, um mit Argumenten zu experimentieren. Sie testen auch die Stichhaltigkeit und Wirkung von Positionen auf andere aus. Der Religionsunterricht wird zu einer theologischen Werkstatt, in dem die Jugendlichen Positionen auf Probe beziehen und auch andere zu einer Stellungnahme herausfordern.

Für den Hamburger Kontext sind Beispiele wie das eben Berichtete[1] tägliche Realität. Die Zusammensetzung der Lerngruppen ist je nach Stadtteil unterschiedlich, sodass auch Unterricht je nach Kontext unterschiedlich ansetzen muss. Immer aber geht es um die Begegnung mit Religion aus unterschiedlichen Perspektiven.

Als evangelischen Religionsunterricht für alle gibt es diesen Unterricht schon seit mehr als vierzig Jahren – weil die Katholische Kirche bis vor Kurzem darauf verzichtet hatte, außerhalb der Schulen in eigener Trägerschaft Religionsunterricht anzubieten.

Als interreligiöser und dialogischer Lernort wird das Fach *Religionsunterricht für alle* seit Mitte der 90er Jahre verstanden (vgl. Doedens & Weiße, 1997). Damals hatte sich die Nordelbische Kirche in Hamburg entschieden, angesichts von über 100 Religionsgemeinschaften in der Stadt und einer multikulturellen Schülerschaft die Verantwortung für den Religionsunterricht mit anderen Religionsgemeinschaften zu teilen. Es entstand der Gesprächskreis interreligiöser Religionsunterricht, an dem Muslime, Aleviten, Buddhisten, Juden, später auch Hinduisten teilnahmen. Schon bald wuchs dem Gesprächskreis Interreligiöser Religionsunterricht (GIR) eine wichtige Beratungsfunktion zu. Lehrpläne wurden hier abschließend beraten und verabschiedet. Interreligiöse Materialien und Fortbildungskonzepte wurden entwickelt. Dass der Hamburger Weg des Religionsunterrichts von den Religionsgemeinschaften bis heute unterstützt wird, liegt an dieser jahrelangen vertrauensvollen Zusammenarbeit. Es liegt auch daran, dass das Konzept auf allen entscheidenden Ebenen, von der Lehrerausbildung in der Universität bis zur Lehrerfortbildung im Landesinstitut und Pädagogisch-Theologischen Institut getragen wird (vgl. Weiße, 2008).

2 Schülersichten auf den Hamburger Religionsunterricht

Ein positives Urteil über den dialogischen Religionsunterricht stellen auch die Hamburger Schüler/innen aus. In qualitativen und quantitativen Untersuchungen haben wir 14–16-jährige Schüler und Schülerinnen zu ihren Vorstellungen von Religion, religiöser Pluralität und Religionsunterricht befragt (vgl. Jozsa, Knauth & Weiße, 2009).

1 Das Beispiel liegt in transkribierter Form vor und wird analysiert in: Knauth, 2009, 331–359.

Deutlich wird in beiden Untersuchungen Folgendes: Schule wird als sehr wichtiger Ort für religiöses Lernen angesehen. Im Alltag der Jugendlichen spielt das Gespräch über Religion nämlich eine eher untergeordnete Rolle. Darum wird dem Religionsunterricht ein großer Stellenwert zugewiesen. Weil die Schüler/innen Religionen und religiöser Vielfalt aufgeschlossen gegenüberstehen, schätzen sie den Religionsunterricht sehr. Sie sehen ganz überwiegend im Religionsunterricht das große Potenzial, voneinander zu lernen und den Umgang mit religiöser Pluralität einzuüben. Dies halten sie für eine Schlüsselqualifikation für Berufswelt und Gesellschaft. Zwei weitere Aspekte müssen aus unseren Analysen hervorgehoben werden:

Erstens: Ein gemeinsamer Religionsunterricht erweitert das Wissen über die anderen Religionen und *zweitens*: Er trägt zur Gemeinschaftsbildung zwischen den Schülern und Schülerinnen bei. Einige Schüler/innen fügen hinzu, dass dies auch von der Religion her geboten sei, weil ihr Wesen auf Gemeinschaft und nicht auf Trennung ziele.

Drei Zitate[2] können diese Ergebnisse unserer Untersuchungen illustrieren. In dem ersten Zitat versteht eine muslimische Schülerin den Religionsunterricht als Beitrag zum Frieden in der Schule:

> „Ich finde die Schüler sollten überhaupt nicht getrennt werden, weil es besser wäre wenn verschiedene Meinungen/Nationen/Religion aufeinander treffen, damit die Schüler die Traditionen und Meinungen der anderen kennenlernen, und sie sich dadurch auch besser verstehen. Wenn sie getrennt wären, würden sie immer nur eine Meinung über die andere Religion/Meinung haben und würden außerdem sowieso wieder nur das wiederholen, was sie schon selber über ihre Religion wissen. Ich will damit sagen, dass sich die verschiedenen Religionen verstehen sollen, damit wir wenigstens auf den Schulen den Frieden haben, wo sich alle verstehen, wie hier bei uns im KIWI."

Im zweiten Zitat stellt eine christliche Schülerin den Zusammenhang zwischen Religionsunterricht und dem richtigen Leben her:

> „Ich finde die Schüler der verschiedenen Religionen sollten meiner Meinung nach zusammen unterrichtet werden, denn dadurch dass auch Schüler da sind, die nicht die gleiche Religion wie einer selbst hat, kann man viel besser die Unterschiede zwischen den verschiedenen Religionen sehen. Und solange man nicht sagt, der andere denke falsch, würde der Unterricht auch gut verlaufen. Im richtigen Leben, also außerhalb der Schule, sind die verschiedenen Religionen auch nicht getrennt von einander. Also warum sollten die verschiedenen Religionen in der Schule, im Unterricht von einander getrennt werden?"

Im letzten Zitat hebt wiederum eine muslimische Schülerin Vorteile des Dialogs gegenüber dem Lernen über andere Religionen aus Büchern hervor:

---

2 Die Zitate sind einer empirischen Befragung von Hamburger Schülern und Schülerinnen zur Bedeutung von Religion in Schule und Lebenswelt entnommen (vgl. Knauth, 2009, 35–103).

> „Ich persönlich finde es besser, wenn Schüler aus verschiedenen Religionen zusammen unterrichtet werden. So kann man viel besser erfahren, was andere denken, als wenn man dies einfach in einem Buch nachliest. Es ist viel besser, wenn man Menschen aus anderen Religionen kennen lernt, die was zu ihren Religionen sagen können. Wenn z.B. in meiner Religionsklasse nur Muslime wären, wären wir alle derselben Meinung und würden gar nicht so richtig, also überhaupt nicht diskutieren können oder was Neues lernen. Man lernt dann nur das, was man in der Moschee lernt. Um dies zu lernen, gehe ich doch auch zur Moschee! Es würde für mich nicht sehr interessant sein, wenn ich in der Schule alles, was ich gelernt habe, noch mal wiederholen müsste. Es wäre langweilig."

Die Schule wird auch deshalb als wichtiger Ort für Interreligiöses Lernen angesehen, weil die Schüler und Schülerinnen nach der Schule in ihren *peer groups* bleiben, die in der Regel nicht religiös heterogen zusammengesetzt sind. Bei Religionskursen wie dem, von dem ich berichtet habe, kommt hinzu, dass die religiöse Trennung in den jugendlichen Lebenswelten auch eine soziale Trennung ist. Konkret: Christlich orientierte Schüler und Schülerinnen ohne Migrationshintergrund wohnen in den von Doppelhaushälften und Reihenhäusern bestimmten Straßenzügen am Rande des Viertels. Die meisten der muslimischen Schüler und Schülerinnen wohnen in großen mehrstöckigen Blocks des sozialen Wohnungsbaus. Auch vor dem Hintergrund dieser sozialen Fragmentierungen in den Lebenswelten der Jugendlichen ist es plausibel, dass die Schüler und Schülerinnen im Religionsunterricht eine bislang nicht erlebte Möglichkeit schützen, in den Austausch zu treten.

Diese Auffassung spiegelt aber keineswegs die religionspädagogische Mehrheitsmeinung im Rest der Republik wider.

Bis heute stehen sich die Positionen eines Religionsunterrichts mit einem Prä auf der konfessionellen Bindung und Bildung der Lernenden den Formen eines integrativen, dialogisch orientierten Ansatzes gegenüber.[3] Es geht in der Kontroverse auch um grundsätzliche Fragen: Hat religiöse Bildung in der Schule die Aufgabe, Schüler/innen in einer Religion zu beheimaten? Wie ist das Verhältnis von Identität und Dialog, von Eigenem und Fremdem zu bestimmen? Ist Interreligiöser Dialog erst auf der Basis einer geklärten und gefundenen Identität möglich? Oder entwickelt sich diese Identität nicht vielmehr erst durch den Dialog? Es wird gegenwärtig nicht mehr so hitzig wie noch in den 90er Jahren diskutiert. Auch der Hamburger Weg wird inzwischen als Variante einer pluralitätsfähigen religiösen Bildung akzeptiert. Eine Variante, die eine relative Berechtigung hat, die mit den Hamburger Bedingungen zusammenhängt und nicht auf andere Bundesländer übertragen werden könnte.

---

3 Vgl. zum Beispiel die Kontroversen in dem von Rudolf Englert u. a. herausgegebenen Band: Welche Religionspädagogik ist pluralitätsfähig? Kontroversen um einen Leitbegriff (2012).

Nach wie vor halten sich aber auch Vorurteile. Ein immer Wiederkehrendes ist, dass in Hamburg ein religionskundlicher Unterricht erteilt werde. Diese Behauptung ist gleich doppelt falsch, weil sie erstens auf das in Hamburg entwickelte konzeptionelle Selbstverständnis nicht zutrifft. Und zweitens, weil es mit einer Vorstellung von Religionskunde verbunden wird, die auch auf die religionskundlich ausgerichteten Fächer nicht zutrifft (vgl. Kenngott in diesem Band, 87-103).

Klärungen können da hilfreich sein – auch weil es in Umbruchphasen darum geht, Alternativen zum konfessionellen Religionsunterricht zur Kenntnis zu nehmen. Ich behaupte, dass der dialogische Religionsunterricht eine sehr ernstzunehmende religionspädagogische Alternative ist. Aus diesem Grund möchte ich in den folgenden Abschnitten das religionspädagogische Profil des Hamburger Ansatzes in drei Schritten herausarbeiten:

Ich stelle erstens dar, welches Verständnis von den Aufgaben religiöser Bildung in der Schule dem Hamburger Religionsunterricht zugrunde liegt, der – anders als z. B. in Bremen – Religionsunterricht nach Art. 7.3 ist.

In einem zweiten Schritt skizziere ich, wie im Hamburger Religionsunterricht der zentrale pädagogische und theologische Grundbegriff des Dialogs verstanden wird. Und ich gebe drittens einige Hinweise zu didaktischen Prinzipien des Ansatzes.

3 Position und Begründungszusammenhang eines dialogischen Religionsunterrichts

Ich stelle zunächst zwei der wichtigsten programmatischen Texte des Hamburger Religionsunterrichts vor.

Beim ersten Text handelt es sich um die so genannte Präambel zu den Lehrplänen. Präambel, weil der Text seit Anfang der 1970er Jahre in die Lehrpläne einführt. Er steht somit für die konzeptionelle Kontinuität der Hamburger Religionspädagogik. Im Kern sind in dieser Präambel die konzeptionellen Eckpfeiler des Hamburger Religionsunterrichts enthalten:

> „Der Religionsunterricht nimmt im Erfahrungshorizont und Verstehenshorizont der Schülerinnen und Schüler die Frage nach dem Sinn des Lebens, nach Liebe und Wahrheit, nach Gerechtigkeit und Frieden, nach Kriterien und Normen für verantwortliches Handeln auf. Er führt die Schülerinnen und Schüler zur Begegnung und Auseinandersetzung mit den verschiedenen religiösen, weltanschaulichen und politischen Überzeugungen, die unser heutiges Leben beeinflussen. Dabei geht der Religionsunterricht von der Voraussetzung aus, dass in religiösen Traditionen und lebendigen Glaubensüberzeugungen Möglichkeiten der Selbst- und Weltdeutung sowie Aufforderungen zu verant-

> wortlichem Handeln angelegt sind, die die Selbstfindung und Handlungsfähigkeit des Menschen zu fördern vermögen.“[4]

Seit 40 Jahren beschreibt diese „Präambel“ das Selbstverständnis des Hamburger Religionsunterrichts – nämlich einen schüler/innen- und problemorientierten und zugleich traditionsbezogenen Ansatz. Aus dem Gesellschaftsbezug des Ansatzes ergibt sich die Öffnung des Unterrichts auf die gesellschaftlich vorhandene Pluralität. Sie ist in der Präambel explizit benannt – lange bevor der Begriff *Interreligiöses Lernen* in der Religionspädagogik en vogue war. Zugrunde gelegt wird ein weites und anthropologisch begründetes Verständnis von Religion, das die Frage nach Sinn (nicht die Antwort) in das Zentrum stellt. Es gibt eine starke ethische und handlungsorientierte Komponente und die Möglichkeiten zur Selbst- und Weltdeutung werden prinzipiell im Plural ausgelegt.

Dieses Bild lässt sich durch den Einbezug eines weiteren gleichsam „kanonischen Textes“ ergänzen. Es handelt sich um eine Stellungnahme zur weiteren Entwicklung des Hamburger Schulwesens und des Religionsunterrichts. Sie wurde 1993 von der Kirchlichen Seite der Gemischten Kommission Schule/Kirche verabschiedet. Bereits die Überschrift gibt Duktus und Zielrichtung der Argumentation vor. Der Text stellt in der Überschrift eine entscheidende Frage: *„Was für eine Schule schulden wir unseren Kindern und Jugendlichen in einer sich verändernden Welt?“*[5] Das heißt: die Nordelbische Kirche interpretiert ihre Mitverantwortung für Erziehung und Bildung aus einer Bringschuld gegenüber Kindern und Jugendlichen. Sie übernimmt eine Anwaltschaft für Heranwachsende und leitet daraus ihre Aufgabe ab, die Schule daran zu erinnern,

> „Kindern und jungen Menschen nach Kräften dabei zu helfen, für sich selbst und gemeinsam tragende Sinn- und Wertorientierungen zu entdecken, zu entwickeln und zu festigen, die den Prinzipien und Grundregeln des Menschenwürdigen entsprechen und Profil geben können.“ (Kirchliche Seite der Gemischten Kommission Schule/Kirche, 1997)

Zu dieser Aufgabe können religiöse Traditionen einen wichtigen Beitrag leisten. Die Nordelbische Kirche weist darauf hin, dass „die geschichtliche und aktuelle Bedeutung des jüdisch-christlichen Erbes wie auch anderer religiöser und kultureller Traditionen und Überzeugungen für die Vergegenwärtigung und kritische Vergewisserung dessen, was Menschenwürde ist und gebietet“ nicht ausgelassen werden können (a.a.O., 14). Der Religionsunterricht sei dabei der besondere Ort, wo „auf dem Weg der Begegnung und des Gesprächs“ (ebd.) die Vergewisserung des Menschenwürdigen in Form von

---

4 Der Text der Gemischten Kommission Schule/Kirche ist u. a. abgedruckt in dem von Doedens & Weiße (1997) herausgegebenen Band: Religionsunterricht für alle. Hamburger Perspektiven zur Religionsdidaktik, 23.

5 Auch dieser Text wird dokumentiert in dem Band von Doedens & Weiße (1997), 11–22.

Geschichten und Gestalten, Bildern und Ereignissen konkret wird, wo Begegnungen mit eigenem und fremdem Erbe stattfinden und in der Arbeit an gesellschaftlichen Schlüsselproblemen nach Orientierungen gesucht wird, die eine menschenwürdige Zukunft im Sinne haben.

In kritischer Absetzung von bestimmten Zielvorstellungen eines konfessionellen Religionsunterrichts betont die Stellungnahme, dass es nicht mehr Aufgabe des Religionsunterrichts sei, „junge Menschen zum christlichen Glauben zu bekehren oder sie gar für eine konfessionell profilierte Kirchenmitgliedschaft zu gewinnen.“ (Ebd.)

Darum wird Art. 7.3 des Grundgesetzes auch anders interpretiert, nämlich im Sinne einer Verantwortung von Kirche, die *Schule für alle* als einen Ort der Vergewisserung des Menschenwürdigen in historischer und gesellschaftlicher Perspektive zu begreifen. Religion wird als unverzichtbarer Teil von Bildung verstanden, die sich an den Prinzipien aufgeklärter Humanität orientiert.

Dieser bildungstheoretische Ansatz, Religion in der Pluralität ihrer Überzeugungen und Traditionen als Beitrag zu Vergewisserung des Menschenwürdigen zu verstehen bildet eine zentrale Begründungsebene für den gemeinsamen Religionsunterricht. Weil die mit dem Bildungsauftrag verbundenen Ziele alle gemeinsam angehen, muss der Religionsunterricht als „expliziter und profilierter Teil des pädagogischen Bemühens“ verstanden werden, „in der Schule ‚Menschen zu stärken‘ (Hartmut von Hentig) und, soweit möglich, miteinander Gewißheit über Grundwerte des Zusammenlebens zu gewinnen.“ (A.a.O., 14)

Ich breche hier ab und hoffe, es ist deutlich geworden: Mit neutraler Information und distanzierter Betrachtung von Religionen hat das wenig zu tun.

Der Hamburger Ansatz ist aber auch nicht als konfessioneller Ansatz zu verstehen, in dem die Ausrichtung auf ein Bekenntnis und dessen geschichtliche Interpretation die normative Leitperspektive des Unterrichts bildet. Der Hamburger Religionsunterricht muss vielmehr als ein konfessorischer Ansatz verstanden werden. Damit ist gemeint, dass die religiöse und konfessionelle Positionierung einer Suchbewegung der Lernenden überantwortet wird. Sie entwickeln in einer hoffentlich lebendigen Auseinandersetzung mit wichtigen Fragen eigene Positionen. Sie formulieren diese Positionen und verantworten sie im Gespräch mit anderen.

Denn – so formuliert die Stellungnahme der Nordelbischen Kirche:

> „Wo Grundsituationen und Grundfragen menschlicher Existenz lebendig zur Sprache kommen, sind immer Konfessionen im Spiel. Aber das konfessorische Element wird sich im Kontext der Schule für alle an der Offenheit und in der Verbindlichkeit bewähren müssen, mit denen die am Lernprozeß Beteiligten […] nach Wahrheit und Lebenssinn suchen.“ (A.a.O., 19)

4 Zum Dialogverständnis des Hamburger Ansatzes

Ich komme zum Dialogverständnis im Hamburger Ansatz und schildere dazu zunächst eine Szene aus dem Religionsunterricht in Hamburg.

Dialog im Religionsunterricht: Im Jahrgang 10 hat sich die aus konfessionslosen, christlichen und muslimischen Schülern und Schülerinnen zusammengesetzte Lerngruppe mit dem Weg Jesu an das Kreuz auseinander gesetzt. In einer Stunde geht es auch um das Verhalten der Jünger nach der Verhaftung Jesu in Gethsemane. Ein Teil der muslimischen Schüler und Schülerinnen ist empört darüber, dass die Jünger Jesus im Stich lassen und – wie im Falle Petrus – sogar verleugnen. Andere, vor allem Schüler und Schülerinnen mit christlichem Hintergrund sind eher geneigt, das Verhalten der Jünger zu verteidigen. Es entwickelt sich eine leidenschaftliche Debatte, in dessen Verlauf schließlich auch die Emotionen hoch kochen und insbesondere zwei Mädchen zu Wortführerinnen der im Streit liegenden Positionen werden. Die Positionen bringen auch das persönliche Verhältnis zur Religion zum Ausdruck: Man müsse notfalls auch bereit sein, für die Religion zu sterben – so die eine Seite. Sich zu Jesus zu bekennen, sei unklug – dann könne man ihm ja gar nicht mehr helfen, sondern erleide lediglich das gleiche Schicksal – so die andere Position. Insbesondere Imen, ein muslimisches Mädchen, lässt sich von ihrer Leidenschaft treiben und geht Svenja schließlich fast persönlich an. Der Lehrer greift schließlich durch eine beruhigende Moderation ein.

Hinterher spreche ich mit Svenja und frage sie, wie sie diese Szene erlebt habe. Ihre Antwort ist aufschlussreich für die Frage nach den Voraussetzungen von Dialog: Svenja betont, dass noch zu Beginn des 9. Schuljahres Positionen wie die von Imen vorgetragene sie hätten verstummen lassen. Inzwischen kenne man sich nicht nur ganz gut, sondern sei sogar miteinander befreundet. Es ist so, sagt Svenja, im Religionsunterricht sind wir oft unterschiedlicher Meinung. Ich kann ihre Meinung ganz gut einordnen und damit umgehen. Nach der Schule gehen wir zusammen nach Hause.

Svenjas Reaktion bestätigt Eindrücke, die ich während der zweijährigen Begleitung dieser religiös heterogenen Lerngruppe sammeln konnte (vgl. dazu Knauth, 2009, 319–330, 331–359). Dialog, der nicht oberflächlich bleibt, sondern in die Tiefe persönlicher Überzeugungen führt, braucht auch Zeit, sich zu entwickeln.

Er benötigt in der Lerngruppe eine Atmosphäre des Vertrauens und der Sicherheit, dass keine der vertretenen Positionen diskreditiert wird. Er braucht auch die Sicherheit, dass man Argumente und Positionen formulieren kann, ohne gleich darauf festgelegt zu werden oder dafür verurteilt zu werden. Er setzt auf der Seite der Lehrenden eine umsichtige und zugleich zurückhaltende

Moderation voraus, die gerade durch die Zurückhaltung der Lehrperson, die Schüler/innen ermutigt, eigene Gedanken zu formulieren.

Unter diesen Voraussetzungen ist es im Rahmen einer heterogenen Lerngruppe, also in einem mehrperspektivischen Rahmen, möglich, sowohl die intra- als auch die interreligiösen Gemeinsamkeiten und Differenzen frei anzusprechen. Unter derartigen Bedingungen ist Dialog sowohl im Blick auf die Standpunkte der beteiligten Schüler und Schülerinnen als auch hinsichtlich der gewählten Themen und Texte für den Religionsunterricht äußerst produktiv. Vor allem aber gilt: – und hier möchte ich die Interpretation der Szene auf einen konzeptionell wichtigen Begriff zuspitzen: Menschen können über Fragen ihrer innersten Überzeugungen sprechen, wenn sie einander vorher *begegnet* sind.

Mit dem Terminus der Begegnung rufe ich gleichsam eine philosophische, theologische und pädagogische Tradition auf, für die viele bekannte Namen stehen: ich nenne Martin Buber, Paulo Freire, die Theologen Hans-Jochen Margull und Abdoldjavad Falaturi und andere. Für unsere Überlegungen zu einer Religionspädagogik, die wirklich das „inter", das *Zwischen* im Verhältnis von Menschen unterschiedlichen religiösen und kulturellen Hintergrunds betonen möchte, sind Ansätze der Genannten zentral.

In extremer Verknappung und sehr holzschnittartig nenne ich einige wichtige Elemente dieses Dialogverständnisses (vgl. Knauth, 1996, 123–270; 1999, 113–138).

Dialog bedeutet personale Beziehung. Daraus resultiert ein Prinzip der Personalisierung, das sowohl im Blick auf das Gespräch im Klassenzimmer als auch für den Umgang mit religiösen Traditionen leitend ist. In den Austausch kommen nicht Religionen, religiöse Lehren oder religiöse Systeme, sondern immer Menschen, die durch ihre religiöse Tradition in unterschiedlicher Weise geprägt sind und sie auch ganz unterschiedlich interpretieren. Es begegnen sich Menschen mit unabgeschlossenen religiösen Ansichten, Menschen, die sich für die eigene religiöse und ethische Vergewisserung auf den Dialog angewiesen sehen.

Ziel des Dialogs auf theologischer Ebene ist nicht der Versuch, andere von den Vorzügen des je eigenen Hintergrundes zu überzeugen, sondern einen Beitrag zur Verbesserung des Zusammenlebens zu leisten, mit einem von Theo Sundermeyer geprägten Begriff gesprochen: einen Beitrag zur *Konvivenz* zu leisten. Eine veränderte Haltung ist dazu nötig, an der im Unterricht gearbeitet werden muss: Menschen unterschiedlicher religiöser Hintergründe kommen nicht als Lehrende, als Vertreter einer Lehre, sondern als Lernende in den Dialog. Also: es geht nicht um Belehrung, geschweige denn: Mission, sondern um Zuhören und Bereitschaft zum Dazulernen, damit man den anderen nicht falsch versteht. Dialog ist Umsetzung des Gebots, dass man kein falsches Zeugnis wider den Nächsten ablegen soll.

Es gibt auch eine Tiefendimension von Dialog, die in der Solidarität mit dem Anderen liegt. Dialog beinhaltet auch die ethische Verpflichtung, das commitment, an Gleichberechtigung und Achtung des Anderen gerade dann festzuhalten, wenn sich der Andere im radikalen Widerspruch zu mir befindet.

Besonders, wenn Dialog im pädagogischen Kontext stattfindet, muss Folgendes bedacht werden: Der Dialog findet mit und unter Menschen statt, die erst noch auf dem Weg sind herauszufinden, wer sie sein wollen und wie sie sich verstehen wollen. Wie geht Religionsunterricht mit solchen Identitätsbildungsprozessen um? Welche inhaltlichen und normativen Vorgaben können, sollen gemacht werden; wieviel Freiheit zur eigenen Positionierung wird gegeben? Im Unterschied zu einem Verständnis von Dialog, wonach dieser erst möglich sei, wenn die Identität geklärt sei, wird in Hamburg Dialog als Form und als Methode der Klärung von Fragen in der Unterschiedlichkeit von Sichtweisen verstanden. Es sind Fragen, für die der Religionsunterricht in der Schule eine Anwaltschaft übernehmen sollte, weil sie sonst aus schulischer Bildung gedrängt werden: die Frage nach dem, was Leben trägt; wie Leben gelingen kann; was Halt und Hoffnung gegen alle Hoffnungslosigkeit geben kann; was zu einer gerechten Gemeinschaft gehört; welche friedensstiftenden Antworten man auf Gewaltverhältnisse finden kann; wie ich meinen Ängsten, Hoffnungen und Sehnsüchten eine Sprache geben kann und so weiter. Auch an solchen Fragen bildet sich Identität, Die Frage nach Identität ist dann mehr an eine Suchbewegung gebunden, an einen Prozess. Und der Dialog ist die geeignete Form für diese Suchbewegung.

Der Theologe und Erziehungswissenschaftler Helmut Peukert hat den grundlegenden Ansatz folgendermaßen erläutert: Im dialogischen Handeln steht von Anfang an die Anerkennung des Anderen und eine Leben fördernde, Subjekte stärkende Intersubjektivität auf dem Spiel. Prozesse von Subjektwerdung und gelingender Intersubjektivität sind auch für religiöse Bildung elementar wichtig. Sie sind aber auch stets bedroht und zerbrechlich. Sensibilität für die feinen Schwingungen von bedrohter und gelingender Intersubjektivität ist eine zentrale religionspädagogische Kompetenz. Peukert schreibt:

> „Pädagogisch sensibel zu sein hieße also, eine Ahnung davon zu haben, was es bedeutet, verletzbarer Mensch zu sein und in verletzbaren kommunikativen Strukturen Mensch zu werden, und zwar in einer Gesellschaft, in der es Tendenzen gibt, solche Strukturen zu stören und zu zerstören; und es hieße, bereit sein, für solches bedrohte Werden in der eigenen, ständig selbstkritisch auf Tendenzen zur Machtausübung reflektierten Praxis auch öffentlich Verantwortung zu übernehmen; also Verantwortung für die Realisierung und institutionelle Sicherung kommunikativer Verhältnisse nicht nur in unmittelbaren Beziehungen, sondern auch in gesellschaftlichen Prozessen der Konstruktion einer differenzierten, durch Differenzverhältnisse bestimmten Welt." (Peukert, 1992, 122-123)

5 Didaktisches Profil des Hamburger Religionsunterrichts

Ich komme damit zum didaktischen Profil des Hamburger Religionsunterrichts.

Der dialogische Religionsunterricht erschließt Religionen und ihre Traditionen nicht unter dem Anspruch von umfassender Vollständigkeit und kompendienhaften Wissens. Eine exemplarische Sicht ist leitend: An guten Beispielen soll gelernt werden, welche Angebote zu existenzieller Selbstvergewisserung und ethischer Orientierung sowie der damit verbundenen Sprachfähigkeit religiöse und weltanschauliche Traditionen bereithalten. Die „religiöse Ansprechbarkeit" von Schülern und Schülerinnen zu fördern, ist dabei ein zentrales Ziel. „Religiöse Ansprechbarkeit" meint: Religion soll nicht andemonstriert werden, sondern im je gegebenen Selbstverständnis der Lernenden aufgesucht und entdeckt werden: Wo sind ihre Themen? An welchen Fragen zeigen sie sich empfänglich und interessiert, um sich in eine persönliche Auseinandersetzungen mit religiöser Sprache und Deutungsperspektiven hineinnehmen zu lassen? Um möglicherweise sinnstiftende Erfahrungen machen zu können oder aber auch einfach nur um vor Fragen gestellt zu werden, die beunruhigen und die Suche im Gang halten.

Drei Ausdrucksformen von Religion, nämlich Geschichten, Ethos und Feste werden inhaltlich besonders thematisiert, ich zitiere aus dem allgemeinen Abschnitt des Rahmenplans Religion:

- „die der jeweiligen Religion eigenen Grunderzählungen, in denen das Welt- und Lebens-, Gottes- und Menschenverständnis entfaltet wird;
- das der jeweiligen Religion eigene Ethos in Form von grundlegenden ethischen Einsichten, moralischen Normen und ethischen Verhaltensmustern;
- die der jeweiligen Religion eigenen Feste, symbolischen Handlungen und Riten, mit denen Menschen ihre alltäglichen Handlungen unterbrechen und sich dessen vergewissern, was als ihr Leben bestimmend verstanden wird." (Freie und Hansestadt Hamburg, 2011, 12)

Dem entspricht, dass es aus der individuellen Sicht der Lernenden um Formen einer lebensbedeutsamen und auf lebensweltliche Erfahrungen bezogene Erschließung religiöser Bedeutungswelten geht. Es geht aber auch um eine problemorientierte Auseinandersetzung mit Fragen von gesellschaftlicher Bedeutung. Dieser Ansatz einer Problem-, Traditions-, Gesellschafts- und Dialogorientierung liegt allen Hamburger Lehrplänen seit den 1990er Jahren zugrunde.

Lieber gemeinsam als getrennt, das gilt auch für ein wichtiges didaktisches Prinzip des Ansatzes. Religiöses Lernen im Hamburger Religionsunterricht bedeutet, gemeinsam die gleiche Sache aus verschiedenen Perspektiven wahrzunehmen und darin eine je eigene Perspektive einzunehmen (vgl. Sieg, 1997).

Wenn die Schüler und Schülerinnen in der Grundschule ihre eigenen religiösen Lebenswelten erkunden und im Rahmen einer Didaktik „heiliger Orte" eine protestantische Kirche, eine Moschee, vielleicht sogar auch einen buddhistischen Tempel besuchen, dann tun sie das – nach entsprechender Vorbereitung – immer gemeinsam; für manche Schüler/innen mögen alle Orte Neuland sein; einige haben vielleicht schon einmal in der Moschee gebetet oder einen evangelischen Gottesdienst besucht. Die gleiche Sache aus verschiedenen Perspektiven wahrzunehmen, heißt oft auch, sich aus unterschiedlichen Distanzen zu nähern, aber auch manchmal, Distanz zu wahren, weil die Sache fremd bleibt oder weil der Respekt vor der Fremdheit der Sache Distanz gebietet.

Lieber gemeinsam als getrennt als didaktisches Prinzip bedeutet auch, sich Geschichten gemeinsam zu erschließen. Natürlich gibt es viele Geschichten, die Juden, Christen und Muslime gemeinsam haben und die – auch in ihren unterschiedlichen Akzentsetzungen erschlossen werden können. Die Josef/Yusuf-Geschichte zum Beispiel kann nicht nur als eine Familiengeschichte erzählt werden; Muslime sehen in ihr auch die Geschichte eines Mannes, der in die Fremde muss, aber dort dank Gottes Rechtleitung und durch Weisheit und umsichtiges Verhalten Ansehen und Erfolg erwirbt. Nicht zuletzt darum gilt Yusuf auch als ein Vorbild des Glaubens.

Neben dieser Erschließung des gemeinsamen Bestandes an Geschichten arbeitet man in Hamburg grundsätzlich mit zwei weiteren Zugängen, die sich ergänzen können:

Erstens: an zwei Geschichten aus zwei unterschiedlichen Traditionen kann ein gemeinsames Thema erarbeitet werden. Zum Beispiel kann an der Geschichte von Zachäus, dem Zöllner und an der Geschichte von Bilal, dem Sklaven, der zum ersten Muezzin wurde, erarbeitet werden, wie sehr Anerkennung und Wertschätzung dem Leben von Menschen eine neue Richtung geben können.

Zweitens: an Geschichten aus unterschiedlichen Traditionen können auch „spezifische" Konzepte und Vorstellungen von Religionen im Blick auf ein gemeinsames Thema erarbeitet werden. So erarbeiten die Schüler/innen an der Geschichte vom verlorenen Sohn ein auf Barmherzigkeit gegründetes Gerechtigkeitsverständnis und lernen an einer buddhistischen Erzählung (vom nicht Entsprechenden) mit dem Prinzip der „geschickten Mittel" ein zentrales Konzept des buddhistischen Verständnisses von Gerechtigkeit kennen.

Lieber gemeinsam als getrennt kann auch bedeuten: Kinder können in Sätzen wie: „Ich bin wie ein zerbrochenes Gefäß" (Psalm 1,13) oder „Mir sind die Knochen schwach geworden" (Sure 19,4) eigene Erfahrungen indirekt thematisieren und begegnen Vertrauensworten wie: „Du bist mein Fels, meine Burg, meine Rettung" oder: „Gott ist mir näher als die Halsschlagader"

(Sure 50,16) und lernen fast beiläufig, dass diese Sätze aus den biblischen Psalmen und dem Koran stammen. Oder aber: Schüler/innen beschäftigen sich mit Phänomenen der Armut in ihrer Stadt, sammeln Informationen, befragen Menschen auf der Straße und in sozialen Einrichtungen und finden auch heraus, was Religionen und Religionsgemeinschaften zu Gerechtigkeit sagen und vor allem auch, was sie selber tun und anderen zu tun raten. Sie erfahren, dass religiöse Traditionen Armut und Ungerechtigkeit in je eigenen Überlieferungen anklagen und in ethischen Handlungsanweisungen zu überwinden versuchen. Sie denken über die Frage nach, was sie selbst zu tun bereit sind (vgl. Knauth & Schroeder, 1998).

Wie in jedem guten Religionsunterricht wird auch in Hamburg mit den Ansätzen reformpädagogischer, handlungsorientierter und erfahrungsorientierter Religionspädagogik gearbeitet: man arbeitet narrativ und symboldidaktisch, man verbindet problemorientierte Ansätze mit Geschichten aus den Heiligen Schriften, man lädt Gäste in den Unterricht oder sucht die Menschen, mit denen man in das Gespräch kommen will, an ihren Orten auf, man besucht ihre heiligen Orte, aber auch die Orte, an denen sie soziale Verantwortung praktizieren.

In Hamburg begreift man diese Ansätze im Rahmen einer Didaktik der Nachbarschaftsreligionen (vgl. Weiße, 1999, 196). Ihre Besonderheit liegt vielleicht darin, dass die Vielfalt von Perspektiven, die im Unterricht zum Tragen kommen, vor Ort begegnet. Sie sind der ganz normale Ausgangspunkt dialogischen Religionsunterrichts.

6 Entwicklungsperspektiven und Probleme

Zum Schluss: In Hamburg hat man in hanseatischer Bescheidenheit immer von einem Weg gesprochen, um die Unabgeschlossenheit der eigenen Position deutlich zu machen. Aus der Außensicht, die ich als im Gefilde konfessionellen Religionsunterrichts tätiger Religionspädagoge mittlerweile auch auf den Hamburger Religionsunterricht habe, möchte ich behaupten: Dieser dialogische, interreligiöse Religionsunterricht ist inzwischen ein ausgereifter, reflektierter und gut begründeter Ansatz. Innerhalb des Spektrums religionspädagogischer Organisationsformen in der Bundesrepublik stellt er eine ernst zu nehmende Alternative zum Weg einer weiteren konfessionellen Zersplitterung dar.

Blickt man auf die europäische Situation stellt man außerdem fest, dass das Hamburger Modell zwar in Deutschland eine Rand- oder Minderheitenposition einnimmt, sich aber in Europa in guter Gesellschaft befindet. In vielen Ländern, sei es in England, Norwegen, Schweden, den Niederlanden, aber auch mit anderem Akzent in Frankreich oder gar in Estland, wird mit integrativen, dialogischen Formen religiöser Bildung gearbeitet oder es wird über diese nachgedacht (vgl. dazu Jackson, Miedema, Weisse & Willaime, 2007). Und auch in Deutschland ist das Thema Interreligiöses Lernen im Religionsunterricht inzwischen keine Nische für religionspädagogische Sonderlinge mehr.

Die Freunde und Kollegen an der Elbe sind inzwischen auch ein wenig stolz darauf, Vorreiter gewesen zu sein. Betrachtet man die neueren Entwicklungen mit der Gründung einer Akademie der Weltreligionen an der Universität Hamburg und der Unterzeichnung der Verträge zwischen den Religionsgemeinschaften und der Stadt Hamburg wird diese Vorreiterrolle auch künftig nicht so schnell abgestreift werden können.

Die Frage der Lehrerbildung wurde in Hamburg zuletzt als die größte Baustelle des Ansatzes betrachtet. Ein Unterricht, für den Perspektivenvielfalt als wichtiges didaktisches Kennzeichen gilt, kann letztlich auch nicht vor der Lehrerperspektive Halt machen. Hier haben die Kollegen und Kolleginnen in Hamburg schon in den letzten Jahren auf vielfältige Weise kreative Lösungen gefunden, die auch auf der Ebene der Lehrkräfte die personale Repräsentation und authentische Erschließung der Religionen gewährleisten können: durch Einladung von Gästen im Rahmen mehrstündiger Unterrichtsprojekte, durch das Aufsuchen von Orten und die Befragung von Experten etc. Dennoch blieb bislang der Befund: Der Religionsunterricht für alle ist noch nicht ein *Religionsunterricht von allen*. Er blieb bislang in Verantwortung evangelischer Lehrkräfte. Durch die Unterzeichnung der Verträge zwischen der Stadt Hamburg und der islamischen Religionsgemeinschaft sowie auch den Aleviten entsteht nun diesbezüglich eine neue Situation. Die Verträge geben Muslimen und Aleviten die Möglichkeit, einen eigenen Religionsunterricht zu verantworten. Beide Religionsgemeinschaften haben deutlich gemacht, dass sie an dem *Religionsunterricht für alle* festhalten wollen. Auch die jüdische Gemeinde in Hamburg hat kürzlich eine Vereinbarung unterzeichnet, die die gleichberechtigte Verantwortung im Religionsunterricht für alle ermöglicht. Diesen Religionsunterricht werden künftig auch muslimische und alevititsche Lehrkräfte erteilen können.[6] Damit wird die Tür geöffnet für eine neue Phase in der Entwicklung eines dialogischen, interreligiösen Religionsunterrichts: in den nächsten Jahren wird es darum gehen, einen dialogisch-interreligiösen Religionsunterricht in gemeinsamer institutioneller und inhaltlicher Verantwortung der Religionsgemeinschaften organisatorisch zu etablieren und auch im Blick auf die Entwicklung von Unterrichtsmaterial

6 In einer fünfjährigen Pilotphase werden seit Beginn des Schuljahrs 2014/2015 an zwei Schulen die Inhalte des Religionsunterrichts gleichberechtigt von der jüdischen Gemeinde, den muslimischen Verbänden, der Nordkirche und der alevitischen Gemeinde verantwortet.

weiter zu profilieren.[7] Dieser Weg birgt zweifellos die Herausforderung, den bewährten schüler/innenorientierten Ansatz dialogischen interreligiösen Lernens mit sich verstärkt artikulierenden Interessen an religionsspezifischer Wissensvermittlung in ein gutes Verhältnis zu bringen. Und es bleibt zu hoffen, dass der Weg eines dialogischen und integrativen Ansatzes fortgesetzt werden kann und nicht die Entwicklung zu einer Versäulung des Religionsunterrichts nach Konfessionen und Religionen eingeleitet wird, die aus Hamburger Sicht als Rückschritt interpretiert werden muss. Dies sehen auch die Schüler/innen in Hamburg so. Sie hatten sich schon einmal auf den Weg gemacht, als – nach widersprüchlichen Bemerkungen des damaligen Hamburger Bürgermeisters – die Zukunft des gemeinsamen dialogischen Religionsunterrichts ungewiss schien. Auf einer öffentlichen Veranstaltung zum Religionsunterricht entfalteten sie auf einem Plakat ihre Forderung: Lieber gemeinsam als getrennt – diesem von Hamburger Schülern und Schülerinnen formulierten Slogan sollte ein dialogischer Religionsunterricht weiter verpflichtet sein.

7 Literatur

Doedens, F. & Weiße, W. (Hrsg.) (1997) *Religionsunterricht für alle. Hamburger Perspektiven zur Religionsdidaktik* (Münster, New York, München, Berlin, Waxmann).

Englert, R., Schwab, U., Schweitzer, F. & Ziebertz, H.-G. (Hrsg.) (2012) *Welche Religionspädagogik ist pluralitätsfähig? Kontroversen um einen Leitbegriff* (Freiburg, Basel, Wien, Herder).

Freie und Hansestadt Hamburg. Behörde für Bildung und Sport (Hrsg.) (2011) *Bildungsplan Grundschule. Rahmenplan Religion* (Hamburg). Verfügbar unter: www.hamburg.de/contentblob/2482202/data/religion-gs.pdf [25.09.2014].

Gemischte Kommission Schule/Kirche (1997) Hamburger Lehrplan für den Religionsunterricht in der Grundschule, in F. Doedens & W. Weiße (Hrsg.) *Religionsunterricht für alle. Hamburger Perspektiven zur Religionsdidaktik* (Münster, New York, München, Berlin, Waxmann), 23–34.

Jackson, R., Miedema, S., Weisse, W. & Willaime, J.-P. (Hrsg.) (2007) *Religion and Education in Europe. Developments, Contexts and Debates* (Münster, New York, München, Berlin, Waxmann).

7 Derzeit entstehen als Resultat einer Kooperation zwischen Landesinstitut für Lehrerbildung, Pädagogisch-Theologischem Institut der Nordkirche und der Akademie der Weltreligionen an der Universität Hamburg mehrere Bände mit Unterrichtsmaterialien für dialogisch-interreligiöses Lernen. Die Bände, die in multireligiösen Autorenteams konzipiert werden, nehmen Themen der Hamburger Rahmenpläne auf und folgen den didaktischen Grundsätzen und Prinzipien des Hamburger Religionsunterrichts für alle.

Jozsa, D.-P., Knauth, Th. & Weiße, W. (Hrsg.) (2009) *Religionsunterricht, Dialog und Konflikt. Analysen im Kontext Europas* (Münster, New York, München, Berlin, Waxmann).

Knauth, Th. (1996) *Religionsunterricht und Dialog. Empirische Untersuchungen, systematische Überlegungen und didaktische Perspektiven eines Religionsunterrichts im Horizont religiöser und kultureller Pluralisierung* (Münster, New York, München, Berlin, Waxmann).

Knauth, Th. (1999) Anmerkungen zum Dialogbegriff im Ansatz einer dialogischen Religionspädagogik, in: W. Weiße (Hrsg.) *Vom Monolog zum Dialog. Ansätze einer dialogischen Religionspädagogik* (Münster, New York, München, Berlin, Waxmann), 113–138.

Knauth, Th. (2009) Zur Bedeutung von Religion in Schule und Lebenswelt von Jugendlichen in Hamburg, in: D.-P. Jozsa, Th. Knauth & W. Weiße (Hrsg.) *Religionsunterricht, Dialog und Konflikt. Analysen im Kontext Europas* (Münster, New York, München, Berlin, Waxmann), 35–103.

Knauth, Th. (2009) Empirische Forschung im Religionsunterricht. Eine Einleitung zur Forschung im Hamburger REDCo-Projekt, in: D.-P. Jozsa, Th. Knauth & W. Weiße (Hrsg.) *Religionsunterricht, Dialog und Konflikt. Analysen im Kontext Europas* (Münster, New York, München, Berlin, Waxmann), 319–330.

Knauth, Th. (2009) „Dialog an der Basis". Eine Analyse dialogorientierter Interaktion im Religionsunterricht in Hamburg, in: D.-P. Jozsa, Th. Knauth & W. Weiße (Hrsg.) *Religionsunterricht, Dialog und Konflikt. Analysen im Kontext Europas* (Münster, New York, München, Berlin, Waxmann), 331–359.

Kirchliche Seite der Gemischten Kommission Schule/Kirche (1997) „Was für eine Schule schulden wir unseren Kindern und Jugendlichen in einer sich verändernden Welt?", in: F. Doedens & W. Weiße (Hrsg.) *Religionsunterricht für alle. Hamburger Perspektiven zur Religionsdidaktik* (Münster, New York, München, Berlin, Waxmann), 11–22.

Peukert, H. (1992) Die Erziehungswissenschaft der Moderne und die Herausforderungen der Gegenwart, in: *Zeitschrift für Pädagogik. 29. Beiheft,* 113–127.

Sieg, U. (1997) Ein interreligiös geöffneter Religionsunterricht an Grundschulen in Hamburg, in: F. Doedens & W. Weiße (Hrsg.) *Religionsunterricht für alle. Hamburger Perspektiven zur Religionsdidaktik* (Münster, New York, München, Berlin, Waxmann), 124–129.

Weiße, W. (^{2}1999) Ökumenische Theologie und interreligiöse Dialogerfahrungen. Anstöße für die Religionspädagogik, in: W. Weiße (Hrsg.) *Vom Monolog zum Dialog. Ansätze einer dialogischen Religionspädagogik* (Münster, New York, München, Berlin, Waxmann), 181–202.

Weiße, W. (Hrsg.) (2008) *Dialogischer Religionsunterricht in Hamburg. Positionen, Analysen und Perspektiven im Kontext Europas* (Münster, New York, München, Berlin, Waxmann).

Staatlich verordnete Toleranz versus bürgerschaftliches Laissez-faire. Staatlicher Religionsunterricht in Deutschland

Eva-Maria Kenngott

Staatlicher Religionsunterricht ist in Deutschland die Ausnahme von der Regel. Es gibt den gemeinsamen Unterricht über religiöse Fragen, in dem die Schüler/innen nicht nach Konfessionen getrennt werden, in den Bundesländern Bremen und Brandenburg. In beiden Ländern wird die Vielfalt im Klassenzimmer – wie vielfältig auch immer es jeweils zugehen mag – nicht in kleinere Einheiten aufgeteilt, wenn es um die grundlegenden Fragen des Lebens geht. Sie werden gemeinsam im Rahmen eines staatlichen Unterrichts bearbeitet.

Der konfessionelle Religionsunterricht ist die im Grundgesetz verankerte Form des Religionsunterrichts in der Bundesrepublik Deutschland. Ebenso ist die Ausnahme von dieser Regelung dort festgehalten und wurde 1949 aufgrund von Interventionen des kleinen Landes Bremen aufgenommen. Bremen wollte damals seine Tradition des Religionsunterrichts fortsetzen und pochte auf einen Sonderweg, sodass es nicht wie die anderen Länder den konfessionellen Religionsunterricht einführen musste. In Art. 141 heißt es: „Artikel 7 Abs. 3 Satz 1 findet keine Anwendung in einem Lande, in dem am 1. Januar 1949 eine andere gesetzliche Regelung bestand." Diese sog. „Bremer Klausel" ist in Deutschland der Ausgangspunkt für staatlichen Unterricht im Bereich Religion.[1] Nach der Wende hat sich Brandenburg im Streit um den Religionsunterricht vor dem Bundesverfassungsgericht auf die „Bremer Klausel" bezogen (s. u.). Bis heute ist selbst unter Juristinnen und Juristen umstritten, ob und inwiefern Art. 141 auf die Brandenburgische Situation anwendbar ist.

Die Schulfächer, um die es im Folgenden gehen soll, heißen in Bremen „Biblischer Geschichtsunterricht/Religionskunde" (BGU), neuerdings „Religion"[2], im Land Brandenburg „Lebensgestaltung-Ethik-Religionskunde" (LER). Der Bremer Unterricht ist bekenntnismäßig nicht gebunden und findet auf allgemein christlicher Grundlage statt, der brandenburgische Unter-

---

1 Auch das Land Berlin bezieht sich auf die sog. Bremer Klausel. Der Religionsunterricht ist allerdings in Berlin kein ordentliches Lehrfach, sondern wird in Verantwortung der Religionsgemeinschaften durchgeführt. (Vgl. Willems, 2013)

2 Seit 01.08.2014 gilt ein neuer Rahmenlehrplan für das Schulfach „Religion".

richt ist ein bekenntnisneutraler Unterricht. Hier wird Religionskunde als Bestandteil des breiter angelegten und werteorientierten Faches LER betrachtet. Die beiden vom Staat angebotenen Unterrichtsfächer stehen zunächst einmal durch ihren Bezug auf Art. 141 miteinander in Verbindung. Doch jenseits der rechtlichen Grundlage ist die jeweilige Ausgestaltung der beiden Fächer sehr unterschiedlich. Sie haben unterschiedliche Ausgangslagen sowie eine jeweils deutlich zu unterscheidende Fachkonzeption und Fachgeschichte. Bremen pflegt im Hinblick auf seinen Religionsunterricht eine Politik des Laissez faire, während Brandenburg sich auf seine Toleranztradition rückbesonnen hat. Doch bei allen Unterschieden ist es in beiden Ländern hoch erwünscht, dass alle Schüler/innen am jeweiligen Unterrichtsfach teilnehmen, wobei jeweils Abmeldung möglich ist. Die Aufteilung von Schüler/innen entsprechend ihrer religiösen Orientierungen ist zugunsten des Unterrichts im Klassenverband aufgehoben worden.

Die Tatsache, dass der Staat Anbieter des Unterrichts über Religion ist, bringt freilich eine Reihe von Problemen mit sich, die im konfessionellen Religionsunterricht nicht relevant sind. Der Staat kooperiert hier mit den Religionsgemeinschaften und mischt sich nicht in Bekenntnisfragen ein. Dem gegenüber ist die Verhältnisbestimmung von Staat und Religion im staatlichen Unterricht über Religion deutlich prekärer. Denn der im Hinblick auf religiöse Bekenntnisse neutrale Staat muss sein Verhältnis zum religiösen Bekenntnis (oder zu den Bekenntnissen) sehr genau ausjustieren. Dies hat in beiden Bundesländern zu zwar unterschiedlichen, aber im Falle von Bremen vielfältigen und in beiden Fällen komplizierten rechtlichen Auseinandersetzungen geführt. Ich werde im Folgenden einige zentrale Auseinandersetzungslinien nachzeichnen und dabei die beiden Unterrichtsformen mit einem Schwerpunkt auf die jeweilige historische Ausgangslage und die jeweilige Fachkonzeption vorstellen. Abschließend werde ich abwägen, welchen Gefährdungen der staatliche Religionsunterricht ausgesetzt ist, aber auch, welches Potenzial in ihm steckt.

1 Der Biblische Geschichtsunterricht

Der Bremer Biblische Geschichtsunterricht ist einer Reforminitiative am Ausgang des 18. Jahrhunderts zu verdanken. 1799 gründeten die reformierten Pastoren Johann Ludwig Ewald und Johann Caspar Häfeli die Bürgerschule, die allerdings nur vier Jahre Bestand hatte. (Vgl. Hannemann & Döbler, 2013, 105ff.) Insbesondere Ewalds Konzept für einen Religionsunterricht sah vor, dass den Jugendlichen die Vorbildfunktion der Bibel im Unterricht zur „Bibelgeschichte“ vor Augen geführt werden solle. Die Idee war, direkt aus der Bibel zu lernen ohne den kirchlich-dogmatischen Ballast und ohne die konfessionellen Engführungen, die im Streit zwischen Lutheranern und Reformierten in Bremen zutage getreten waren. Die Bürgerschule mit dem Fach „Bibelgeschichte“ ist ein religions- und bildungspolitisches Projekt, das Befriedung und Erziehung, Machtbalance und -stabilisierung von Seiten der Reformierten und des Senats sowie Lernen von der „reine(n) Lehre Jesu“ (Ewald zit. n. Hannemann & Döbler, 2013, 111) in einem war. Die Anlage des Religionsunterrichts mit der Bibel als dessen Herzstück spiegelt sich im Titel des Faches wider. Inwiefern der Rückbezug auf die Bibel tatsächlich Einigung zwischen den protestantischen Konfessionen bewirkt hat, ist eine Frage, die die historische Forschung klären muss. Der Bremische Sonderweg „Biblischer Geschichtsunterricht“ nahm jedenfalls seinen Ausgangspunkt von dem kurzen Zwischenspiel Bürgerschule. Im 19. Jahrhundert wurde der Religionsunterricht in den staatlichen Schulen nicht nach Konfessionen getrennt abgehalten (vgl. Lott & Schröder-Klein, 2007, 69) und begleitet von einem gemeindlichen Unterricht außerhalb der Schule. (Vgl. Poscher, 2006, 11f.)

Zur Tradierung des Faches BGU gehört in Bremen, den Religionsunterricht als eine Art staatlich-überkonfessionelles Einigungsprojekt zu betrachten. (Vgl. Lott & Schröder-Klein, 2007, 68f.) Selbst im Rahmenlehrplan für die Primarstufe aus dem Jahr 2002, der bis zum Schuljahr 2013/14 in Kraft war, wird auf die Geschichte des Faches Bezug genommen, wobei die Replik auf die Fachgeschichte im Zusammenhang eines Rahmenlehrplanes ein eher ungewöhnliches Vorgehen ist. Es untermauert allerdings den Anspruch auf einen eigenständigen über- oder transkonfessionellen Weg, der in der Hansestadt beschritten wurde. Mit Bezug auf den gemeinsamen konfessionsübergreifenden Ursprung der Bibel werden die innerprotestantischen Differenzen ausgeklammert:

> „In der protestantisch geprägten Hansestadt befanden sich die Schulen bis zum 19. Jahrhundert überwiegend in der Verantwortung der lutherisch oder reformiert orientierten Kirchengemeinden. Um diese innerkirchlichen Konfessionsunterschiede, die oft mit großer Heftigkeit ausgetragen wurden, nicht nachteilig auf die Schulen wirken zu lassen, einigte man sich auf einen christlichen Religionsunterricht, der das Verbindende und Gemeinsame in den Vordergrund stellt. Der gemeinsame Nenner war die Bibel. Das von der Aufklärungspädagogik gestützte Konzept der „Bibelgeschichte“ – so hieß dieser zeitweise in wenigen Gegenden Deutschlands verbreitete Religionsunterricht – verbannte folglich das Lernen von Dogmen, Katechismen und stark konfessionsbestimmten Inhalten aus dem Schulunterricht. Pädagogische und ethisch-moralische Begründungen und Ziele wurden deutlich ins Zentrum gerückt.“ (Landesinstitut für Schule Bremen, 2002, 151)

Die starke ethische Orientierung des Biblischen Geschichtsunterrichts ist ein Erbe der Aufklärung und kam darüber hinaus wohl auch den Interessen eines städtischen Bürgertums entgegen, mit religiös motivierter Moralerziehung das Gemeinwesen zu untermauern. Die Annahme von der ethischen Wirksamkeit des Religionsunterrichts ist nicht allein in Bremen von Bedeutung, sondern lässt sich bis in die Anlage des Religionsunterrichts im Grundgesetz verfolgen. Der Verfassungsrechtler Ernst Wolfgang Böckenförde argumentierte in einem einflussreichen Aufsatz über die Säkularisierung des Staates, dass der säkulare Staat die moralischen Grundlagen, auf denen er beruhe, nicht selbst herstellen könne. (Vgl. Böckenförde, 1976, 111ff.) Der in Hinsicht auf religiöse Bekenntnisse neutrale Staat befördert deshalb Religion/en und gewährt ihnen Freiraum zur Entfaltung. Der Religionsunterricht in seiner konfessionellen Organisation ist Ausdruck positiver Neutralität des Staates und geht mit einer Wirksamkeitserwartung einher. Erwünscht sind positive Effekte des konfessionellen Religionsunterrichts im Bereich der Werteerziehung. Der Unterschied der grundgesetzlichen Regelung nach Art. 7 zur Bremer Regelung liegt auf der Hand: Der Bremer Religionsunterricht kann zwar als staatlicher Unterricht moralische Bildung befördern, aber der Staat hat sich im Hinblick auf Bekenntnisse neutral zu verhalten. Deswegen stellt sich die Frage, wie eng die Werteerziehung an das christliche Bekenntnis gebunden sein darf. Hiermit ist eine zentrale Problemstellung des BGU berührt, nämlich die, in welcher Beziehung der Staat als Veranstalter des Religionsunterrichts und das christliche Bekenntnis zueinander stehen.

Die Bekenntnisfrage wurde in der Bremischen Landesverfassung vom 21. Oktober 1947 nach einer politischen Kontroverse v. a. zwischen SPD und CDU[3] im Sinne einer Kompromissformel gelöst. In der Landesverfassung wird der „Biblische Geschichtsunterricht“ wie folgt bestimmt: „Die allgemein bildenden öffentlichen Schulen sind Gemeinschaftsschulen mit bekenntnismäßig nicht gebundenem Unterricht in Biblischer Geschichte auf allgemein christlicher Grundlage.“ (Art. 32 Brem.Verf.) Nach komplizierten Verhandlungen einigte man sich auf diese Kompromissformel, der beide Seiten zustimmen konnten. (Vgl. Lott & Schröder-Klein, 2007, 69f.; Poscher, 2006, 18–31) Hierdurch konnte zwar der landespolitische Streit um den Religionsunterricht beigelegt werden, aber es wurde ein neues Problem generiert: die Frage, um was für einen Unterricht über Religion es sich hierbei handelt. Betroffen von dieser Problemstellung sind die rechtliche Frage der Verhältnisbestimmung von Staat und Religion sowie die pädagogische Frage der Fachentwicklung.

Ralf Poscher[4] konstatiert schon für den BGU seit der Jahrhundertwende ein Changieren zwischen Religionsunterricht und religionskundlichem Unterricht:

> „Im historischen Rückblick erweist sich der Unterricht in Biblischer Geschichte in seinem Ursprung als ein durch eine staatliche Unionisierungspolitik auf ein gemein protestantisches Bekenntnis festgelegter Religionsunterricht, der sich

---

3 Die CDU präferierte konfessionellen Religionsunterricht und wollte Bekenntnis- und Gemeinschaftsschulen gleichwertig nebeneinander stellen. Die SPD plädierte für gemeinsamen Unterricht in Religion in Gemeinschaftsschulen. (Vgl. Poscher, 2006, 18ff.)

4 Poschers Gutachten zur Rechtsnatur des BGU wurde vom Institut für Religionswissenschaft und Religionspädagogik der Universität Bremen in Auftrag gegeben und stammt aus dem Jahr 2006.

> durch seinen überkonfessionellen Charakter auszeichnete. Spätestens seit Mitte des 19. Jahrhunderts war diese Form des schulischen Religionsunterrichts in Bremen nicht mehr unumstritten und spätestens seit der Jahrhundertwende jedenfalls in der Praxis zwischen Religions- und Religionskundeunterricht schwankend." (Poscher, 2006, 17)

Offenbar existierten schon in der Fachhistorie verschiedene ‚Lesarten' des BGU. Vor diesem Hintergrund wiegt die Problematik des Formelcharakters (vgl. Poscher, 2006, 28) der politischen Einigung im Jahr 1947 „bekenntnismäßig nicht gebunden auf allgemein christlicher Grundlage" noch deutlich schwerer. Denn der Kompromiss mag zwar politisch bedeutsam sein und die eigenwillige Bremer Tradition des Religionsunterrichts weitergeführt haben, aber die Bestimmung seiner „Rechtsnatur" ist bis zum heutigen Tag umstritten bzw. unklar. Die Gutachten zum BGU schätzen den BGU sowie die Ausdeutung der Kompromissformel jeweils unterschiedlich ein. Die Rechtsgutachten von Christoph Link und Ralf Poscher kommen zu sich widersprechenden Ergebnissen: Link betrachtet den BGU als eine „Sonderform des Religionsunterrichts" (Link, 1979, 81), der weder eine „Phantasiekonfession" – also ein vom Staat generiertes allgemein christliches Bekenntnis[5] – erzeugen noch „gesinnungsneutrale Information" weitergeben dürfe. (Vgl. ebd.) Er solle hingegen das den christlichen Konfessionen Gemeinsame zur Darstellung bringen. (Vgl. a.a.O., 68) Poscher hingegen betrachtet den BGU als ein religionskundliches Fach. (Vgl. Poscher, 2006, 37, 53) Martin Rothgangel schließlich verortet den BGU in seinem religionspädagogischen Gutachten „zwischen einer ‚neutralen' Religionskunde und dem konfessionell-kooperativen RU". (Rothgangel, 2006, 49)[6]

Im Hinblick auf die didaktische Entfaltung des Faches hatte die politisch produzierte Unklarheit schwerwiegende Konsequenzen. Die Über- bzw. Transkonfessionalität, die im Begriff des „Allgemein-Christlichen" angelegt ist, hat zu unterschiedlichen Ausdeutungen der Fachkonzeption geführt. Während die universitäre Ausbildung mit der Bezugsdisziplin Religionswissenschaft auf ein religionskundliches Verständnis des Faches schließen lässt, ist in dem noch nicht der Kompetenzorientierung angepassten Primarstufenlehrplan von einer ökumenischen Orientierung die Rede.[7] Diese Varianten

---

5 Link bezieht sich mit dem Votum gegen eine „Phantasiekonfession" auf das Urteil des Staatsgerichtshofes von 1965, wonach der Staat nicht ein allgemein-christliches Bekenntnis erschaffen dürfe. (Vgl. Link, 1979, 61, 81)

6 Poschers impliziter Kritik an Rothgangel ist rechtzugeben, wenn er feststellt, dass aus verfassungsrechtlicher Sicht ein kategorialer Unterschied zwischen Religionsunterricht und religionskundlichem Unterricht besteht. Es kann sich nur um die eine oder andere Form handeln, auch wenn es sich aus religionspädagogischer Sicht um eine Mischform handeln mag. (Vgl. Poscher, 2007, 10)

7 Im Rahmenlehrplan für die Primarstufe, der bis zum Schuljahr 2013/14 in Geltung war, heißt es hierzu: „Gegenüber den Regelungen anderer Bundesländer, die ihren Religionsunterricht in Übereinstimmung mit den Grundsätzen der Religions-

legen unterschiedliche Rückschlüsse auf die Verhältnisbestimmung von Staat und Bekenntnis nahe: Eine religionskundliche Orientierung ist in jedem Fall mit der religiösen und weltanschaulichen Neutralität des Staates als Anbieter des Religionsunterrichts vereinbar, ein ökumenischer Unterricht in staatlicher Verantwortung wirft hingegen die Frage auf, ob hier etwa „das verfassungsrechtliche Monstrum einer ‚Staatskonfession'" (Link zit. n. Poscher, 2006, 42) vorliegt.[8]

Die Entwicklung des Faches ist also nicht im Sinne einer pädagogischen Präzisierung und Vereinheitlichung des Bremer Spezifikums vonstattengegangen.[9] Vielmehr ist auffällig, dass für die Fortentwicklung des BGU rechtliche Auseinandersetzungen entscheidende Impulse setzten. Dies geschah zweimal, wobei a) der Adressatenkreis für den Religionsunterricht erweitert wurde[10] und zwar durch Präzisierung des Formelkompromisses der Landesverfassung und b) die Konfessionszugehörigkeit der Lehrkraft näher bestimmt wurde. Im ersten Fall wurde 1965 vom Staatsgerichtshof festgestellt, dass der Unterricht auf allgemein christlicher Grundlage nicht als christlicher Gesinnungsunterricht auf evangelischer Grundlage zu verstehen sei (vgl. Link, 1979, 57) und deshalb auch katholische Schüler/innen miteinbeziehe. (Vgl. Link 1979, 61f.; Lott & Schröder-Klein, 2007, 70; Poscher, 2006, 30f.) Damit ist der BGU der historischen Problemstellung, ein Lösungsmodell für innerprotestantische Konfliktlinien zu sein, entwachsen. Gleichzeitig zeigt sich in der Erweiterung des Adressatenkreises des Religionsunterrichts auch die Veränderung in der Zusammensetzung der Bevölkerung der Stadt Bremen. Denn es hatten sich, verursacht durch die Flüchtlingsströme zum Ende des Zweiten Weltkriegs, Katholiken in der Stadt niedergelassen.

---

gemeinschaften durchführen, wird die Bremische Variante als ökumenischer Religionsunterricht in allein staatlicher Verantwortung durchgeführt." (Landesinstitut für Schule Bremen, 2002, 151)

8 Brugger, der in Deutschland ein „hinkendes Trennungsmodell" zwischen Staat und Religion sieht, bietet zwei Kriterien für die Abwägung eines religionspolitischen Problemfalls an: Diskriminierungen religiöser Minderheiten sollten auszuschließen sein und der Staat habe sich von genuin religiösen Veranstaltungen fernzuhalten. (Vgl. Brugger, 2007, 281) Entsprechend wäre die Frage eines ökumenischen Religionsunterrichts unter staatlicher Kuratel anhand dieser Kriterien zu beurteilen.

9 Nach Lott und Schröder-Klein „verlief die konzeptionelle Entwicklung des bremischen Religionsunterrichts in wesentlichen Teilen parallel zur allgemeinen religionspädagogischen Entwicklung in Deutschland." (Lott & Schröder-Klein, 2007, 70) Dies werte ich als Eingeständnis, dass das Bremische Modell des Religionsunterrichts sich de facto nicht allzu weit vom konfessionellen Religionsunterricht entfernt hat.

10 Lott und Schröder-Klein bestimmen die Weiterentwicklungen im BGU vorwiegend im Hinblick darauf, welche Gruppen hinzukamen. (Vgl. Lott & Schröder-Klein, 2007, 70)

Auch die Problemstellung, ob eine Referendarin mit Kopftuch BGU unterrichten dürfe, steht in Zusammenhang mit der zunehmenden religiösen Pluralisierung in Bremen. Die Auseinandersetzung im Bremer Kopftuchstreit konzentrierte sich auf eine Lehramtsanwärterin für die Fächer Deutsch und BGU, die das Kopftuch nicht ablegen wollte. Zusätzliche Brisanz im Hinblick auf vergleichbare Fälle in anderen Bundesländern erhielt der Fall, weil die Frage des Charakteristikums des staatlich verantworteten Biblischen Geschichtsunterrichts mit zur Disposition stand. Denn nun stellte sich, angesichts des äußeren Zeichens der Zugehörigkeit zu einer anderen Religion als der christlichen, das Problem, ob eine Muslima Biblischen Geschichtsunterricht erteilen dürfe. Die gerichtliche Auseinandersetzung ging über mehrere Instanzen und führte schließlich zu folgender Stellungnahme des Senats im Jahr 2005, die Einzelfallprüfungen nach sich zog.

> „Die Lehrkräfte müssen bereit und nach ihrer Vorbildung und inneren Einstellung fähig sein, den bekenntnismäßig nicht gebundenen Unterricht in „Biblischer Geschichte“ auf allgemein christlicher Grundlage im Sinne des Artikels 32 Abs. 1 der Bremischen Landesverfassung zu erteilen. Im Einzelfall kann eine religiöse Überzeugung dazu führen, dass diese Wissensvermittlung nicht in der von der Landesverfassung verlangten Objektivität möglich ist.“ (Bremische Bürgerschaft, 2005, 2)

Wie Lott und Schröder-Klein betonen[11], folgt hieraus nicht im Umkehrschluss, dass nur Angehörige christlichen Glaubens BGU unterrichten können.

Die Entwicklung des BGU im Schulalltag scheint ein Spiegelbild der schwierigen Fachentwicklung zu sein. Nach Auskunft des Senats vom 2. Juni 2009 findet der BGU ab der 5. Klasse nur bei ca. 20 % der Schüler/innen statt (vgl. Bremische Bürgerschaft, 2009, Antwort zu Frage 4). Von dem tatsächlich stattfindenden Unterricht wiederum wird der überaus große Anteil fachfremd unterrichtet, je nach Schulstufe und Schulart zwischen 50 % und 90 %. (vgl. a.a.O., Antwort zu Frage 8) Bei solchen Zahlen liegt die Schlussfolgerung auf der Hand, dass den politischen Akteuren der Religionsunterricht in Bremen kein zentrales Anliegen zu sein scheint. Die jüngsten Entwicklungen machen hier etwas Mut, denn nach der Koalitionsvereinbarung zwischen der SPD und den Grünen scheint nun neuer Schwung in den Bremer Religionsunterricht zu kommen. Er soll eine dialogische Orientierung bekommen gemäß dem Hamburger Vorbild, wobei die Landesverfassung nicht geändert werden soll. Ein neuer Rahmenlehrplan für das Fach „Religion“ wurde in Kraft gesetzt. Die Implementierung bleibt indes abzuwarten. Die empirische Erforschung des „Bremer Modells“ steht aus; in einer Masterarbeit, eingereicht beim Institut für Religionswissenschaft und Religionspädagogik, wurde jedoch die Zufriedenheit muslimischer Jugendlicher mit dem Biblischen Geschichtsunterricht/Religionskunde empirisch erforscht. Die Jugendlichen betonten, dass sie den gemeinsamen Unterricht

11 Der Fall wird dort detailliert dargestellt. (Vgl. Lott & Schröder-Klein, 2007, 74f.)

schätzen und ihn als eine Art Labor für das Zusammenleben in einer religiös pluralen Gesellschaft erachten.[12]

2 Lebensgestaltung-Ethik-Religionskunde

Die Wurzeln des Faches LER liegen in der Bürgerrechtsbewegung zur Zeit der Wende.[13] Mit LER verbunden ist die Kritik an der sozialistisch geprägten Bildung mit den ihr eigenen Ausschlussmechanismen gemäß politischer Willfährigkeit, dem positivistischen Weltbild und den szientistischen Verengungen, die Fragen der Orientierung im Leben systematisch aus der Schule verbannten. Orientierungsfragen galten im sozialistischen Bildungssystem als beantwortet. Die Pluralität von Antworten und deren Abwägung waren nicht erwünscht. Die Initiatorinnen und Initiatoren von LER zielten auf eine Bildungsreform und wollten den Diskurs über zentrale Lebensfragen im schulischen Fächerkanon verankert wissen. Zu Beginn der 90er Jahre regierte im Land Brandenburg eine Ampelkoalition mit der Bildungsministerin Marianne Birthler. In dieser Zeit wurden die beiden Grundpfeiler des Faches entwickelt, die um den Begriff Integration zentriert sind: die Integration aller Schüler/innen in einem gemeinsamen Unterricht und die integrative Bearbeitung von Fragen der Lebensgestaltung in einem Lernbereich Lebensgestaltung-Ethik-Religion. Das neue Unterrichtsfach sollte von den Lebensfragen von Kindern und Jugendlichen seinen Ausgang nehmen und Schüler/innen unterschiedlicher Herkunft und mit unterschiedlichen Orientie-

12 Die Schüler/innen begründeten die positive Sicht des BGU damit, „dass es interessanter sei, Religionen in ihren Unterschieden zu vergleichen und zu entdecken. Dazu wird den Jugendlichen die Möglichkeit gegeben, von Erfahrungen anderer gelebter Religionen zu profitieren. Die Schülerin Meryem ist der Meinung, dass sie dadurch mehr zusammenkommen. Sevilay bringt das Argument, dass das Kennen von und Reden über andere Religionen Missverständnissen vorbeugt. Das Wissen wird als Notwendigkeit gesehen, um etwas Neues zu lernen und es nicht als fremd wahrzunehmen. Das Kennenlernen und Auseinandersetzen fördert die Fähigkeit, sich mit religiösen Inhalten auszukennen, mit anderen darüber zu reden und es fördert die Dialogbereitschaft. Es kommt zu einer Horizonterweiterung und durch das Thematisieren anderer Religionen zum Perspektivenwechsel. Die Jugendlichen sind sich einig, dass der Umgang mit Nicht-Muslimen in dieser Form besser gelingen kann. Die Wissenserweiterung fördert zudem die Differenzierungs- und Diskussionsfähigkeit in der multi-religiösen Gesellschaft." (Ergüven, 2013, 63f.) Die hier genannten Namen wurden von der Verfasserin geändert.

13 Der Ausgangspunkt des Fachs LER in der Zeit der Wende wird von Marianne Birthler in ihrer Festrede zum fünfjährigen Bestehen des Studiengangs LER an der Universität Potsdam am 13.11.2008 sehr schön geschildert. (Vgl. Birthler, 2008)

rungen miteinander ins Gespräch bringen. Programmatisch fand dieser Anspruch in dem Motto „Gemeinsam leben lernen“ seinen Ausdruck.[14]

Nach einem drei Jahre dauernden Modellversuch[15] wurde im Jahr 1996 das Fach Lebensgestaltung-Ethik-Religionskunde als neues Schulfach im Land Brandenburg eingeführt.[16] Die Umbenennung von „Religion“ in „Religionskunde“ sollte deutlich machen, dass in diesem Unterricht über Religionen informiert werden solle und der Staat nicht in irgendeiner Form religiöse Unterweisung betreiben wolle. Das Fach LER sollte „bekenntnisfrei, religiös und weltanschaulich neutral unterrichtet“ werden. (BbgSchulG § 11, Abs. 3) Damit setzte sich das Land sowohl von der westdeutschen Tradition mit einem Religionsunterricht gemäß Art. 7, flankiert von einem werteorientierten Fach, als auch von den anderen ostdeutschen Bundesländern ab, in denen der konfessionelle Religionsunterricht etabliert wurde.

Mit der Einführung des Faches im Jahr 1996 brach ein Sturm über das Land Brandenburg herein, den es wohl noch bei keiner Einführung eines Schulfaches, das zudem im Umfang ja relativ klein ist, gegeben hatte. Es fand eine Bundestagsdebatte statt, es gab Artikelserien in den Zeitungen und schließlich wurde bald nach der Verabschiedung des Schulgesetzes eine Normenkontrollklage gegen die Bestimmungen zum Fach LER und zum Religionsunterricht beim Bundesverfassungsgericht eingereicht. Im Kern des Verfahrens in Karlsruhe lag die Problemstellung, ob Brandenburg verpflichtet ist, Religionsunterricht als allgemeinbildendes Schulfach einzuführen. Das Land

---

14 „Gemeinsam leben lernen“ war ein Leitgedanke des Grundsatzpapiers, das die erste Brandenburgische Bildungsministerin Marianne Birthler im Jahr 1991 im Hinblick auf den geplanten Lernbereich „Lebensgestaltung-Ethik-Religion“ herausgab. (Vgl. Edelstein, Grözinger, Gruehn, Hillerich, Kirsch, Leschinsky, Lott, & Oser, 2001, 25ff.)

15 Dem Modellversuch waren Gespräche und Auseinandersetzungen mit den Kirchen vorausgegangen, die sich unterschiedlich zu einer Mitarbeit im Modellversuch positionierten. Die katholische Kirche hatte sich dazu entschlossen, nicht beim Modellversuch mitzuarbeiten, sodass sich als einziger kirchlicher Partner die evangelische Kirche beteiligte. Die Grundkonstruktion des Faches war kompliziert, denn es gab eine Koppelung von Integrations- und Differenzierungsphase, wobei LER-Lehrer/innen und Religionslehrer/innen zusammenarbeiteten. In der sogenannten Integrationsphase fand in Verantwortung der LER-Lehrkräfte (und in Zusammenarbeit mit Religionslehrer/innen) gemeinsamer LER-Unterricht statt; in der Differenzierungsphase konnte zwischen Lebensgestaltung-Ethik und ev. Religionsunterricht gewählt werden. Beide Phasen sollten zu je 50 % stattfinden. Der Modellversuch wurde in drei Berichten ausgewertet, wobei trotz unterschiedlicher Schwerpunktsetzung und Bewertung des Modellversuchs Einigkeit darin bestand, dass sich die Aufteilung in Integrations- und Differenzierungsphase nicht bewährt habe. (Vgl. Edelstein et al., 2001, 28ff.)

16 Mehrheitlich wurde der Modellversuch positiv bewertet, wenn auch die wissenschaftliche Begleitung dem Fach bescheinigte, dass der Unterricht zu stark in der L-Dimension verbleibe und die ethische und religionskundliche Dimension jeweils zu untergewichtig seien. Der Unterricht habe eine therapeutische Schlagseite. (Vgl. Leschinsky, 1996, 190ff.)

Brandenburg nahm für sich die grundrechtlichen Regelungen nach Art. 141 in Anspruch. (Vgl. Hillerich, 2003, 202)

Die öffentliche Debatte um LER kreiste um zwei grundlegende Fragenkomplexe: a) ob der Staat eigenständig Werteerziehung betreiben könne und b) ob religionskundlicher Unterricht Religion und Religionen aus einer neutralen Außensicht angemessen darzustellen vermöge. Beide Problemstellungen wurden vom damaligen Bischof von Berlin-Brandenburg Wolfgang Huber grundlegend formuliert. Er eröffnete im Januar 1996 eine Artikelserie in der Frankfurter Rundschau mit dem Titel: „Wenn der Staat selbst die Wertevermittlung in die Hand nimmt. Die Staatsdistanz der Vorwendezeit und die erstaunliche Staatsgläubigkeit heute".[17] Schon der Untertitel des Artikels deutet an, dass Huber mit seiner Argumentation auf den Vorwurf der Indoktrination durch den Staat zielte und befürchtete, dass eine „gewendete Staatsbürgerkunde" (Huber, 1996, 18) etabliert werden solle. In der provokanten Stellungnahme Hubers schwingt die Annahme mit, der Staat solle Wertevermittlung ermöglichen, aber nicht selbst betreiben. (Vgl. ebd.) Er unterstellte damit, dass Werte im Kontext von Religion erworben werden und der Staat die moralischen Grundlagen, auf denen er beruht, nicht selbst herstellen kann und auch nicht soll, weil hierbei die Gefahr staatlicher Indoktrination droht. Huber bezog sich in seiner Argumentation zwar auf die gängigen Begründungen für den konfessionellen Religionsunterricht (s. o.), ignorierte freilich, dass es schon zur damaligen Zeit in fast allen Bundesländern Ethikunterricht in unterschiedlichen Varianten gab, wobei er hier offenbar nicht von staatlicher Indoktrination ausging.

Das zweite Thema, das Huber setzte, begleitete LER über viele Jahre. Es ging dabei um die Frage, ob Religion im religionskundlichen Unterricht überhaupt angemessen thematisiert werden kann. Ist die religionskundliche Vermittlung einer Religion in der Lage zu zeigen, worum es bei dieser Religion geht? Oder kann nur ein Unterricht aus der Binnenperspektive der Religion sie lebendig und glaubhaft darstellen? Mit dieser Problemstellung spitzte sich die Debatte zu und gipfelte in dem Vorwurf, in LER würden Religionen wie Tiere in einem Zoo vorgeführt.[18] Gemeint war, dass Religion im LER-Unterricht zu einem exotischen Phänomen degradiert werde, wobei das Entscheidende, das Proprium der Religion, den Schüler/innen vorenthalten werde. In der äußerst harschen Debatte entstanden tiefe Gräben zwischen LER-Befürworter/innen und -Gegner/innen, die bis heute noch nicht gänzlich

17 Der Artikel von Wolfgang Huber erschien in der Frankfurter Rundschau vom 26.01.1996, also einige Monate bevor das Brandenburgische Schulgesetz in Kraft trat.

18 Der polemische Angriff stammt von Richard Schröder in der FAZ vom 11.10.1995, S. 16. Huber argumentierte in der Frankfurter Rundschau vom 26.01.1996 etwas moderater mit dem Argument Innenperspektive versus Außenperspektive: „Begegnet man denn wirklich der Religion, wenn sie nur in einer ‚religionskundlichen' und ‚bekenntnisneutralen' Außenperspektive unterrichtet wird?" (Huber, 1996, 18)

überwunden sind. Doch die Schärfe der medialen sowie der rechtlichen Auseinandersetzung vor dem Bundesverfassungsgericht zeigt an, worum es letztendlich ging: um die Frage, ob sich mit LER ein neues Modell eines Unterrichts über Religion in Deutschland etablieren konnte.

Die weitere Geschichte von LER ist von der konsequenten Einführung des Faches und seiner Konsolidierung geprägt. Daran änderte auch der Vergleich, der vor dem Bundesverfassungsgericht im Jahr 2002 erzielt wurde, nichts. Letztendlich wurde die Einführung des Faches LER im Nachhinein bestätigt und gleichzeitig die Stellung des (freiwilligen) Religionsunterrichts gestärkt. Seit dem Jahr 2001 wird LER auch in den Klassen 5 und 6 – sie gehören im Land Brandenburg noch zur Primarstufe – schrittweise eingeführt. Seit dem Wintersemester 2003/04 gibt es schließlich den grundständigen Studiengang LER an der Universität Potsdam.

Die Brandenburgische Landesregierung trieb die Einführung von LER konsequent voran und stellte dabei auch eine Reihe von Hilfestellungen zur Unterstützung der Lehrkräfte bereit.[19] Dabei war sicherlich die nachhaltigste Maßnahme, einen hochkarätig besetzten wissenschaftlichen Beirat einzusetzen. Der Beirat versuchte, Fehlentwicklungen entgegenzuwirken, die sich in der Anfangsphase des Faches gezeigt hatten. Hierzu gehört besonders die starke Betonung der L-Dimension bis hin zum Therapieverdacht, der immer wieder geäußert wurde.[20] Um gegenzusteuern, entwickelte der wissenschaftliche Beirat eine Fachkonstruktion von LER, wonach die Dimensionen des Faches „Lebensgestaltung“, „Ethik“ und „Religionskunde“ jeweils als eigenständige „Basisstrukturen“ verstanden werden. Die Autoren definieren den Terminus wie folgt: „Basisstrukturen sind plausible Netze von grundlegenden Inhalten bzw. Handlungsweisen, die einen Wissensbereich bestimmen.“ (Edelstein et al., 2001, 77) Demnach kommt in LER die Eigenlogik verschiedener Wissensbereiche zum Tragen, wobei es sich im Kern um die Problemstellungen von Identität, Moral und Religion handelt. Dieser Vorschlag liegt in der Tradition des genetischen Strukturalismus von Piaget und Kohlberg. Er hat den Vorzug, den Ausgangspunkt von LER, die Lebensfragen von Kindern und Jugendlichen, ernst zu nehmen. Gleichzeitig werden diese Lebensfragen nach den drei genannten Gesichtspunkten ‚sortiert‘. Im Fokus des Faches LER stehen demnach Fragestellungen, die das Verhältnis

19 Die wichtigsten Begleitmaßnahmen habe ich gebündelt in Kenngott (2014) vorgestellt.

20 Dieser Vorbehalt begleitete LER über viele Jahre; das Manko wurde im zweiten Forschungsbericht von 2002 erneut konstatiert. Sabine Gruehn und Frauke Thebis verweisen u. a. darauf, dass es den Lehrerinnen und Lehrern häufig nicht gelinge, die religionskundliche Dimension in den LER-Unterricht zu integrieren. (Vgl. Gruehn & Thebis, 2002, 144f.)

des Menschen zu sich selbst, zu anderen und zu etwas Transzendentem betreffen.[21]

Die Themenstellungen, die in den folgenden Rahmenlehrplänen für das Fach LER formuliert wurden, sollten die Lebenswirklichkeit von Kindern und Jugendlichen treffen und die integrative Erarbeitung von den drei Dimensionen des Faches her ermöglichen.[22] Der Beirat erarbeitete unterschiedliche Integrationsmodelle (vgl. a.a.O., 95ff.), die in alle folgenden Rahmenlehrpläne Eingang fanden. Unterschiedliche Bestimmungen der in LER zu erwerbenden Kompetenzen liegen vor, werden allerdings von den Akteuren nicht einheitlich gehandhabt. Ich selbst plädiere für ein Kompetenzmodell, dem die Basisstrukturen zugrunde liegen. Daraus ergeben sich als Kompetenzen für die drei Dimensionen Selbstbestimmungskompetenz (L-Dimension), moralische Urteilskompetenz (E-Dimension) und hermeneutische Kompetenz (R-Dimension), sowie die Partizipationskompetenz, die sich aus dem wechselseitigen Zusammenspiel der Dimensionen ergibt. (Vgl. Kenngott, 2012; 2014) Hier steht im Zentrum, dass Menschen mit unterschiedlichen Vorstellungen von einem guten Leben, die sie in verschiedenen Lebensformen, säkularen und religiösen, zu verwirklichen suchen, in einer pluralen Gesellschaft zusammenleben müssen.[23]

Die Einführung von LER verlief alles in allem recht stringent, allerdings mehren sich in den letzten Jahren die Anzeichen für eine Vernachlässigung des Faches durch das Land Brandenburg. Am auffälligsten ist dieser Trend wohl beim Problem des fachfremden Unterrichts. Das Land setzte in den Anfangsjahren alles daran, jeglichen Eindruck zu vermeiden, dass LER von jeder Lehrkraft unterrichtet werden könne. Wer LER unterrichten wollte, musste das Fach in einem Erweiterungsstudiengang studieren; unterrichten

21 Ich habe in Kenngott (2014) an Beispielen gezeigt, wie sich diese Konzeption von Zugängen sowohl im Bereich des Philosophie-/Ethikunterrichts als auch des Religionsunterrichts unterscheidet.

22 Im ersten Rahmenlehrplan zu LER war die religionskundliche Dimension in einem Themenfeld zentriert, was zu dem Vorwurf führte, dass es sich nicht um integrativen Unterricht handle.

23 Als im Fach LER anzustrebende Kompetenzen werden im Rahmenlehrplan für die Sekundarstufe I „allgemeine Lebensgestaltungskompetenzen" ausgewiesen. (Vgl. Ministerium für Bildung, Jugend und Sport Land Brandenburg, 2008, 13) Unter die Lebensgestaltungskompetenzen werden nach nicht ersichtlichen Kriterien verschiedene Aspekte aus den drei Dimensionen des Faches subsummiert. Problematisch an dieser Vorgehensweise ist zweierlei: Alle im Bereich der schulischen Bildung Tätigen erhoffen sich von schulischer Bildung, dass sie etwas dazu beitragen mögen, dass Schülerinnen und Schüler lernen, ihr Leben eigenständig zu gestalten. Zu fragen wäre demnach, was genau welches Schulfach hierzu beizutragen vermag. „Lebensgestaltungskompetenzen" als Ziel eines Schulfaches zu benennen, ist deshalb gleichzeitig übergeneralisiert und unterkomplex. Die Kompetenzorientierung ist zu allgemein und zu wenig fachbezogen; gleichzeitig ist sie zu wenig strukturiert als dass sie eine das Lehren und Lernen im Fach LER orientierende Funktion einnehmen könnte.

durfte nur, wer das Grundstudium absolviert hatte. Zwischenzeitlich hat sich die Situation dramatisch verändert, denn die Zahl der fachfremd unterrichtenden Lehrkräfte ist im Schuljahr 2012/13 auf 2724 gestiegen und steht 3863 ausgebildeten Lehrkräften gegenüber. (Vgl. Landtag Brandenburg, 2013, 17) Gleichzeitig stiegen die Abmeldungen zum Religionsunterricht und liegen bei den Gymnasien bei 24,1 %. (Vgl. a.a.O., 10)

3 Gefährdungen und Potenzial staatlichen Religionsunterrichts

Der Stadtstaat Bremen und das Land Brandenburg wurzeln in verschiedenen Traditionen des Umgangs des Staates mit religiösen Fragen. Das hanseatische Bremen mit seiner bürgerschaftlichen Tradition hat mit dem Biblischen Geschichtsunterricht eine Strategie des kleinsten gemeinsamen Nenners im Hinblick auf strittige religionsbezogene Probleme verfolgt: Man einigt sich auf einen Minimalkonsens und klammert die Einzelfragen aus. Bremen hat mit dieser Vorgehensweise an Gedankengut aus der neuzeitlichen politischen Philosophie angeknüpft. Schon Thomas Hobbes hat es im „Leviathan" mit der berühmten Formel: „That Jesus is the Christ" – dem grundlegenden Glaubenssatz der christlichen Religion – so gehalten.[24] In Bremen war die Bibel das verbindende Element, auf das sich die streitenden Religionsparteien einigen konnten. Der moderne BGU ist freilich schon längst kein reiner Bibelunterricht mehr, sondern hat sich für vielfältige Themenstellungen geöffnet.

Brandenburg hingegen hat mit der Einführung und Durchsetzung von LER gegen alle Widrigkeiten an die preußische Toleranztradition angeknüpft, in welcher die Toleranz staatlich garantiert und gefordert war.[25] Zwar stammt die Idee des Reformprojekts Lebensgestaltung-Ethik-Religion aus der Bürgerrechtsbewegung der Wendezeit, aber die Brandenburgische Landesregierung machte sich das auf ein friedliches Zusammenleben zielende Projekt zu eigen und führte LER zügig und trotz starkem Gegenwind ein. Alles in allem ist die Geschichte von LER sehr viel geradliniger verlaufen als die des Biblischen Geschichtsunterrichts. LER ist ein im Großen und Ganzen anerkanntes

24 Thomas Hobbes schloss aus der Erfahrung des religiösen Bürgerkriegs in England, dass Glaube im Wesentlichen eine private Angelegenheit ist. Er relativierte den Zugriff des Souveräns auf den Glauben der Untertanen und legte ein Minimalbekenntnis fest, das er auf die berühmte Formel brachte: „Jesus ist der Christus". (Hobbes, 1992, 382f.)

25 Gemeint ist das Potsdamer Edikt von 1685, in dem Brandenburg sich für die in Frankreich verfolgten Hugenotten öffnete. Die Tradition der Toleranz ist in Brandenburg und Potsdam sehr lebendig, was sich bspw. an der Initiative „Tolerantes Brandenburg" und dem „Potsdamer Toleranzedikt" (hrsg. v. proWissen Potsdam e. V.) aus dem Jahre 2008 zeigt.

Fach mit einer klaren Fachkonzeption, den Biblischen Geschichtsunterricht gibt es unter diesem Namen ab dem Schuljahr 2014/15 nicht mehr, die weitere Entwicklung in Bremen zeichnet sich noch nicht klar ab.

Beide Projekte waren mit ihrer jeweiligen Fachgeschichte Ausdruck eines eigenwilligen selbstbestimmten Weges eines Bundeslandes im Hinblick auf den Religionsunterricht. Bremen erstritt die Ausnahmeregelung von den grundgesetzlichen Regelungen zum Religionsunterricht, die später „Bremer Klausel" genannt wurden, um den überkonfessionellen Bremer Weg der religiösen Bildung beibehalten zu können. Für Brandenburg war LER ein entscheidendes Moment der Selbstbestimmung eines ostdeutschen Bundeslandes, mit dem es nach der Wende auf eine völlig andere Ausgangslage im Bereich der Religionszugehörigkeit reagieren wollte. In Brandenburg gehörte nur ca. ein Fünftel der Bevölkerung einer Religionsgemeinschaft an. Damit unterschieden sich die Gegebenheiten im Land sehr deutlich vom eher volkskirchlich geprägten Westdeutschland. Mit dem Ziel, dass alle Schüler/innen religiöse Bildung erfahren sollten, wählte Brandenburg einen neuen Weg und setzte sich für das Reformprojekt aus der Wendezeit Lebensgestaltung-Ethik-Religion ein. Das Motto „Gemeinsam leben lernen" steht für den Brandenburger Weg der staatlich verordneten Toleranz.

Die Identifikation beider Bundesländer mit den jeweiligen Fächern war zu bestimmten Zeiten sehr hoch, denn beide Fächer stehen für eigenständige Lösungen, die politisch gegen die Mehrheitslösung des konfessionellen Religionsunterrichts durchgesetzt wurden. Trotz dieser Identifikation der beiden Bundesländer mit ihren jeweiligen Fächern ist auffällig, dass es Tendenzen zur Vernachlässigung gibt, die sicherlich in Bremen deutlich stärker ausgeprägt sind als in Brandenburg. Es scheint fast so, als sei der staatliche Religionsunterricht Konjunkturen unterworfen, die ihn in den Fokus rücken oder eben nicht. Solange die öffentliche Aufmerksamkeit aufgrund der hitzigen öffentlichen Debatte und des laufenden Verfahrens in Karlsruhe auf LER gerichtet war, war die Unterstützung, die das Land dem Fach gewährte, beeindruckend. In der Zwischenzeit ist LER relativ bedeutungslos. Die Abhängigkeit von solchen Aufmerksamkeitswellen des Politikbetriebes ist jedenfalls für die betroffenen Unterrichtsfächer hoch problematisch, weil sie offenbar eher als die ‚normalen' schulischen Fächer in eine Schieflage geraten. So können dann schnell, wie in Bremen, die Stunden für den BGU anderweitig verwendet werden oder brauchen nicht von Fachlehrkräften unterrichtet zu werden, wie in beiden Bundesländern. Das Bremer Laissez faire im Hinblick auf die Durchführung des Religionsunterrichts ist wohl beispiellos und könnte vielfach illustriert werden. Offenbar besteht die wohl problematischste Seite von Religionsunterricht in staatlicher Verantwortung in der alleinigen Abhängigkeit von der Aufmerksamkeit von Seiten der Politik.

Dennoch bieten beide Fächer durch den gemeinsamen Unterricht im Klassenverband Lösungen für zwei Problemlagen, die im konfessionellen Religionsunterricht nur schwer bearbeitet werden können: die steigende Zahl säkularer Schüler/innen und die zunehmende religiöse Pluralisierung. Letzteres führte angesichts eines hohen Anteils muslimischer Schüler/innen an der Schülerschaft in den vergangenen Jahren zur sukzessiven Einführung des islamischen Religionsunterrichts. Dies bedeutet freilich einerseits die Zunahme gesonderter Religionsunterrichte. Andererseits stellt sich die Frage, wie mit kleineren Religionsgemeinschaften umzugehen ist, die momentan keinen Religionsunterricht anbieten, deren Mitglieder im Prinzip jedoch ebenso wie die der großen Religionsgemeinschaften gerne einen eigenen Religionsunterricht in Anspruch nehmen würden. Religiöse Bildung für alle Schüler/innen im Klassenverband löst das Problem der Versäulung religiöser Bildung und bietet gleichzeitig die Möglichkeit zum Austausch im geschützten Raum der Schule. Die beiden Fächer waren in der Zeit ihrer Entstehung sicherlich keine Antworten auf die religiöse Pluralisierung westlicher Gesellschaften, aber sie gehen nun mit dem Pluralismus durch Unterricht im Klassenverband um. Der Gedanke „Gemeinsam leben lernen" aus dem Grundsatzpapier zu LER bringt eine wichtige Einsicht zum Ausdruck: dass die Schule eine Art Labor des Zusammenlebens ist. Sie ist ein Platz, in dem eingeübt werden kann – und zwar unter den Vorzeichen des Zuhörens und der Reflexion –, was von allen Menschen in einer pluralen Gesellschaft erwartet wird: Toleranz gegenüber Lebensentwürfen, die nicht mit den eigenen übereinstimmen.

Die vielleicht noch entscheidendere Konsequenz aus dem gemeinsamen Unterricht ist, dass alle Schüler/innen religiöse Bildung erfahren, auch wenn sie keinen religiösen Hintergrund haben. Diese Überlegung war einer der Leitgedanken bei der Einführung von LER: die Dimension des Religiösen sollte nicht länger aus dem Kanon der schulischen Fächer ausgeschlossen sein. Sie ist auch dann bedeutsam, wenn Menschen sich selbst nicht als religiös betrachten. Diese zentrale Einsicht ist der Einführung von LER im religiös desinteressierten Ostdeutschland zu verdanken. So ist der Staat zwar nicht dafür zuständig, ob und in welcher Weise sich die Bürger/innen, auch die zukünftigen, religiös orientieren. Er ist aber dafür zuständig, dass sich die Bürger/innen gebildet mit Religion und Religionslosigkeit, der eigenen und der der anderen, auseinandersetzen können.

4 Literatur

Birthler, M. (2008) *Festrede zum fünfjährigen Bestehen des Studiengangs LER.* Verfügbar unter: www.uni-potsdam.de/db/ler/getdata.php?ID=58 [09.04.2014].

Böckenförde, E. W. (1976) Die Entstehung des Staates als Vorgang der Säkularisation, in: E. W. Böckenförde (Hrsg.) *Staat, Gesellschaft, Freiheit, Studien zur Staatstheorie und zum Verfassungsrecht* (Frankfurt a. M., Suhrkamp), 42–114.

Bremische Bürgerschaft (2005) Mitteilung des Senats vom 6. Dezember 2005, in: *Drucksache 16/823*. Verfügbar unter: www.bremische-buergerschaft.de/drucksachen/143/2864_2.pdf [09.04.2014].

Bremische Bürgerschaft (2009) Mitteilung des Senats vom 2. Juni 2009, in: *Drucksache 17/815*. Verfügbar unter: www.bremische-buergerschaft.de/drs_abo/Drs-17-815_4d7.pdf [09.04.2014].

Brugger, W. (2007) Von Feindschaft über Anerkennung zur Identifikation. Staat-Kirche-Modelle und ihr Verhältnis zur Religionsfreiheit, in: H. Joas & K. Wiegandt (Hrsg.) *Säkularisierung und die Weltreligionen* (Frankfurt a. M., Fischer), 253–283.

Edelstein, W., Grözinger, K. E., Gruehn, S., Hillerich, I., Kirsch, B., Leschinsky, A., Lott, J. & Oser, F. (2001) *Lebensgestaltung – Ethik – Religionskunde. Zur Grundlegung eines neuen Schulfachs. Analysen und Empfehlungen* (Weinheim, Basel, Beltz).

Ergüven, D. (2013) *Die Bedeutung des Bremer Religionsunterrichts bei der Konstruktion religiöser Identitäten muslimischer Jugendlicher* (Unveröffentlichte Masterarbeit, Universität Bremen).

Freie Hansestadt Bremen (1947) Verfassung vom 21. Oktober 1947, in: *Verfassungen Bremens*. Verfügbar unter: www.verfassungen.de/de/hb/bremen47-index.htm [09.04.2014].

Gruehn, S. & Thebis, F. (2002) *Lebensgestaltung – Ethik – Religionskunde. Eine empirische Untersuchung zum Entwicklungsstand und zu den Perspektiven eines neuen Unterrichtsfachs* (Potsdam, Ministerium für Bildung, Jugend und Sport).

Hannemann, T. & Döbler, M. (2013) Der Biblische Geschichtsunterricht in Bremen. Historische und rezente Kontexte, in: Institut für Religionswissenschaft und Religionspädagogik (Hrsg.) *Religionspädagogik zwischen religionswissenschaftlichen Ansprüchen und pädagogischen Erwartungen* (Bremen, Universität Bremen), 105–134. Verfügbar unter: elib.suub.uni-bremen.de/edocs/00103350-1.pdf [09.04. 2014].

Hillerich, I. (2003) Bildungspolitik und Religion: Die Diskussion um das Schulfach LER in Brandenburg, in: M. Brocker, H. Behr & M. Hildebrandt (Hrsg.) *Religion – Staat – Politik. Zur Rolle der Religion in der nationalen und internationalen Politik* (Wiesbaden, Westdeutscher Studienverlag), 199–220.

Hobbes, T. (1992) *Leviathan oder Stoff, Form und Gewalt eines kirchlichen und bürgerlichen Staates*, hrsg. u. eingel. v. I. Fetscher (Frankfurt a. M., Suhrkamp).

Huber, W. (1996) Wenn der Staat selbst die Wertevermittlung in die Hand nimmt. Die Staatsdistanz der Vorwendezeit und die erstaunliche Staatsgläubigkeit heute, in: *Frankfurter Rundschau* [FR] 22 vom 26.01.1996, 18.

Kenngott, E.-M. (2012) Wozu Religion in der Schule? Religionskunde im Schulfach LER, in: E.-M. Kenngott & L. Kuld (Hrsg.) *Religion verstehen lernen. Neuorientierungen religiöser Bildung* (Münster, LIT), 60–79.

Kenngott, E.-M. (2014) Lebensgestaltung – Ethik – Religionskunde in Brandenburg, in: B. Schröder (Hrsg.) *Religionsunterricht – wohin? Modelle seiner Organisation und didaktischen Struktur* (Neukirchen-Vluyn, Neukirchener), 57–71.

Land Brandenburg (2002) *Gesetz über die Schulen im Land Brandenburg*. Verfügbar unter: www.bravors.brandenburg.de/sixcms/detail.php?gsid=land_bb_bravors_01.c.47195.de#11 [09.04.2014].

Landesinstitut für Schule Bremen (Hrsg.) *Rahmenplan Biblische Geschichte – Primarstufe*. Verfügbar unter: www.lis.bremen.de/sixcms/media.php/13/02-06-25_Biblische_Geschichte_P.pdf [09.04.2014].

Landtag Brandenburg (2013) Antwort auf die kleine Anfrage 3191 der Abgeordneten Gerrit Große der Fraktion DIE LINKE, in: *Drucksache 5/8299.* Verfügbar unter: gerrit-grosse.de/aktuelles/aaka/8299.pdf [09.04.2014].

Leschinsky, A. (1996) *Vorleben oder Nachdenken? Bericht der wissenschaftlichen Begleitung über den Modellversuch zum Lernbereich „Lebensgestaltung – Ethik – Religion"* (Frankfurt a. M., Moritz Diesterweg).

Link, C. (1979) Die Rechtsnatur des bremischen „Unterrichts in Biblischer Geschichte auf allgemein christlicher Grundlage" (Art. 32 Brem.Verf.) und die sich daraus für die religionspädagogische Ausbildung im Lande Bremen ergebenden Konsequenzen, in: *Zeitschrift für evangelisches Kirchenrecht 24,* 54–111.

Lott, J. (2013) Religionspädagogik im Kontext von Veränderungen in Gesellschaft, Kultur und Religion: Biographisch vermittelte Anmerkungen und Schlussfolgerungen, in: Institut für Religionswissenschaft und Religionspädagogik (Hrsg.) *Religionspädagogik zwischen religionswissenschaftlichen Ansprüchen und pädagogischen Erwartungen* (Bremen, Universität Bremen), 1–21. Verfügbar unter: elib.suub.uni-bremen.de/edocs/00103350-1.pdf [09.04.2014].

Lott, J. & Schröder-Klein, A. (2007) Religion unterrichten in Bremen, in: *Theo-Web. Zeitschrift für Religionspädagogik 6* (1), 68–79. Verfügbar unter: www.theo-web.de/zeitschrift/ausgabe-2007-01/7.pdf [09.04.2014].

Ministerium für Bildung, Jugend und Sport Land Brandenburg (Hrsg.) (2008) *Rahmenlehrplan für die Sekundarstufe I. Lebensgestaltung-Ethik-Religionskunde.* Verfügbar unter: www.bildungsserver.berlin-brandenburg.de/fileadmin/bbb/unterricht/rahmenlehrplaene_und_curriculare_materialien/sekundarstufe_I/2008/Lebensgestaltung%20Ethik%20Religionskunde-RLP_Sek.I_2008_B.pdf [09.04.2014].

Poscher, R. (2006) *Gutachten zur Rechtsnatur des Unterrichts in Biblischer Geschichte auf allgemein christlicher Grundlage nach Art. 32 Brem.Verf. und den bekenntnismäßigen Anforderungen an seine Lehrkräfte.* Verfügbar unter: www.rpi-virtuell.net/workspace/A0D3C0C8-E601-4C97-9DDA-A886559FA444/ver%C3%B6ffentlichte%20ordner/biblischer%20geschichtsunterricht/mehr%20dazu...pdf [09.04.2014].

proWissen Potsdam e. V. (2008) *Potsdamer Toleranzedikt. Für eine offene und tolerante Stadt der Bürgerschaft* (Potsdam, Druckerei Christian & Cornelius Rüss). Verfügbar unter: www.potsdamer-toleranzedikt.de/files/potsdamer-toleranzedikt.pdf [09.04.2014].

Rothgangel, M. (2006) Religionspädagogisches Gutachten zur Erteilung des „Unterrichts in Biblischer Geschichte auf allgemein christlicher Grundlage" durch Mitglieder nichtchristlicher Religionsgemeinschaften, in: *Theo-Web. Zeitschrift für Religionspädagogik 5* (1), 39–64. Verfügbar unter: www.theo-web.de/zeitschrift/ausgabe-2006-01/Rothgangel-Gutachten-Bremen-END2.pdf [09.04.2014].

Spieß, M. (1992) Religionsunterricht oder nicht? Der biblische Geschichtsunterricht im Land Bremen, in: J. Lott (Hrsg.) *Religion – warum und wozu in der Schule?* (Weinheim, Deutscher Studienverlag), 81–102.

Stock, M. (2005) *Religionsunterricht in Bremen – Probleme und Chancen in bildungsrechtlicher Sicht.* Verfügbar unter: reli-bremen.de/pdf-dateien-reli/Martin Stock-Brem-RU-2.pdf [09.04.2014].

Willems, J. (2012) Interreligiöses Lernen im Berliner Religions-, Weltanschauungs- und Ethikunterricht, in: *Theo-Web. Zeitschrift für Religionspädagogik 11* (2), 51–80. Verfügbar unter: www.theo-web.de/zeitschrift/ausgabe-2012-02/08.pdf [09.04.2014].

Stricken ohne Wolle? Bekenntnisunabhängiger Religionsunterricht im Rahmen des Schweizer Sachunterrichts[1]

Dominik Helbling

Die Metapher, die diesem Beitrag seinen Titel gab, hat Bernhard Dressler in einem Artikel eingebracht, worin er die Rückbesinnung auf zentrale Zielsetzungen des Religionsunterrichts eingefordert hat: „Angesagt ist der didaktische Abschied vom ‚Stricken ohne Wolle', vom Religionsunterricht als inhaltlich leer laufendem Meta-Diskurs. In gewissem Sinne also plädiere ich für ein ‚Zurück zur Sache', ohne dass das als Zurück zum stofflich-materialen Kanon oder als Zurück zum Kerygma in der Schule missverstanden werden darf." (Dressler, 2005, 59) Im Kontext der Frage nach Kompetenzerwerb und Standardsetzungen verlangt Dressler ein Ende der thematischen Verzettelung oder gar der Moralisierung des Religionsunterrichts.[2] Demgegenüber sieht er dessen Ziel darin, dass Religion als Weltzugang mit eigener Rationalitätsform begriffen wird und versteht sie als „eine Kultur symbolischer Kommunikation" im Umgang mit dem Unverfügbaren. Der Kern religiöser Bildung wäre der Erwerb von Differenzkompetenz als ein Bewusstsein für die Begrenztheit fachlicher Perspektiven und gegen ideologische Deutungshoheiten durch diese sowie die Notwendigkeit verschiedener fachlicher Perspektiven zur Erschließung der Welt. Religiöse Bildung hätte die Aufgabe, den Perspektivenwechsel einzuüben und die Fähigkeit, die „Sprachspiele" angemessen anzuwenden. Das Referenzsystem dazu sei gelebte Religion in Gestalt einer bestimmten Religion.

Diesem Plädoyer kann ich mich aus schweizerischer Perspektive in weiten Teilen anschließen. Das Ziel dieses Beitrags ist, die Unterschiede bzw. die Spezifika im sich anbahnenden deutschschweizerischen Konzept des schulischen Religionsunterrichts darzulegen und diesen Ansatz zu begründen. Dabei spielen das Bildungsverständnis, das Referenzsystem und damit die Frage der Bekenntnisunabhängigkeit sowie der didaktische Ansatz eine wesentliche Rolle. Letzteres sei als religionskundlicher Unterricht bezeichnet,

1 Der Artikel basiert auf einem Referat gleichen Titels, den ich am 08.01.2013 im Rahmen der Vortragsreihe „Religionsunterricht im Umbruch" in Bremen gehalten habe. Der Vortragsstil wurde über weite Teile beibehalten. Ich danke meiner studentischen Hilfskraft, Frau Didem Inik, für die Vorbereitungsarbeiten zu dieser Veröffentlichung.

2 Vergleiche auch den Beitrag Dresslers in diesem Band (31–45).

der von religionspädagogischer Seite zuweilen auch als „blutleer“ apostrophiert wird, was m. E. dem unterrichtlichen Geschehen keinesfalls gerecht wird. In diesem Beitrag versuche ich darzustellen, wie ein „Zurück zur Sache“ im bildungspolitischen Kontext der Schweiz vorstellbar ist, ohne in die Fallen des stofflich-materialen Kanons und des Kerygmas zu treten. Anlass zu diesen Überlegungen bildet ein Projekt mit Namen Lehrplan 21, in dem sich einundzwanzig Kantone auf gemeinsame Zielsetzungen in der Volksschule einigen und zu dem ein religionskundlich ausgerichtetes Curriculum gehört. Ich möchte nun der Frage nachgehen, welche bildungsbezogen Kompetenzen zu Religion sich Schüler/innen an der öffentlichen Schule in einer pluralistischen Gesellschaft aneignen sollen und aus welchen Gründen. Dazu ist es zunächst nötig, sich einige Merkmale des Bildungssystems in der Schweiz vor Augen zu führen.

1 Bildungspolitische Ausgangslage

In der Schweiz besteht eine neunjährige Schulpflicht, das Recht auf kostenlosen Volksschulbesuch ist in der Verfassung garantiert. In den meisten Kantonen wird zusätzlich ein zweijähriger Kindergarten angeboten, der einen klar bildungsbezogenen Ansatz verfolgt und deshalb ebenfalls zur Volksschule zählt. Die Verantwortung zur Ausgestaltung der Schule liegt traditionell bei den Kantonen und den politischen Gemeinden, was aufgrund einer fehlenden landesweiten Gesetzgebung erhebliche Unterschiede zwischen den Kantonen zeitigt. Dies kann dazu führen, dass eine Familie, die beim Umzug zufällig eine Kantonsgrenze überschreitet, einen obligatorischen oder einen freiwilligen Kindergarten, eine fünf- statt sechsjährige Grundschule, Englisch statt Französisch als ersten Fremdsprachunterricht, ein Kurz- statt ein Langzeitgymnasium antrifft usw. Die Nachteile des kleinräumigen föderalistischen Systems der Schweiz sind hier einigermaßen gravierend. Auf einer Fläche, die nicht ganz an jene Niedersachsens heranreicht, finden sich sechsundzwanzig verschiede Volksschulsysteme, ungefähr dreißig Lehrpläne in vier verschiedenen Sprachen und eine Lektionendifferenz zwischen den Kantonen, die im Extremfall ein volles Jahr ausmacht. Angesichts dieses Wildwuchses haben die Stimmberechtigten 2006 mit einem erstaunlichen Resultat von 86 % einem Bildungsartikel zugestimmt, einem Verfassungsartikel (Art. 61) also, der dem Bund die Kompetenz überträgt, das Bildungssystem zu harmonisieren.

Der föderalismusbedingte Flickenteppich zeigt sich auch in Bezug auf das Thema Religion an der öffentlichen Schule. Derzeit existieren – grob zusammengefasst – drei verschiedene Grundtypen des Religionsunterrichts (Überblick bei Kilchsperger 2007, 199–205):

- Der Religionsunterricht wird kooperativ von Staat und Kirchen verantwortet.
- Der Religionsunterricht wird ausschließlich von den Kirchen verantwortet.
- Der Religionsunterricht wird ausschließlich vom Staat verantwortet.

Zwar wird in den meisten Kantonen Religionsunterricht erteilt, oft jedoch nicht im Rahmen des offiziellen Curriculums, sondern als konfessioneller Religionsunterricht mit Gastrecht der Kirchen an der Schule, denen dafür in den kantonalen Gesetzgebungen Raum und Zeit zugesichert wird. Parallel dazu gab es – und gibt es in wenigen Kantonen bis heute, worin sich eine Parallele zum Bundesland Bremen zeigt – ein Fach mit der Bezeichnung „Biblische Geschichte".[3] Bei der Gründung des Bundesstaates im Jahr 1848 – im teilweise religiös motivierten Sonderbundskrieg hatten sich traditionell katholische und reformierte Kantone gegeneinander aufgerieben – bildete „Biblische Geschichte" zugleich den religionspolitischen und religionspädagogischen Minimalkonsens, der es ermöglichte, dass katholische und reformierte Kinder dieselbe Schule besuchen konnten, ohne das öffentliche Bildungssystem konfessionell zu zersplittern (was in einigen Landesteilen dennoch nicht verhindert werden konnte).

Wo es rein staatlich verantworteten Religionsunterricht gibt, tritt er in Form von Biblischer Geschichte oder als Religionskunde auf, teils integriert in den Sachkundeunterricht. Seit Mitte der 1990er-Jahre haben verschiedene Kantone Bestrebungen unternommen, einen religionskundlich orientierten Unterricht in staatlicher Verantwortung zu etablieren, teilweise in Kombination mit Ethik (was nicht zu verwechseln ist mit der Moralisierung von Religion oder deren Verständnis als sozialer Kitt). Gemeinsame Merkmale dieser Fächer sind, dass sie bekenntnisunabhängig angelegt sind und sich an alle Schüler/innen richten. Der Unterricht ist verpflichtend, es existiert keine Abwahlmöglichkeit. Betrachtet man die dazugehörigen kantonalen Lehrpläne, so ist festzustellen, dass sie sich in Ansatz, Zielen und Inhalten weitgehend decken und einen konsequenten Abschied vom Konzept der „Kirche an der Schule" darstellen. Vielmehr hat die öffentliche Schule in diesen Kantonen den bildungspolitischen Auftrag übernommen, in einer weltanschaulich pluralistischen Gesellschaft Orientierung zu ermöglichen und einen konstruktiven Umgang mit dieser religiösen Pluralität zu erlernen, derweil konfessionelle Bildungsangebote der Kirchen – seien sie mehr unterrichtlicher oder mehr katechetisch-erlebnishafter Art – als komplementär zu verstehen sind. Diese kantonalen Ansätze bilden nun den Hintergrund für die aktuellen Entwicklungen in der Schweiz. (Vgl. Helbling, Jakobs, Kropač & Leimgruber, 2013)

---

3 Ob eine historische Verbindung zwischen den Fächern in der Schweiz und in Bremen existiert, ist noch nicht geklärt. (Vgl. dazu Spieß, 2014, Anm. 5)

2 Religion im Lehrplan 21

Mit dem erwähnten Verfassungsartikel wurde dem Bund die Kompetenz gegeben, die Schulsysteme der Kantone stärker zu harmonisieren. Zwei Projekte sind seither von den Bildungsdirektorinnen und -direktoren in Angriff genommen worden: Beim Projekt Harmos wird – basierend auf einem Konkordat – die Harmonisierung der Schulstrukturen angestrebt, insbesondere was den Aufbau der Schule, das Schuleintrittsalter, den Sprachenunterricht, die Ziele sowie die Blockzeiten und Tagesstrukturen betrifft.[4] Das zweite Projekt strebt einen gemeinsamen sprachregionalen Lehrplan für die deutschsprachige Schweiz an.[5] Unter dem Label „Lehrplan 21" beteiligen sich 21 deutsch- oder mehrsprachige Kantone an dem ersten und nunmehr sprachregionalen Lehrplan für das 21. Jahrhundert, indem die Ziele der Volksschule in allen Fächern in Form von zu erarbeitenden Kompetenzen beschrieben werden.

Der für unsere Diskussion relevante Fachbereich trägt die Bezeichnung „Natur-Mensch-Mitwelt". An diesem Fachbereich haben insgesamt zwölf Lehrpersonen aus Primar- und Sekundarschule sowie zwölf an pädagogischen Hochschulen wirkende Fachdidaktikerinnen und Fachdidaktiker unterschiedlicher Fächer gearbeitet. Die Herausforderung bestand einerseits darin, fachliche Ansprüche für die Praxis verständlich und realistisch zu formulieren und andererseits einen konsistenten Zugang zur Welt zu entwerfen.

Der Fachbereich wird von zwei verschiedenen Systematiken bestimmt. Fachlich umfasst er vier verschiedene Perspektiven:

- Natur und Technik
- Räume, Zeiten, Gesellschaften
- Wirtschaft, Arbeit, Haushalt
- Ethik, Religionen, Gemeinschaft

Die vier Perspektiven repräsentieren nicht in erster Linie thematische Kanones sondern bestimmte Zugänge zur Welt. Im 3. Zyklus[6] entsprechen diese vier Perspektiven vier Fächern mit eigenem Profil, im 1. und 2. Zyklus

---

4 Vgl. dazu www.edk.ch/dyn/11659.php [13.10.2014].

5 Vgl. dazu www.lehrplan.ch [13.10.2014]. Die französischsprachige Schweiz verfügt bereits seit 2010 über einen sprachregionalen Lehrplan. Vgl. dazu www.plandetudes.ch [13.10.2014]. Der Lehrplan der italienischsprachigen Schweiz befindet sich in Überarbeitung und soll 2014 erscheinen. (Vgl. dazu www4.ti.ch/decs/ds/harmos/gruppi-di-lavoro/revisione-dei-piani-di-studio/ [13.10.2014])

6 Der 1. Zyklus umfasst die zwei Jahre des beschriebenen Kindergartens sowie die beiden ersten Schuljahre, der 2. Zyklus die darauffolgenden 4 Schuljahre, der 3. Zyklus die Sekundarstufe, was eine theoretische Altersspanne von 4–8, 9–12, 13–15 ergibt.

bilden sie Perspektiven einer integrativen Didaktik des Sachunterrichts, wie sie auch der Perspektivenrahmen der Gesellschaft für die Didaktik des Sachkundeunterrichts GDSU (vgl. GDSU, 2005, insbesondere 10–12) erarbeitet hat, worin der Bereich Religion aufgrund der Tradition des Religionsunterrichts und die Perspektive Wirtschaft, Arbeit, Haushalt allerdings unterbestimmt bleiben.

Die zweite Systematik bilden die so genannten Handlungsaspekte, die hier als Kompetenzmodell bezeichnet sein sollen. Damit werden die vier Perspektiven unter einem gemeinsamen Fokus gestellt, was angesichts der unterschiedlichen didaktischen Traditionen in den Fächern eine große Herausforderung ist. Dieses Kompetenzmodell umfasst vier Aspekte:

- Die Welt wahrnehmen.
- Sich die Welt erschließen.
- Sich in der Welt orientieren.
- In der Welt handeln.

Auf dieser Grundlage wurde in den einzelnen Perspektiven der Aufbau der jeweiligen Kompetenzen beschrieben und durch einen Katalog von Handlungsaspekten präzisiert. (vgl. D-EDK, 2013a, 12) Der Charme dieses Kompetenzmodells liegt in seinem integrativen Charakter, in der alltagsnahen Formulierung und der hohen Funktionalität als hermeneutischer Schlüssel für Lernprozesse im Umgang mit der Welt. Sein Nachteil, dass es sich nicht spezifisch auf die einzelnen Perspektiven bezieht, wird in den Kompetenzaufbauten ausgeglichen. Um den Ansatz zu veranschaulichen, bleiben wir vorerst im 1. und 2. Zyklus, worin die vier Perspektiven in zwölf Kompetenzbereichen zur Geltung kommen, wobei einige stärker perspektivisch, andere mehrperspektivisch ausgerichtet sind: (vgl. D-EDK, 2013b, passim)

- Identität, Körper, Gesundheit – sich Sorge tragen
- Tiere, Pflanzen und ihre Lebensräume erkunden, Natur erhalten und gestalten
- Stoffe, Energie und Bewegungen beschreiben, untersuchen und nutzen
- Phänomene der belebten und unbelebten Natur erforschen und erklären
- Technische Entwicklungen und Umsetzungen erschließen, einschätzen und anwenden
- Konsum und Lebensstil gestalten, Produktions- und Arbeitswelten erkunden
- Lebensweisen und Lebensräume von Menschen erschließen und vergleichen
- Menschen nutzen Räume – sich orientieren und mitgestalten
- Zeit, Dauer und Wandel verstehen – Geschichte und Geschichten unterscheiden
- Gemeinschaft und Gesellschaft – Zusammenleben gestalten und sich engagieren
- Grunderfahrungen, Werte und Normen erkunden und reflektieren
- Religionen und Weltsichten begegnen

So handelt es sich z. B. beim ersten Kompetenzbereich „Identität, Körper, Gesundheit. Sich Sorge tragen“ um einen mehrperspektivischen Kompetenzbereich, der psychologische, salutogenetische, anatomische und Genderaspekte vereint. Demgegenüber wäre der zweite Kompetenzbereich „Tiere, Pflanzen und ihre Lebensräume erkunden, Natur erhalten und gestalten“ deutlich perspektivisch ausgerichtet. Die Perspektive „Ethik-Religionen-Gemeinschaft“ ist in den Kompetenzbereichen 1, 7, 10, 11, 12 vertreten. In den Kompetenzbereichen 1, 7 und 10 bildet das soziale Lernen den Schwerpunkt; im Kompetenzbereich 11 bildet der Schwerpunkt das philosophische Denken und das ethische Lernen und im Kompetenzbereich 12 das religionskundliche Lernen. Dieser letzte Kompetenzbereich soll im Folgenden näher betrachtet werden.

Für die Religionskunde – also den Kompetenzbereich 12 – wurden fünf Kompetenzen formuliert: (Vgl. D-EDK, 2013b, 49–51) Schüler/innen können

- religiöse Traditionen und Vorstellungen im Alltag, in kulturellen Spuren und im gesellschaftlichen Leben identifizieren.
- Inhalt, Sprachform und Gebrauch religiöser Texte erläutern.
- religiöse Handlungen und Symbole im lebensweltlichen Kontext erläutern.
- Festtraditionen charakterisieren und kulturell einordnen.
- sich in der Vielfalt religiöser Traditionen und Weltanschauungen orientieren und verschiedene Überzeugungen respektieren.

Die Kompetenzen sind auf der einen Seite so formuliert, dass sie den fachlichen Anforderungen entsprechen, andererseits war der lebensweltliche Kontext der Schüler/innen bestimmend für die Auswahl und Akzentuierung der Kompetenzbereiche. So rekurriert der 1. Kompetenzbereich auf sichtbare religiöse Phänomene, der 2. auf das Verständnis religiöser Sprachtraditionen und deren Verwendung, der 3. auf Lebensübergänge und die Strukturierung des Alltags, der 4. auf Feste, wie sie in unserer Gesellschaft wahrnehmbar sind und der 5. auf den kompetenten Umgang mit religiöser Pluralität. Wie diese Zielformulierungen bildungstheoretisch legitimiert sind, soll im Folgenden begründet werden.

3 Religion im Kontext allgemeiner Bildungsziele

Eine Diskussion älteren Datums dreht sich um die Frage, was Religionsunterricht zu allgemeiner Bildung beizutragen hat, wobei eine Begründungs- und eine Zieldimension zu unterscheiden sind. Immer wieder wurden sowohl in Deutschland als auch in der Schweiz eine kulturgeschichtliche, eine anthropologische, eine funktionale und eine ideologiekritische Begründung ins Feld geführt, meist mit Rekurs auf den Synodenbeschluss der Deutschen Bischöfe „Der Religionsunterricht in der Schule“. (Sekretariat DBK, 1974)

Der nachkonziliäre Geist der 1970er-Jahre und der verfassungsmäßige Schutz des Religionsunterrichts haben in den letzten Jahren allerdings zunehmend an Argumentationskraft eingebüßt: Der Säkularisierungsprozess hat die selbstverständliche Bestimmungshoheit der beiden großen christlichen Kirchen stark relativiert; der Traditionsabbruch hat das Bedürfnis der Menschen nach konfessioneller Bildung verringert; die weltanschauliche Pluralisierung würde zu einer Fragmentierung der Schüler/innenschaft führen, würde man für jede Konfession oder Religionsgemeinschaft ein eigenes Angebot an der öffentlichen Schule errichten (die organisatorischen Herausforderungen nicht mitgerechnet). Alle drei gesellschaftlichen Prozesse führen zu einem Mangel an Kompetenz im Umgang mit weltanschaulichen Fragen, sofern die Schule nicht ein Angebot bereithält, das sich an alle Schüler/innen richtet. Erst kürzlich hat Ulrich Kropač die klassischen Begründungen einer kritischen Relektüre unterzogen, sie akzentuiert und zu fünf Argumenten erweitert (vgl. Kropač, 2013):

- Das religionskulturelle Argument: Nicht nur die Geschichte von Kultur und Gesellschaft sind von Religion – für Mitteleuropa insbesondere durch das westliche Christentum – geprägt, sondern auch die Gegenwart mit ihrer Vielfalt der Religionen und der mannigfaltigen Inszenierungen und Zitationen.
- Das anthropologische und bildungstheoretische Argument: Für „große Fragen", die sich in verdichteten Lebenssituation und gesellschaftlichen Herausforderungen zeigen, bieten Religionen Deutungsoptionen in einer eigenen Rationalitätsform, von denen gelernt werden kann. Religion soll als eigener Weltzugang verstanden werden
- Das funktionale Argument: Religion kann eine ethische Ressource für eine Gesellschaft sein, die sich längst aus dem Bestimmungszwang ebendieser Religion gelöst hat. Das Ethos der verschiedenen Religionen kann einen Beitrag leisten zur Humanisierung der Gesellschaft.
- Das zivilisatorische Argument: Gleichzeitig ist die Ideologiefanfälligkeit von Religionen ein bekanntes Phänomen, was nicht verschwiegen, sondern im Gegenteil unterrichtlich bearbeitet werden soll.
- Das ideologiekritische Argument: Religionen eignet ein ideologiekritisches Wesen, das Machbarkeitswahn und Menschenfeindlichkeit den Spiegel vorhält.

Diese fünf Begründungen korrespondieren mit Herausforderungen, die im Kontext einer pluralistischen Gesellschaft an uns herantreten. Zunächst gilt es, diese Vielfalt überhaupt zu verstehen und auszuhalten, auch in ihren Ambivalenzen und Ambiguitäten, was neben Sachkenntnis die Fähigkeit zur Differenzverträglichkeit (vgl. Saner, 2002; 2003) notwendig macht. In dieser unübersichtlichen Situation haben die Menschen nicht in geringerem, sondern in höherem Maße ein Bedürfnis nach Orientierung. Anspruchsvoller ist diese Aufgabe jedenfalls geworden. Zwar kann es nicht

Sache der Schule sein, die Laufrichtung vorzugeben, was vielmehr Aufgabe von Familien und Religionsgemeinschaften ist. Vielmehr wäre es ihre Aufgabe, die Landkarte auszubreiten. Und zu guter Letzt erwächst aus der Situation weltanschaulicher Pluralisierung die Anforderung, ein gedeihliches Zusammenleben aller zu fördern, indem Teilhabe ermöglicht wird, die auf den Säulen von Gleichberechtigung, Würde und Akzeptanz steht. Die Beschreibung dieser Herausforderungen ist nicht akademischer Selbsterhaltung geschuldet, diesen Herausforderungen begegnen auch Jugendliche und junge Erwachsene (vgl. Helbling, 2010), in wenig geringerem Maße sicherlich auch Kinder.

Diese Überlegungen zeigen erst das „Warum", also die Begründungsdimension, nicht jedoch das „Wozu", also die Zieldimension an. Hans Werner Heymann hat in einer bemerkenswerten Einleitung zum Verhältnis von Fachdidaktik und Allgemeinbildung sieben Kriterien formuliert, denen Fächer genügen müssen, um den Anspruch auf Allgemeinbildung erheben zu können: Lebensvorbereitung, Stiftung kultureller Kohärenz, Weltorientierung, Anleitung zum kritischen Vernunftgebrauch, Entfaltung von Verantwortungsbereitschaft, Einübung in Verständigung und Kooperation, Stärkung des Schüler-Ichs (vgl. Heymann, 1997, 7–17). Ein bekenntnisunabhängiger Religionsunterricht, wie er eingangs im Zusammenhang mit dem Lehrplan 21 beschrieben worden ist, vermag diesen Kriterien durchaus zu entsprechen (vgl. Schmid, 2011, 25–30; vgl. Helbling, 2012, 139–140). Die Erfahrung, dass Weltzugänge vereinnahmt werden, um Deutungshoheit über die Welt zu beanspruchen, zeigt, wie wichtig die Anleitung zum kritischen Vernunftgebrauch in Form von Differenzkompetenz ist.

Religion als Gegenstand der öffentlichen Schule muss allerdings nicht nur seine Bildungsrelevanz, sondern auch seine Anschlussfähigkeit an die pädagogische Diskussion ausweisen. Ein solches pädagogisches Paradigma bildet aktuell die Kompetenzorientierung. Die Diskussion hat in den letzten Jahren die Religionspädagogik erreicht und beschäftigt, woraus zahlreiche Kompetenzmodelle entstanden sind. Dabei ist festzustellen, dass der didaktische Ansatz des Religionsunterrichts und die damit zusammenhängende Organisationsform die Kompetenzmodelle mitbestimmen (vgl. z. B. Kirchliche Richtlinien, 2004; Fischer & Elsenbast, 2006; Benner, Schieder, Schluß & Willems, 2011). Woraus zu schließen ist, dass die Art des Kompetenzmodells letztlich eine bildungspolitische Entscheidung ist, die mit Blick auf die Frage „Was soll der Religionsunterricht leisten und was kann er nicht leisten" zu fällen ist. Organisationsform, didaktischer Ansatz und Kompetenzmodell müssen kohärent sein, wobei gleichzeitig zu fragen ist, welche Möglichkeiten man sich dadurch verbaut. Aus diesem Grund habe ich vor einigen Jahren versucht, ein Kompetenzmodell zu formulieren, das die Organisationsform des Religionsunterrichts nicht vorwegnimmt, sondern nachordnet.

> „Religiöse Kompetenz ist zu verstehen als selbstbestimme Handlungsfähigkeit im Kontext religiöser Pluralität und beinhaltet, den eigenen religiösen Hintergrund sowie den von anderen bewusst verantwortet wahrzunehmen, sich darin zu orientieren und sich mit anderen darüber zu verständigen.“ (Helbling, 2010, 133)

Vergleicht man dieses Kompetenzmodell mit jenem aus dem Fachbereich Natur-Mensch-Gesellschaft aus dem Lehrplan 21 so ist die Anschlussfähigkeit augenfällig, wobei zu vermerken ist, dass ersteres zeitlich vor dem Lehrplan 21 entwickelt worden ist. Dass die beiden Kompetenzmodelle kompatibel sind, verhindert nicht nur einen religionspädagogischen Sondergang mit sprachlicher Ghettoisierung, sondern ermöglicht gerade die Diskussion rund um den Kompetenzerwerb mit anderen Fächern sowie den Diskurs um die Funktion von schulischem Religionsunterricht und Bildungsveranstaltungen der Religionsgemeinschaften.

Auf dem Hintergrund der Begründungen, schulischen Organisation und des didaktischen Ansatzes sind nun Fachverständnis und übergeordnete Zielsetzung der Perspektive „Ethik-Religionen-Gemeinschaft“ zu verstehen. Die Einleitung zum Fachbereich „Natur-Mensch-Gesellschaft“ hält zur Perspektive „Ethik-Religionen-Gemeinschaft“ fest:

> „Im Zusammenleben, bei ethischen Entscheidungen, in existentiellen Erfahrungen sowie Religionen und Weltanschauungen äußern sich elementare Fragen nach dem Woher und Wohin, dem Warum und Wozu des menschlichen Lebens. Die Perspektive von ERG erschließt die Welt über diese elementaren Fragen in kulturellen und sozialen Zusammenhängen. Dazu schafft sie Begegnungen, ermöglicht Erkundungen, leitet zu Nachdenklichkeit an und begleitet soziale Prozesse. Auf diese Weise erarbeiten sich die Schüler/innen eigene Positionen und lernen mit Vielfalt umzugehen.“ (D-EDK, 2013, 3),

Bedeutsam ist, dass Religion als Weltzugang in Form von Religionen das Referenzsystem bildet und nicht lediglich ein Kanon von zu lernenden Fakten aus den Religionen. Dies zeigen denn auch die folgenden Zielsetzungen: ERG soll Heranwachsende

- „zur Nachdenklichkeit, zu sachgerechtem Vernunftgebrauch und Reflexion grundlegender Werte und Normen anleiten.
- mit religiösen Traditionen und weltanschaulichen Vorstellungen und ihren kulturellen Aspekten bekannt machen und gesellschaftliche Orientierung, Teilhabe und Abgrenzung ermöglichen.
- zu eigenständiger Lebensgestaltung und Verantwortungsbereitschaft ermutigen und zur verantwortlichen Teilhabe an der Gemeinschaft, zu Kommunikation und Kooperation befähigen.“ (Helbling & Kilchsperger, 2013, 63)

Dass Religion in kulturellen und sozialen Zusammenhängen erschlossen werden soll, zeigt die Bekenntnisunabhängigkeit des Ansatzes an. Dies bedeutet zunächst, dass ein religiöses Bekenntnis – und dies gilt sowohl für die Lehrperson, als auch für die Schüler/innen – weder vorausgesetzt noch intendiert wird. Damit kann der Religionsfreiheit, die in der Bundesverfassung (Art. 15) festgeschrieben steht, im Rahmen eines Religionsunterrichts für alle

Rechnung getragen werden. Auf der Ebene des Unterrichts hieße dies sinngemäß, dass die Äußerung religiöser Erfahrung oder Überzeugung nicht als Ziel angestrebt werden darf, sondern vielmehr kulturelle und soziale Erscheinungsformen im Vordergrund stehen. Auf der anderen Seite scheint mir die Forderung überzogen, solche Artikulationen dürften im Unterricht gar nicht vorkommen. Dies wäre m. E. unpädagogisch. Schüler/innen stellen solche Fragen und sollen diese auch stellen dürfen. In fast jeder Grundschule findet sich ein Zettelkasten oder eine Pinnwand mit Fragen wie „Was passiert nach dem Tod“ oder „Gibt es Gott wirklich“. M. E. gibt es auch ein Recht darauf, diese Fragen zu stellen und darüber aufgeklärt zu werden, was verschiedene Weltzugänge dazu sagen, womit die Religionen eingeschlossen sind.

Darüber hinaus soll der Unterricht die Gleichwertigkeit, aber auch die Verschiedenheit der Religionen respektieren. Auf der Ebene der Lehrperson wird dies in der Haltung der Unvoreingenommenheit konkretisiert. (Vgl. Jakobs, 2011) Dies ist eine – dezidiert – andere Haltung als die oft als „Neutralität“ bezeichnete angebliche Position der Religionskunde. Neutralität im Sinne der Positionslosigkeit scheint mir im pädagogischen Feld ein Unsinn zu sein, weil es sie m. E. nicht gibt. Dies bedeutet nicht, dass man nicht sowohl Sonnen- als auch Schattenseiten der Religionen zum Gegenstand des Unterrichts machen soll; es bedeutet vielmehr, dass diese versachlicht, kontextualisiert und genau beschrieben werden, um Homogenisierungen und Pauschalisierungen zu vermeiden.

4 Fragestellungen als Ausgangspunkt für religiöse Lernprozesse

Religionskunde wird gerne als „blutleer“ bezeichnet und es werden Bilder von frontaler Präsentation und mechanischer Reproduktion von Sachwissen über Religionen erzeugt, denen es an Bedeutsamkeit für das eigene Leben mangelt. Dies ist jedoch keine zwingende Konsequenz eines „Zurück zur Sache“. Vielmehr scheint, als ob die Frage, *welche* Bedeutung Religion im Leben haben *soll*, im konfessionellen Religionsunterricht oft schon vorgegeben sei. Eine Sachkundedidaktik lässt dies offen im Bewusstsein darum, dass sich dies die Schüler/innen letztlich selber konstruieren. Individuell bedeutsames Lernen geschieht nach Köhnlein (vgl. Köhnlein, 2008, 7), wenn es den Aufbau von Kompetenzen und Weltverstehen ermöglicht, den systematischen Aufbau von Konzepten fördert, die Einübung von Problemlösungsstrategien begünstigt und der Anbahnung von Haltungen Raum gibt. Besuche in Grundschulen sind diesbezüglich oft ernüchternd, weil im Sachkundeunterricht wie im Religionsunterricht häufig „Themen“ wie „der Teich“ oder „die Indianer“ „behandelt“ werden. Ein solches Vorgehen führt zu trägen Wissensinseln. Gerade ein religionskundlicher Unterricht ist dafür anfällig, wenn der Ausgangspunkt einer Lerneinheit nicht eine Frage, eine geistige Herausforderung oder ein Problem ist. (Vgl. Schmid, 2011) Schmid, Trevisan, Künzli David & Di Giulio (2013) haben für den Sachkundeunterricht den Vorschlag gemacht, Fragestellungen zu formulieren, die Orientierung im Lernprozess geben sollen. Statt „Der Sonntag" als Thema, leitete den Unterricht die Fragestellung: „Welche Auswirkungen hätte die Abschaffung des Sonntags als religiöser Feiertag für dich, für andere und für das gesellschaftliche Zusammenleben?" (Schmid, 2011, 48) Dies gibt den Kindern einen Impuls, darüber nachzudenken und Informationen auf diese Frage hin auch zu überprüfen und zu verarbeiten. Die Frage bildet gewissermaßen die Klammer für die Lerneinheit, in der anfangs Präkonzepte der Kinder erhoben werden können und am Ende der Lerneinheit der Zuwachs an Kompetenzen, um diese Fragestellung beantworten zu können, sichtbar gemacht werden kann. Mögliche weitere solche Fragestellungen könnten sein:

- Können alle Menschen in unserem Dorf in der gleichen Kirche beten?
- Wie sähe ein idealer Friedhof für eine Stadt aus, in der Menschen mit unterschiedlichen Religionen wohnen?
- Was tun Menschen, damit sie ihre Toten nicht vergessen?
- Wie müsste der Menuplan der Schulkantine einer multireligiösen Schule aussehen?

Wissensbestände werden so nicht bloß erworben, sondern auch im Blick auf eine relevante Fragestellung transformiert. Weniger sachkundlich ausgerichtet, sondern an zentralen Fragen der Religionen orientiert, ist das Lehrmittel „FrageZeichen" (Gattiker, Grädel, Kiener & Mühlethaler, 2008). Es wurde entlang von vier Fragen konzipiert:

- Gibt es Gott?
- Woher kommen wir? Wohin gehen wir?
- Wie kann ich wissen, was recht und unrecht ist?
- Warum leiden Menschen?

Indem Vorstellungen verschiedener Religionen gezeigt werden, setzen sich die Schüler/innen mit Pluralität und Differenz auseinander. Herausfordernd im Blick auf Bekenntnisunabhängigkeit ist hier, dass Glaube nicht vorausgesetzt oder Ziel sein soll.

5 Ertrag

Der Beitrag hat zu zeigen versucht, wie Religionskunde im Kontext einer pluralistischen Gesellschaft begründet wird, sich an allgemeinen Bildungszielen orientiert und gleichzeitig ein an Herausforderungen und interessanten

Fragestellungen orientierter Unterricht ist, der die Lebenswelt der Schüler/innen und die gesellschaftliche Sichtbarkeit von Religion als Ausgangspunkt des Lernens nimmt. Für mein Verständnis ist diese Art von Unterricht alles andere als ein „Stricken ohne Wolle", gleichzeitig berücksichtigt er die Anforderungen an einen bekenntnisunabhängigen Religionsunterricht, der sich an alle Schüler/innen richtet. Dass darin religiöse Selbstdarstellung nicht das Ziel sein darf, ist dem Schutz der Religionsfreiheit geschuldet. Nichts desto trotz lernen Schüler/innen darin, mit Religion kompetent umzugehen, indem sie gesellschaftlich relevante Fragen bearbeiten. Die Frage ist also vielmehr: Mit welcher Wolle möchten wir die Kinder stricken lassen?

Pragmatisch gesehen kann ein Fach Religion nie alles: Es kann nicht gleichzeitig in eine Religionsgemeinschaft sozialisieren und sich an alle Kinder richten; es kann nicht gleichzeitig konfessionell sein und einen bekenntnisunabhängigen Standpunkt haben; es kann nicht religiöse Performanz wollen und den Schutz vor Vereinnahmung gewährleisten. Die Entscheidung darüber, welche Ziele im Vordergrund stehen, ist letztlich eine bildungspolitische. Für Bremen würde dies bedeuten, diesen Entscheid unter Berücksichtigung des gesellschaftlichen und religiösen Kontextes aktiv und reflektiert herbeizuführen. Angesichts des Traditionsabbruchs und der Auflösung religiöser Milieus bei gleichzeitiger Pluralisierung und intensiver medialer Bearbeitung des Themas Religion scheint mir ein religionskundlicher Unterricht an der öffentlichen Schule eine passende Lösung zu sein.

6 Literatur

Benner, D., Schieder, R., Schluß, H. & Willems, J. (Hrsg.) (2011) *Religiöse Kompetenz als Teil öffentlicher Bildung. Versuch einer empirisch, bildungstheoretisch und religionspädagogisch ausgewiesenen Konstruktion religiöser Dimensionen und Anspruchsniveaus* (Paderborn, Ferdinand Schöningh).

Deutschschweizerische Konferenz der Kantonalen Erziehungsdirektoren (2013a) *Natur, Mensch, Gesellschaft. Einleitende Kapitel. Konsultationsfassung* (Luzern).

Deutschschweizerische Konferenz der Kantonalen Erziehungsdirektoren (2013b) *Natur, Mensch, Gesellschaft. Kompetenzaufbau. Konsultationsfassung* (Luzern).

Dressler, B. (2005) Religiöse Bildung zwischen Standardisierung und Entstandardisierung – Zur bildungstheoretischen Rahmung religiösen Kompetenzerwerb, in: *Theo-Web. Zeitschrift für Religionspädagogik 4* (1), 50–63.

Fischer, D. & Elsenbast, V. (Hrsg.) (2006) *Grundlegende Kompetenzen religiöser Bildung. Zur Entwicklung des evangelischen Religionsunterrichts durch Bildungsstandards für den Abschluss der Sekundarstufe I* (Münster, Comenius).

Gattiker, S., Grädel, R., Kiener, J. & Mühlethaler, D. (2008) *FrageZeichen. Fragen aus dem Leben – Geschichten aus den Religionen* (Bern, Schulverlag).

Gesellschaft für die Didaktik des Sachunterrichts (2002) *Perspektivenrahmen Sachunterricht* (Bad Heilbrunn, Julius Klinkhardt).

Helbling, D. (2010) *Religiöse Herausforderung und religiöse Kompetenz. Empirische Sondierungen zu einer subjektorientierten und kompetenzbasierten Religionsdidaktik* (Münster, LIT).

Helbling, D. (2012) Einführung des Faches „Ethik und Religionen" im Kanton Luzern – Ein Werkstattbericht, in: C. Cebulj & J. Flury (Hrsg.) *Heimat auf Zeit. Identität als Grundfrage ethisch-religiöser Bildung* (Zürich, TVZ), 135–157.

Helbling, D. & Kilchsperger, J. R. (2013) Religion im Rahmen des Lehrplans 21, in: D. Helbling, M. Jakobs, U. Kropač & S. Leimgruber (Hrsg.) *Konfessioneller und bekenntnisunabhängiger Religionsunterricht. Eine Verhältnisbestimmung am Beispiel Schweiz* (Zürich, TVZ), 51–70.

Helbling, D., Jakobs, M., Kropač, U. & Leimgruber, S. (2013) *Konfessioneller und bekenntnisunabhängiger Religionsunterricht. Eine Verhältnisbestimmung am Beispiel Schweiz* (Zürich, TVZ).

Heymann, H. W. (1997) Zur Einführung: Allgemeinbildung als Aufgabe der Schule und als Maßstab für Fachunterricht, in: H. W. Heymann (Hrsg.) *Allgemeinbildung und Fachunterricht* (Hamburg, Bergmann & Helbig), 7–17.

Jakobs, M. (2013) Selbstverständnis und Kompetenz von Religionslehrpersonen im zweigleisigen Modell des Religionsunterrichts, in: D. Helbling, M. Jakobs, U. Kropač & S. Leimgruber (2013) *Konfessioneller und bekenntnisunabhängiger Religionsunterricht. Eine Verhältnisbestimmung am Beispiel Schweiz* (Zürich, TVZ), 210–224.

Kilchsperger, J. R. (2007) Religious Education in Switzerland, in: E. Kuyk, R. Jensen, D. Lankshear, E. Löh Manna & P. Schreiner (Hrsg.) *Religious Education in Europe. Situation and current trends in schools* (St. Hanshaugen, IKO), 199–205.

Köhnlein, W. (2008) Aufgaben und Ziele des Sachunterrichts, in: H. Müller & M. Adamina (Hrsg.) *Lernwelten Natur - Mensch – Mitwelt. Grundlagenband zur Reihe* (Bern, Schulverlag).

Kropač, U. (2013) Warum Religionsunterricht in der öffentlichen Schule?, in: D. Helbling, M. Jakobs, U. Kropač & S. Leimgruber (Hrsg.) Konfessioneller und bekenntnisunabhängiger Religionsunterricht. Eine Verhältnisbestimmung am Beispiel Schweiz (Zürich, TVZ), 142–159.

Saner, H. (2002) *Nicht-optimale Strategien. Essays zur Politik* (Basel, Lenos).

Saner, H. (2003) Toleranz, Differenzverträglichkeit und Agnostizismus, in: U. Mäder & H. Saner (Hrsg.) *Realismus der Utopie. Zur politischen Philosophie von Arnold Künzli* (Zürich, Rotpunktverlag), 395–410.

Schmid, K. (2011) *„Religion" lernen in der Schule. Didaktische Überlegungen für einen bekenntnisunabhängigen schulischen Religionsunterricht im Kontext einer Didaktik des Sachunterrichts. Mit Beiträgen von Monika Jakobs* (Bern, hep).

Schmid, K., Trevisan, P., Künzli David, C. & Di Giulio, A. (2013) Die übergeordnete Fragestellung als zentrales Element im Sachunterricht, in: M. Peschel, P. Favre & C. Mathis (Hrsg.) *Sachen unterrichten. Beiträge zur Situation der Sachunterrichtsdidaktik in der deutschsprachigen Schweiz* (Baltmannsweiler, Schneider Hohengehren), 41–53.

Sekretariat der Deutschen Bischofskonferenz (Hrsg.) (1974) Der Religionsunterricht in der Schule. Ein Beschluss der Gemeinsamen Synode der Bistümer in Deutschland, in: *Heftreihe Synodenbeschlüsse Nr. 4.*

Sekretariat der Deutschen Bischofskonferenz (Hrsg.) (2004) *Kirchliche Richtlinien zu Bildungsstandards für den katholischen Religionsunterricht in den Jahrgangsstufen 5-10/Sekundarstufe I (Mittlerer Schulabschluss).* Verfügbar unter: www.kaththeol.uni-muenchen.de/lehrstuehle/religionspaedagogik/personen/dichtl/texte_der_dbk/db78_bildungsstsek1.pdf [25.09.2014].

Spieß, M. (2014) Biblische Geschichte auf allgemein-christlicher Grundlage – Bremen, in: B. Schröder (Hrsg.) *Religionsunterricht – wohin? Konzepte zur Weiterentwicklung eines Faches im Überblick* (Neukirchen-Vluyn, Neukirchner), 73–87.

Entwicklungen des Religionsunterrichts in Europa

Peter Schreiner

Die Darstellung von Entwicklungen des Religionsunterrichts in Europa beginnt mit zwei Beobachtungen zur religionspolitischen und religionspädagogischen Diskussion (1). Es folgt ein Überblick zur Situation des Religionsunterrichts in Europa, orientiert an acht Merkmalen (2). Dann werden anhand der Beispiele Schwedens und Englands aktuelle Entwicklungen beschrieben (3). Der folgende Teil stellt Ergebnisse einer Studie zu „Religion im Kontext einer Europäisierung von Bildung" vor (4). Schließlich werden gemeinsame Herausforderungen für die unterschiedlichen Modelle des Religionsunterrichts benannt (5).

1 Beobachtungen zur Diskussion

Eine differenzierte Beschäftigung mit der Situation und dem Kontext des Religionsunterrichts in anderen Ländern ist dann sinnvoll, wenn Dialog und Austausch dazu beitragen, den Blick auf die eigene Situation zu schärfen, indem Unterschiede und Gemeinsamkeiten zwischen bestehenden Ansätzen genau wahrgenommen und thematisiert werden. Auf diesem Hintergrund seien zunächst zwei Beobachtungen angesprochen:

a) *Ansätze des Religionsunterrichts aus anderen Ländern werden überwiegend eklektisch bzw. funktional wahrgenommen.*

Als Beispiel dafür kann die breite Rezeption dienen, die „A Gift to the Child" als Ansatz interreligiösen Lernens gefunden hat. Im englischen Kontext als Methode eines Zugangs zu Religion und religiösen Gegenständen von John Hull, Michael Grimmitt u. a. entwickelt mit dem Kern, diese als „Geschenk an das Kind" zu verstehen, und das unmittelbare Erleben der Kinder in Nähe und Distanz zu diesen Gegenständen zu thematisieren, wurde die Methode aus deutscher Perspektive vielfach beschrieben und rezipiert (Meyer, 1999; Dommel, 2007, 408–418; Sajak, 2010; Schambeck, 2013).

Die Gefahr besteht dabei, die Methode aus ihrem Kontext zu lösen und sie unkritisch zu übertragen. Das zeigt nachfolgendes Beispiel:

> „Trotz dieser Einwände kann das paradigmatisch Neue, das *A Gift to the Child* für interreligiöse Lern- und Bildungsprozesse einbringt, nicht genug gewürdigt werden. Es ist das Konzept, das bislang am entschiedensten den Weg zu den

> Subjekten einschlägt. Es löst die Herausforderung, die sich durch den Plural der Religionen ergibt, dadurch, dass es nicht mehr die Religionen lehrt, sondern darauf setzt, bei den Schüler/innen religiöse Lernprozesse auszulösen. Das geschieht nicht jenseits einer Auseinandersetzung mit den Religionen, sondern anhand dieser, ist aber in erster Linie auf die Subjekte fokussiert. Insofern ist *A Gift to the Child* ein Ansatz interreligiösen Lernens, der auch über die Grenzen Großbritanniens relevant und lohnenswert geworden ist." (Schambeck, 2013, 91)

Eine funktionale Inanspruchnahme des Religionsunterrichts in anderen Kontexten findet sich in generellen Vergleichen, wenn z. B. Manfred Pirner in einem Beitrag zu Religionsunterricht und Menschenrechtsbildung formuliert:

> „Besonders deutlich zeigt sich das deutsche Defizit im Vergleich mit der englischen Religionspädagogik, die sich – allerdings bedingt durch eine staatliche Vorgabe – bereits seit etlichen Jahren intensiv mit dem Verhältnis von *religious education* und *citizenship education* beschäftigt." (Pirner, 2013, 163)

In dieser Perspektive wird auf das Anregungs- und Lernpotenzial aus den Erfahrungen anderer Länder hingewiesen.

Die Wahrnehmung anderer Religionsunterrichts-Ansätze dient auch als Abgrenzung oder benennt Anzeichen einer „drohenden" Entwicklung:

> „Andere fordern dazu auf, den Religionsunterricht religionswissenschaftlich auszurichten. Dies ist deshalb herausfordernd, weil sich europaweit der Religionsunterricht von der Theologie als Bezugsfach gelöst hat (so in England, Niederlande, Norwegen, Schweden, Kantone der Schweiz) und mit dem Anspruch auf Neutralität erteilt werden soll. Bezugswissenschaft ist jetzt die Religionswissenschaft oder verwandte Ansätze. Die kirchliche Verantwortung für den Religionsunterricht wird dabei abgelehnt." (Rupp, 2013, 56)

Diese Einschätzung lässt sich so lesen, dass Widerstand notwendig sei, um nicht einem angeblich „europäischen Trend" anheimzufallen. Eine zweite Beobachtung:

b) *Das eigene Modell ist (bei aller Kritik) immer noch das beste.*

Diese Einschätzung lässt sich bei europäischen Konferenzen beobachten, sobald sich Teilnehmende über bestehende Konzepte und Modelle des Religionsunterrichts austauschen. Nach einer Phase freundlicher Neugier und Interesse an dem „anderen" Modell überwiegt die positive Darstellung des eigenen Ansatzes und damit verbundener Erfahrungen. Der Blick auf den eigenen Religionsunterricht ist dabei oft euphemistisch geprägt und bestehende Probleme werden kaum thematisiert. Es gilt generell: das eigene Modell ist das beste. Man begnügt sich auch nicht selten mit dem Verteilen von Etiketten und normativen Zuschreibungen, z. B. „nur Religionskunde" oder „konfessionell = Indoktrination".

Zusammenfassend lautet meine Erfahrung, dass andere Konzepte, von wenigen Ausnahmen abgesehen, überwiegend eklektisch und abgrenzend wahrgenommen und rezipiert werden. Verbunden damit ist eine Bestätigung bestehender (Vor-)Urteile.

In dieser Situation scheint es mir weiterführend, Offenheit durch einen Dialog von Theoretikern, Praktikern und Lehrplanentwicklern anzustreben, vergleichende Forschung zu betreiben und eine stattfindende Europäisierung von Bildung stärker in den Blick zu nehmen. Dies könnte zu einer konstruktiven Auseinandersetzung um bestehende Modelle schulischer religiöser Bildung führen.

Gegenüberstellung und Beurteilung bestehender Ansätze sollten nicht vorschnell geschehen. Ein Verweis auf den Beitrag von Silvio Ferrari zum Religionsunterricht in der Europäischen Union (2013) kann dies illustrieren. Er unterscheidet drei „Modelle" des Religionsunterrichts in der EU: 1.) Kein Religionsunterricht; 2.) nicht-konfessioneller Religionsunterricht und 3.) konfessioneller Religionsunterricht ohne auf interne Unterschiede der Modelle hinzuweisen. Seine Typisierung relativiert er durch die Aussage, dass alle drei „Modelle" für sich allein nicht ausreichend die Herausforderung religiöser Pluralität aufnehmen können; aber die Folgerung bleibt vage:

> „Therefore it is necessary to combine them in ways that answer the needs of the different cultural traditions of the European states:" (Ferrari, 2013, 101)

Die Unparteilichkeit gegenüber den drei genannten Ansätzen, die sich ja nicht harmonisch ergänzen, sondern z. T. widersprechen (kein Religionsunterricht versus Religionsunterricht), wird aufgelöst durch die Forderung nach Reform bei den Religionsgemeinschaften, die einen konfessionellen Religionsunterricht anbieten:

> „If the religious communities are not able to develop interdenominational and inter-religious education (and they still are far from that), the only viable alternative would be non-denominational education about a plurality of religions" (a.a.O, 101f.)

2 Zur Situation des Religionsunterrichts in Europa – ein Überblick

Als Überblick zur Situation des Religionsunterrichts in Europa werden Merkmale genannt und kommentiert, die sich aus einer Gesamtschau auf den Religionsunterricht in Europa ergeben (vgl. Schreiner, 2007).

Religionsunterricht ist ein weit verbreitetes europäisches Phänomen.

Es gibt ihn in den allgemeinbildenden Schulen fast überall mit unterschiedlichen Konzepten und Ausprägungen (Ausnahmen sind: Frankreich [teilweise], Mazedonien, Albanien und Slowenien). Religionsunterricht ist unterschiedlich organisiert, die Mitwirkung von Religionsgemeinschaften ist dort, wo sie besteht, verschieden geregelt.

Die konkrete Ausformung des Religionsunterrichts ist abhängig von nationalen und regionalen Bedingungen.

Dazu gehören 1.) die nationale religiöse Landkarte, 2.) das Image von Religion in der Gesellschaft, 3.) die rechtlichen Beziehungen zwischen Staat und Religion/Kirche, 4.) die Struktur des Bildungswesens und 5.) geschichtliche und politische Erfahrungen. Bestehende Ansätze des Religionsunterrichts sind daher kontextbezogen zu betrachten und einzuordnen. Der Kontext wird z. B. davon geprägt, ob es in einem Land eine dominierende Religions-gemeinschaft gibt, ob Religion in größeren Teilen der Gesellschaft als ein problembeladenes, überholtes Phänomen angesehen wird (wie in etlichen zentral- und mitteleuropäischen Ländern), ob eine strikte Trennung von Staat und Kirche besteht, die keine religiöse Bildung in den Schulen ermöglicht (wie in weiten Teilen Frankreichs oder in Mazedonien). Dass auch die Struktur des Bildungswesens eine Rolle spielt, zeigt das Beispiel der Niederlande. Historisch hat sich ein Schulsystem entwickelt, in dem 2/3 aller Schulen christliche Schulen sind, in denen Religionsunterricht unterrichtet wird und 1/3 der Schulen „öffentlich-neutrale" Schulen, in denen ursprünglich kein Religionsunterricht im Lehrplan vorgesehen war (vgl. ter Avest et al., 2007).

Im Blick auf Zuständigkeiten für den Religionsunterricht können drei Haupttypen unterschieden werden:

Religionsunterricht steht in der Verantwortung der Religionsgemeinschaften, des Staates oder wird in Kooperation zwischen beiden organisiert. Im ersten Fall ist der Religionsunterricht zumeist konfessionell orientiert, jedoch fast überall mit Abmeldemöglichkeit. Bei Kooperationsmodellen gibt es konfessionelle (z. B. Deutschland und Österreich) und nicht-konfessionelle Ausrichtungen (z. B. England und Wales); und wenn der Staat die alleinige Verantwortung für den Religionsunterricht inne hat, ist das Modell nicht-konfessionell (Norwegen, Schweden, Dänemark, einzelne Kantone der Schweiz). Überblickt man die Entwicklung in den letzten Jahrzehnten, so geht ein Trend zu verpflichtenden, nicht-konfessionellen Ansätzen des Religionsunterrichts (aktuell in Norwegen und in verschiedenen Kantonen der Schweiz), für alle Schülerinnen und Schülern.

Etiketten sind nur begrenzt tauglich für eine sachgemäße Charakterisierung des Religionsunterrichts.

Konfessionell versus nicht-konfessionell, Religionskunde versus Religionsunterricht, Etiketten können die konkreten kontextuellen Ausprägungen von Religionsunterricht nicht zureichend beschreiben. Begriffe werden unterschiedlich verstanden und es gibt keine übergreifende Bedeutung, mit der alle übereinstimmen.

Die Bedingungen des jeweiligen Kontextes, das vorherrschende Verständnis von Bildung oder die öffentliche Wahrnehmung von Religion sind einflussreicher als Etiketten. Das lässt sich z. B. daran aufweisen, dass „konfessionell" sehr unterschiedlich verstanden wird. In einigen Ländern bedeutet es die strukturelle Zuständigkeit der Religionsgemeinschaften für den Religionsunterricht und eine Mitverantwortung für das öffentliche Bildungswesen, die sich deutlich von religiöser Bildung innerhalb der Religionsgemeinschaften unterscheidet. Es geht um eine pädagogische Verantwortung von Kirchen und Religionsgemeinschaften im Rahmen öffentlicher Bildung und nicht um Katechese im gemeindlichen Kontext. Freilich sind die Grade der Unterscheidung kontextuell durchaus unterschiedlich ausgeprägt. In anderen Kontexten wird „konfessionell“ fast mit „Indoktrination“ gleichgesetzt.

Es lassen sich vier allgemeine Zielsetzungen religiöser Bildung unterscheiden:

a) Religion lernen (*learning religion*, ein konfessioneller Ansatz, Einführung in eine Glaubenstradition)
b) Über Religion lernen (*learning about religion*, Weitergabe von Wissen über Religionen, neutral und unparteiisch)
c) Von Religion lernen (*learning from religion*, Bezugnahme auf religiöse Erfahrungen, religiöses Leben, Identitätsbildung, Orientierung und Dialog und die Eigenleistung der Lernenden) und
d) Durch Religion lernen (*learning through religion*, Verbindung von *about* und *from*).

In der Diskussion hat sich eingebürgert, dass *learning religion* oder *learning in religion* als Einführung in eine Glaubenstradition überwiegend nicht als Teil eines schulischen Bildungsauftrages gesehen wird; *learning about religion* wird auf die Vermittlung von Wissen bezogen und *learning from religion* hat den Blick auf dem Ertrag für Orientierung und religiöse Identitätsbildung der Schüler/innen; *learning through religion* betont, dass *about* und *from* eng miteinander verflochten sind. Einerseits klärt die Typisierung bestimmte Grundformen religiöser Bildung, andererseits darf sie nicht überschätzt werden in ihrer Trennschärfe und Bedeutung für schulische Praxis.

Die Pluralisierung der Religions- und Kulturverhältnisse fordert die bestehenden Modelle des Religionsunterrichts heraus.

Religion und Kultur finden sich immer weniger in homogenen Kontexten. Prozessorientierte Zugänge zu Konzepten von Religion und Kultur lösen essenzielle Ansätze mit festgefügten Definitionen ab. Darin liegen Herausforderungen für bestehende Ansätze des Religionsunterrichts.[1] Ein homogener,

1 Eine zum Zeitpunkt der Abfassung dieses Beitrages in Vorbereitung befindliche Denkschrift der EKD nimmt Fragen nach dem für den Religionsunterricht sachgemäßen Umgang mit Vielfalt und Differenz und nach Pluralitätsfähigkeit als Leitidee des Religionsunterrichts auf (Verabschiedung und Veröffentlichung sind für 2014 vorgesehen). Der Religionsunterricht wird in diesem Dokument als Ort der Reflexion von in der Schule gelebter Pluralität angesehen. Er sollte zu einer dialogischen Kultur weltanschaulicher Vielfalt beitragen, ohne seine Funktion der Förderung religiöser Identitätsbildung außer Acht zu lassen.

konfessionell nur auf eine Religion ausgerichteter Religionsunterricht wird einer durch Pluralität gekennzeichneten gesellschaftlichen Situation nicht gerecht, er fördert keine Pluralitätsfähigkeit. An einem rein religionskundlichen, nur die Außenperspektive von Religion thematisierenden Religionsunterricht, wird kritisiert, dass er der Bedeutung von Religion für die Gläubigen nicht gerecht wird. Er vernachlässige die Innenperspektive von Religion und die authentische Selbstdarstellung der Religionsgemeinschaften.

Bei vorliegenden konzeptionellen Überlegungen zu einer pluralitätsfähigen Religionspädagogik (Englert, et al. 2012; Schweitzer et al., 2002) geht es u. a. um folgende Themen und Herausforderungen:

- Wie gelingt es, Offenheit gegenüber anderen Religionen und interreligiöses Lernen zu fördern?
- Welche Konsequenzen ergeben sich aus einem dynamischen Verständnis von Religion und Kultur (das auch die innere Pluralität von Religionsgemeinschaften aufnimmt) für den Unterricht?
- In welcher Weise können die Erfahrungen und Fähigkeiten der Schüler/innen adäquat einbezogen werden?

Es finden sich konvergierende Tendenzen im Blick auf Zielsetzung und Organisation des Religionsunterrichts.

Bei den verschiedenen Ansätzen stellen sich folgende Fragen: In welchem Lebens- und Lernkontext stehen die Schülerinnen und Schüler und wie kann/soll dieser berücksichtigt werden? Was brauchen die Schülerinnen und Schüler zur Orientierung in einer pluralen Gesellschaft? Was soll eigentlich durch den Religionsunterricht „erreicht“ werden? Lebensweltorientierung, Kompetenzorientierung und dialogische Kultur gelten als Maßstäbe für einen gelingenden Religionsunterricht und prägen zugleich konzeptionelle Überlegungen. Eine religiöse Grundbildung *(religious literacy)* soll gefördert werden, die es ermöglicht, sich mit eigenen und fremden religiösen Perspektiven konstruktiv auseinanderzusetzen und sprach- und dialogfähig zu werden. Gefördert werden sollen grundlegende Kompetenzen, wie religiöse Sach- und Deutungskompetenz, ethische Urteilskompetenz und interkulturelle wie interreligiöse Kompetenz.[2]

---

2 Bei diesen Kompetenzinitiativen ist allerdings die Gefahr einer Instrumentalisierung des Religionsunterrichts für gesellschaftliche Zielsetzungen zu beachten: „Wer für den Religionsunterricht Bildungsstandards und Kompetenzorientierung befürwortet, darf ihn dennoch nicht funktionalisieren und ihn ausschließlich von z. B. gesellschaftlichen Zwecken, kirchlichen Erwartungen oder vom Prinzip gegenwärtiger bzw. zukünftiger Verwendungssituationen her konstruieren (vgl. Schweitzer, 2004). Jede Formulierung von (religiösen) Bildungsstandards schließt das Wissen um die Grenze und die Begrenztheit der Standardisierbarkeit von Bildung ein.“ (Fischer/Elsenbast, 2006, 16)

Was soll der Religionsunterricht bewirken?

Quer durch die unterschiedlichen konzeptionellen Ansätze finden sich folgende allgemeine Zielsetzungen: Es geht um Orientierung im Blick auf eine zunehmend plural verfasste Situation; um Sensibilisierung im Blick auf Religiosität und Spiritualität; um Information/Wissen über Religionen und Weltanschauungen und um Verständigung und Dialog über religiöse Angelegenheiten. Diese vier Zielsetzungen haben eine gewisse empirische Grundlage, da sie von europäischen Religionslehrkräften als Konsens im Rahmen einer europäischen Tagung formuliert wurden, als nach ihren wichtigsten Zielvorstellungen für den Religionsunterricht gefragt wurde. Ein „guter Religionsunterricht" soll diese Ziele fördern. John Pritchard hat folgende Merkmale eines „guten Religionsunterricht" formuliert (speziell im Blick auf die Schulen Englands):

> „(1) Ein guter Religionsunterricht bereitet junge Menschen darauf vor, nachzudenken, nachzuforschen, zu argumentieren, Wertungen vorzunehmen, Texte zu lesen und moralische Urteile zu fällen.
> (2) Ein guter Religionsunterricht fördert eine kritische Erkundung der Bedeutung von Werten und Glaubenseinstellungen, die unser Leben bestimmen.
> (3) Ein guter Religionsunterricht verhilft zu Orientierung in einer komplexen Welt, die Gegenwart und Zukunft junger Menschen bestimmt.
> (4) Ein guter Religionsunterricht verhilft jungen Menschen die Kultur, in der sie leben, besser zu verstehen.
> (5) Schüler/innen nehmen selbst die Bedeutung eines guten Religionsunterrichts wahr." (Original: Pritchard, 2012; meine Übersetzung aus dem Englischen)

Besonders akzentuiert werden in dieser Auflistung die Orientierung an der Lebenssituation der Schülerinnen und Schüler, die Eigenleistung, die durch den Religionsunterricht gefördert werden soll und die wechselseitige Beziehung zwischen Religion und Kultur.

3 Entwicklungen in Schweden und England

Entwicklungen in Schweden und England werden vorgestellt, weil es dort eine zunehmend akademisch geführte Debatte um „Wirkungen" des Religionsunterrichtes gibt und auch seine bildungspolitische Abhängigkeit durch aktuelle Entwicklungen verdeutlicht werden kann.

3.1 Schweden

In der 9-jährigen Grundschule, einer „Schule für alle", wurde der konfessionell-lutherische Religionsunterricht schon früh (ab 1919) schrittweise in ein religionswissenschaftlich und nicht-konfessionell ausgerichtetes Fach umgewandelt. Alle Verbindungen zwischen Kirche und Schule wurden bereits in den 1950er Jahren beendet. Das Fach heißt aktuell: Religionskundskap, (Knowledge of Religion bzw. Religionskunde), frühere Bezeichnungen lauteten: „Knowledge of Christianity“ (1962) und „Knowledge of Religion“ (1969). Als Ziele des Faches werden im Lehrplan von 1994 genannt: personale Entwicklung, Vermittlung von Werten und die Reflexion über ethische, existenzielle und religiöse Fragen. Larsson (2007) benennt zwei Herausforderungen für den Religionsunterricht: Bildung für Integration in die Gesellschaft und eine professionelle Lehrerausbildung.

Der Lehrplan von 2011 enthält als Zielsetzung für den Religionsunterricht:

> “pupils widen, deepen and develop their knowledge about religions, worldviews and ethical models and different interpretations of these” (National Agency for Education 2011b, zit. nach Sjöborg, 2013, 74).

Mit dem Religionsunterricht in Schweden verbinden sich hohe Erwartungen im Blick auf das Zusammenleben in einer plural geprägten Gesellschaft. Diese stehen in Spannung zur Haltung von Schüler/innen im Blick auf Religion. Brömssen (2003) weist in ihrer Studie darauf hin, dass ‘Religion’ in der Schule meist mit ‚dem Anderen‘ verbunden wird. Denn das vorherrschende Selbstverständnis schwedischer Sekundarschüler/innen lautet: „As I am Swedish, I am not religious“. Die Distanz zu Religion wird durch Ergebnisse einer Studie von Sjöborg unter Sekundarschülern bestätigt (Sjöborg, 2013). Eine mehrheitliche Haltung unter in Schweden geborenen Schüler/innen kommt in folgender Aussage zum Ausdruck: „Religion is something that people used to believe in before, in the old days, when they did not know it better. Now we understand more” (a.a.O., 80). Religion gilt als veraltet und als ein durch Wissen und Bildung unwichtiger werdendes Phänomen. Sjöborg weist nach, dass die zwei erhobenen Hauptgruppen – religiöse und nicht-religiöse – die jeweils andere aufgrund ihrer eigenen Position und Reflexivität konstruieren. Nicht-Religiöse verbinden Religion weder mit Moderne und Fortschritt, noch mit Wissenschaft. Religiöse wiederum sehen in ihrem Glauben eine kritische Instanz gegen Kommerz und triviales Gedankengut. Wenn man diese Einstellungen mit den hohen Zielsetzungen des Religionsunterricht vergleicht, so Sjöborg, lässt sich schließen, dass die Zielformulierungen z. B. im Blick auf Toleranz, näher an den Einstellungen der religiösen als an denen der nicht-religiösen Schüler/innen sind. Was sagen diese Erkenntnisse über den schwedischen Ansatz des Religionsunterrichts aus?

3.2 England

Die Situation in England wird, wie die einführenden Bemerkungen zu „*A Gift to the Child*“ andeuten, in der deutschen Diskussion aktiv wahrgenommen (vgl. Meyer, 1999; Dommel, 2007). Einerseits wird der religionskundliche

Ansatz kritisch eingeschätzt, andererseits die dialogische Beteiligung der Religionsgemeinschaften und Lehrerverbände an der Etablierung und Implementierung der lokal verantworteten Lehrpläne als beispielhaft angesehen.

Aktuell besteht eine substanzielle Gefährdung des Faches Religionsunterricht durch die Bildungspolitik der derzeitigen Regierung. Experten sprechen von einer systematischen Marginalisierung des Religionsunterrichts. Anzeichen dafür sind u. a.:

- Veränderungen in der Struktur des mittleren Schulabschlusses (GCSE = General Certificate Secondary Education), die Schülerinnen und Schüler dazu zwingt, Religionsunterricht abzuwählen, weil andere Fächer als wichtiger eingestuft werden. In einigen Schulen ist es überhaupt nicht mehr möglich Religionsunterricht in den beiden letzten Schuljahren zu wählen.
- Die Ausweitung sogenannter „Independent Academies“, das sind staatliche Schulen, die nicht den Lokalen Bildungsbehörden unterstehen, die u. a. für den Religionsunterricht-Lehrplan zuständig sind.
- Religionsunterricht wurde aus dem English Baccalaureate (Abitur) ausgeschlossen, das fünf zentrale Fächer umfasst: Mathematik, Englisch, Naturwissenschaften, eine Fremdsprache und Geschichte oder Geographie.

Wie real die Gefährdung ist, macht ein Anfang Oktober 2013 veröffentlichter Bericht von Ofsted (Office for Standards in Education, Children’s Services and Skills: halbstaatliche Behörde zur Wahrung und Überwachung der Standards im Schulwesen) deutlich (vgl. Ofsted, 2013). Darin werden niedrige Standards des Religionsunterrichts in der Mehrheit der untersuchten Schulen benannt, schwache Lehrerleistungen konstatiert und eine Konfusion darüber, was mit dem Fach erreicht werden soll. Für die Kirche von England und für den Rat für den Religionsunterricht in England und Wales (Religious Education Council, ihm gehören Vertreter von Religionsgemeinschaften und Religionsunterricht-Lehrerverbände an) kommen die Ergebnisse nicht überraschend. Haben sie doch schon vor Monaten auf die schwierige Situation des Religionsunterrichts hingewiesen. Nicht zuletzt wurde eine *All-Party Parliamentary Group on Religious Education* zur Unterstützung des Religionsunterrichts eingerichtet. Deren Ziele sind:

- promote the highest possible standards of religious education in schools, colleges, universities and academies,
- press for continuous improvement in religious education,
- promote a clear, positive image, and public understanding of religious education and
- advocate that every young person experiences a personally inspiring and academically rigorous education in religious and non-religious worldviews.[3]

3 Vgl. religiouseducationcouncil.org.uk/appg/what-is-the-appg [20.09.2014].

Kurz nach Veröffentlichung des Ofsted-Berichtes hat der Religious Education Council of England and Wales eine Analyse zur aktuellen Situation des Religionsunterrichts in England vorgelegt und ebenso ein Rahmencurriculum für das Fach (vgl. REC, October 2013). Damit sind gute Voraussetzungen gegeben, sich öffentlich und fachintern mit der weiteren Entwicklung des Religionsunterrichts sachgemäß auseinandersetzen zu können.[4]

4 Religion im Kontext einer Europäisierung von Bildung

Nach dem Blick auf Merkmale des Religionsunterrichts in Europa und zwei nationalen Beispielen soll religiöse Bildung nun in europäischer Perspektive in den Blick genommen werden. In einem Projekt des Comenius-Instituts (2008–2012) wurden Positionen und Perspektiven zu Religion und Bildung anhand von ausgewählten Schlüsseldokumenten der Europäischen Union und des Europarates analysiert (vgl. Schreiner, 2012). Dazu gehören Texte des Primärrechts ebenso wie Grün- und Weißbücher und Empfehlungen, insbesondere durch die Parlamentarische Versammlung und das Ministerkomitee des Europarates.

Als theoretische Grundlage wurde in dem Projekt das Konzept „Europäisierung“ verwendet.

Den vielfältigen Ansätzen, die sich unter diesem Stichwort entwickelt haben, sind folgende zwei Merkmale gemeinsam: a) Es gibt keinen eindimensionalen Wirkungszusammenhang zwischen europäischer und nationalstaatlicher Ebene und b) es handelt sich um einen interaktiven Prozess und weniger um ein statisches Top-down-Modell (vgl. Featherstone & Radaelli, 2003; Beck & Grande, 2005; Graziano & Vink, 2007). Im Rahmen der Studie wurde das Konzept „Europäisierung“ verwendet, um Entwicklungen im Bereich Bildung im Zusammenspiel zwischen der europäischen und der nationalen respektive regionalen Ebene zu beschreiben und zu analysieren.

4 Die Lehrpläne für den Religionsunterricht werden verantwortet von den Local education authorities (LEA), die nach dem Bildungsgesetz von 1988 verpflichtet sind, dazu Standing Advisory Councils on RE (SACRE) einzurichten. Beispiele von Lehrplänen:
a) für Birmingham unter: www.servicesforeducation.co.uk/files/Birmingham_Agreed_Syllabus_for_Religious_Education_2007.pdf; ergänzende Informationen über: www.birmingham-asc.org.uk; und [20.09.2014].
b) für West Sussex unter: www.westsussex.gov.uk/learning/west_sussex_grid_for_learning/curriculum/religious_education/agreed_syllabus_for_re.aspx [20.09.2014].

Die Analyse der Dokumente kommt zu folgenden Ergebnissen:

Bildung und Ausbildung erhalten im Rahmen der europäischen Integration ein zunehmendes Gewicht, sowohl im Blick auf die wirtschaftliche Dimension als auch im Blick auf die werteorientierte Dimension Europas. Im Rahmen der EU wurden allgemeine und berufliche Bildung in eine übergreifende politische und ökonomische Entwicklungsstrategie integriert. Das Ziel ist dabei, Qualität und Wirksamkeit von Bildung und Ausbildung zu erhöhen, um im globalen Kontext als Wirtschaftsraum konkurrenzfähig zu sein, lebenslanges Lernen und den Erwerb von Schlüsselqualifikationen zu fördern. Für die Arbeit des Europarates sind die Konkretisierung der grundlegenden Werte Demokratie, Menschenrechte und Rechtsstaatlichkeit im Rahmen der Zusammenarbeit der 47 Mitgliedstaaten leitend. An diesen Zielsetzungen orientieren sich auch Bildungsaktivitäten in den Bereichen Hochschulbildung, interkulturelle Bildung, Demokratie lernen und Menschenrechtserziehung, Qualitätsentwicklung, Sprachenpolitik, Geschichte und Lehrerfortbildung.

Im Blick auf *Bildung* findet sich in den Texten des Europarates ein allgemeiner Zusammenhang von Bildung und Religion, ebenso werden Anforderungen an und Zielsetzungen von religiöser Bildung thematisiert. Es finden sich keine Beiträge, die sich inhaltlich und konzeptionell mit Bildungskonzepten auseinandersetzen, es bleibt bei der wiederholten Feststellung, Bildung sei gut und wichtig. Im Vergleich dazu kommt es im Rahmen der EU zu einer differenzierten Auseinandersetzung um ein europäisch konturiertes Bildungsverständnis. Ein Diskurs um Religion im Rahmen von Bildung findet sich jedoch in den Dokumenten der EU nicht.

In den Dokumenten des Europarates finden sich drei Perspektiven auf Religion: Religion als Privatsache (private Religion), Religion als kollektiv organisierte Religion (organisierte Religion) und Religion als Bestandteil von Kultur (kulturelle Religion). Durchgängig wird dabei, auch in aktuellen Texten, insbesondere auf *private Religion* fokussiert, allerdings werden in den aktuellen Dokumenten zu Bildung und Religion die *organisierte Religion* und ihre damit verbundene Rolle im öffentlichen Raum und im Rahmen der europäischen Integration stärker wahrgenommen. Auch der *kulturellen Religion* wird in neueren Dokumenten ein größeres Gewicht als zuvor beigemessen. Dabei kommt es zu einer Reduzierung von Religion auf ein „kulturelles Gut“ *(cultural fact*) und (nur) zur Betonung einer religiösen Dimension im Rahmen des interkulturellen Dialogs. Es scheint zugleich so, dass Religion für politische Zielsetzungen funktionalisiert wird. Der Dialog mit den Religionsgemeinschaften wird intensiviert, ihre Beteiligung an Prozessen der europäischen Integration ist erwünscht. In dieser Entwicklung spiegelt sich eine veränderte Wertschätzung von *organisierter Religion,* die auch im Primärrecht der EU explizit benannt wird im Blick auf die Anerkennung der bestehenden nationalen Verhältnisse von Staat und

Religion und der Verpflichtung auf einen „offenen, transparenten und regelmäßigen Dialog“ mit den Religionsgemeinschaften (Art. 17 AEUV).

Ein expliziter Zusammenhang von Bildung und Religion wird in den Dokumenten des Europarates thematisiert. Dabei wird die Position eines „teaching about religions“ präferiert, die in der Vermittlung von Wissen den Zweck religiöser Bildung erfüllt sieht.

Die Vielfalt bestehender Konzepte eines Religionsunterrichts in den Schulen Europas und damit verbundene Erfahrungen werden nicht aufgenommen und diskutiert.

Bildung und Religion werden im Rahmen der EU nicht explizit thematisiert, allerdings spielt der Zusammenhang eine Rolle im intensiver werdenden Dialog mit Kirchen und Religionsgemeinschaften.

In der Diskussion der Ergebnisse wird im Blick auf das Verhältnis von Religion und Politik angeregt, ein komplementäres und weniger ein funktionales Verhältnis zwischen beiden Bereichen zu entwickeln. Ebenso sollte die bestehende Vielfalt im Verhältnis von Staat und Kirche nicht in ein einheitliches europäisches Religionsrecht überführt werden. Dem kritischen Blick der europäischen Institutionen auf das Verhältnis von Religionsgemeinschaften zu Demokratie und Toleranz gilt es mit konstruktiven Beiträgen zur Gestaltung des Gemeinwesens zu begegnen. Schließlich gewichtet ein am Subjekt orientiertes Bildungsverständnis Arbeitsmarktfähigkeit und Persönlichkeitsentwicklung sowie Gestaltungskompetenz komplexer Verhältnisse gleichermaßen und steht einer ökonomischen Engführung des Bildungsverständnisses kritisch gegenüber. In die Auseinandersetzung mit dem Konzept der Wissensgesellschaft sind „Maße des Menschlichen“ (vgl. EKD, 2003) einzubringen. Neben der Vermittlung von Wissen sollte im Rahmen von Bildung eine umfassende Kompetenz gefördert werden, in der auch Fähigkeiten, Können und das Wollen einbezogen sind.

5 Verschiedene Modelle – gemeinsame Herausforderungen?

Im abschließenden Teil dieses Beitrages werden fünf Herausforderungen genannt, die sich den bestehenden Modellen und Ansätzen stellen. Dabei geht es weniger um Vollständigkeit als vielmehr um Anregungspotenzial für den weiteren Diskurs um zukunftsfähige Modelle religiöser Bildung an den Schulen Europas.

Die erste Herausforderung hängt mit dem Phänomen einer zunehmend globalisierten Religion zusammen. Simojoki hat soziologische, theologische und pädagogische Perspektiven im Blick auf Globalisierung untersucht mit der Zielsetzung, ein theoretisches und konzeptionelles Verständnis von Religionsunterricht im Kontext der Globalisierung zu entwerfen (Simojoki, 2012). Seine Folgerung ist deutlich: "Wenn sich Religion verändert, kann Religionspädagogik nicht bleiben, wie sie ist." (Vgl. a.a.O., 2012, 251). Die Herausforderungen, denen junge Menschen heute und zukünftig im Blick auf Religion begegnen, müssten stärker berücksichtigt werden. Welche Kompetenzen sind notwendig zum sachgemäßen Umgang mit Religion und religiöser Vielfalt? Wie sollte der Religionsunterricht organisiert werden, um diese Kompetenzen fördern zu können? Dies beinhaltet auch die Frage nach der Rolle und dem Stellenwert von Religion und Religiosität im Rahmen von allgemeiner öffentlicher Bildung und Ausbildung.

Die zweite Herausforderung hängt mit der Zielsetzung des Religionsunterrichts zusammen, den Umgang mit Fundamentalismus und Relativismus als Phänomene einer zunehmend plural verfassten Gesellschaft einzuüben. Die Gefahr einer fundamentalistischen Position besteht darin, die bestehenden Ambivalenzen einer kulturell und religiös vielfältigen Situation zu ignorieren und sich exklusiv mit einer einzigen Sichtweise bzw. Position zu identifizieren. In einer relativistischen Perspektive werden Ambiguitäten verharmlost, so dass sie nicht mehr als störend empfunden werden, sondern als bereichernde Optionen. Friedrich Schweitzer hat die Perspektive einer prinzipiellen Pluralitätsfähigkeit als Zielsetzung für den Religionsunterricht vorgeschlagen (Schweitzer, 2012). Kennzeichen einer solchen Pluralitätsfähigkeit ist nicht die Auflösung einer pluralen Situation oder vorhandener Spannungen zwischen unterschiedlichen Wahrheitsansprüchen z. B. von religiösen Traditionen, sondern vielmehr die Fähigkeit, eine eigene kritische und begründete Wahl zwischen verschiedenen Optionen treffen zu können. Dazu solle religiöse Bildung beitragen, indem sie den Prozess der Identitätsfindung begleitet, zumindest partielle Identifikationen mit religiösen Traditionen oder Bruchstücken davon anbietet. In dieser Weise ermöglicht prinzipielle Pluralitätsfähigkeit religiöse Identitätsbildung und Dialogfähigkeit.

Eine dritte Herausforderung nimmt den Diskurs um Kompetenzorientierung als Perspektivenwechsel allgemeiner Bildung auf. Auf der Grundlage internationaler Studien über „Bildungserfolg" wie PISA, IGLU und anderen ist die Perspektive nicht mehr länger auf den „input" von Lehr- und Lernprozessen gerichtet, sondern auf den angestrebten „outcome" auf Seiten der Schülerinnen und Schüler. Diese Entwicklung hat auch dazu geführt, nach möglichen „outcomes" von Religionsunterricht zu fragen. Ein Ergebnis davon könnte sein, ein schärferes Profil davon zu entwickeln, was unter religiöser Kompetenz oder *religious literacy* verstanden werden kann (vgl. Willems, 2011; Sajak & Muth, 2011)

Eine vierte Herausforderung liegt darin, Religion nicht als abstrakte, theoretische Weltanschauung, sondern vielmehr als konkrete Lebenspraxis anzusehen. In Verbindung mit biblischer Hermeneutik und der Tatsache, dass “Inszenierung” ein wichtiges Element in der Lebenswelt Jugendlicher geworden ist, wurden Initiativen eines performativen Religionsunterrichts in Deutschland entwickelt (vgl. Klie & Leonhard, 2008). Diese Entwicklung kritisiert eine nur auf die Vermittlung von Wissen ausgerichteten Religionsunterricht und fordert, andere Sinne einzubeziehen, um „Kontakt“ zu religiösen Traditionen zu ermöglichen.

Eine weitere Herausforderung liegt in der Beobachtung, dass der Religionsunterricht geprägt wird von politischen, ökonomischen und kulturellen “Mächten”, die jede der angesprochenen Ebenen beeinflussen (können). Der Religionsunterricht ist ein Feld, in dem Politik und Pädagogik eng verschränkt sind (vgl. Miedema, 2007; Schreiner, 2012). In einigen Kontexten wird Bürgerschaftsbildung (citizenship) eng mit dem Religionsunterricht verbunden (z. B. England), in anderen Kontexten wird der Religionsunterricht als Instrument für sozialen Zusammenhalt funktionalisiert. An dieser Stelle lässt sich fragen: *Für wen* wird dieses Fach eigentlich organisiert? Für die Kirchen und Religionsgemeinschaften, die zukünftige Mitglieder rekrutieren wollen? Für die Eltern, die ihren Kindern eine ethisch-religiöse Bildung zukommen lassen wollen, die sie selbst nicht mehr leisten (können)? Für die Gesellschaft und das Sozialwohl? Geht es nicht zuvörderst darum, Kindern und Jugendlichen eine umfassende Bildung mit dem Recht auf Religion und religiöse Bildung zukommen zu lassen?

Dies lässt sich durch ein Zitat von Denise Cush unterstreichen:

> “However, whatever approach is taken to the place of religion in education, it must be agreed that in today’s world it is an urgent necessity that our children and young people learn about the beliefs, values, practices and identities of the people they will be interacting with, that they learn to respect but also to think critically about the various faiths and beliefs they will come across, and that they have access to ideas, values and customs that they can draw upon (or critique) in transforming their own lives and those around them for the better.” (Cush, 2011, 82)

6 Literatur

Beck, U. & Grande, E. (2005) *Das kosmopolitische Europa. Gesellschaft und Politik in der Zweiten Moderne*. Orig.-Ausgabe, 1. Aufl., [Nachdr.] (Frankfurt a. M., Suhrkamp (Edition Zweite Moderne)).

von Brömssen, K. (2003) *Tolkningar, förhandlingar och tystnader. Elevers tal om religion i det mångkulturella och postkoloniala rummet.* (Göteborg, Acta Universitatis Gothoburgensis) (Studies in Educational Sciences 201). Verfügbar unter: www.gupea.ub.gu.se [20.09.2014].

Börzel, T.A. & Risse, T. (2003) Conceptualizing the Domestic Impact of Europe, in: K. Featherstone, C. M. Radaelli (Hrsg.) (2003) *The Politics of Europeanization* (Oxford, Oxford University Press), 57–80.

Cush, D. (2011) Without Fear or Favour: Forty Years of Non-confessional and Multi-faith Religious Education in Scandinavia and the UK, in: L. Franken & P. Loobuyck (Hrsg.) *Religious Education in a Plural, Secularised society. A Paradigm Shift* (Münster, New York, München, Berlin, Waxmann), 69–84.

Dommel, Ch. (2007) *Religions-Bildung im Kindergarten in Deutschland und England.* (Frankfurt a. M., IKO).

EKD [= EKD-Kirchenamt] (Hrsg.) (2003) *Maße des Menschlichen. Evangelische Perspektiven zur Bildung in der Wissens- und Lerngesellschaft. Eine Denkschrift* (Gütersloh).

Featherstone, K. & Radaelli, C. M. (Hrsg.) (2003) *The Politics of Europeanization* (Oxford, Oxford University Press).

Ferrari, S. (2013) Religious education in the European Union, in: D. Davis & E. Miroshnikova (Hrsg.) *The Routledge International Handbook of Religious Education* (London, Routledge), 100–103.

Graziano, P. & Vink, M. P. (Hrsg.) (2007) *Europeanization. New research agendas.* (Houndmills Basingstoke Hampshire, England, New York, Palgrave Macmillan).

Klie, T. & Leonhard, S. (2008) *Performative Religionsdidaktik. Religionsästhetik – Lernorte – Unterrichtspraxis.* (Stuttgart, Kohlhammer) (Praktische Theologie heute, 97).

Lawn, M. & Grek, S. (2012) *Europeanizing Education: governing a new policy space.* (Oxford, Symposium).

Meyer, K. (1999) *Zeugnisse fremder Religionen im Unterricht. "Weltreligionen" im deutschen und englischen Religionsunterricht* (Neukirchen-Vluyn, Neukirchener).

Miedema, S. (2007) Contexts, Debates and Perspectives of Religion in Education in Europe, in: R. Jackson, S. Miedema, W. Weisse & J.-P. Willaime (Hrsg.) *Religion and Education in Europe. Developments, Contexts and Debates* (Münster, Waxmann) (Religious diversity and education in Europe, 3), 267–283.

Ofsted [= Office for Standards in Education] (2013) *Religious education: realising the potential.* Verfügbar unter: www.ofsted.gov.uk [29.10.2013].

Pirner, M. L. (2013) Protestantismus und Menschenrechtsbildung: Das Beispiel Religionsunterricht, in: R. Koerrenz (Hrsg.) *Bildung als protestantisches Modell* (Paderborn, Schöningh), 149–167.

REC [= Religious Education Council] (2013) *A Review of Religious Education in England.* Verfügbar unter: www.religiouseducationcouncil.org.uk [05.11.2013].

Sajak, C. P. & Muth, A. K. (2011) *Standards für das trialogische Lernen. Interkulturelle und interreligiöse Kompetenzen in der Schule fördern* (Bad Homburg v. d. Höhe, Herbert-Quandt-Stiftung).

Schambeck, M. (2013) *Interreligiöse Kompetenz. Basiswissen für Studium, Ausbildung und Beruf* (Göttingen, Vandenhoeck & Ruprecht) (UTB Religionspädagogik, 3856).

Schreiner, P. (2007) Religious Education in the European Context, in: E. Kuyk, R. Jensen, D. Lankshear, E. Löh Manna & P. Schreiner (Hrsg.) *Religious education in Europe. Situation and current trends in schools* (Oslo, IKO - Publishing House), 9–16.

Schreiner, P. (2012) *Religion im Kontext einer Europäisierung von Bildung* (Münster, Waxmann).

Schweitzer, F. (2012) Religious Education, Identity and Faith in (Post-)Modernity: More Than a Biographical Approach? A Personal Attempt at Finding the Red Thread in My Academic Work on Religious Education, in: I. ter Avest (Hrsg.) *On the Edge: (Auto)biography and Pedagogical Theories on Religious Education* (Rotterdam, Sense Publishers), 163–174.

Simojoki, H. (2012) *Globalisierte Religion. Ausgangspunkte, Maßstäbe und Perspektiven religiöser Bildung in der Weltgesellschaft* (Tübingen, Mohr Siebeck).

Sjöborg, A. (2013) Aiming for the Stars? State Intentions for Religious Education in Sweden and Pupils' Attitudes, in: A. Jödicke (Hrsg.) *Religious education politics, the state, and society* (Würzburg, Ergon) (Religion in der Gesellschaft, 35), 69–84.

Willems, J. (2011) *Interreligiöse Kompetenz. Theoretische Grundlagen, Konzeptualisierungen, Unterrichtsmethoden.* (Wiesbaden, VS-Verlag).

II. Religiöse Pluralität und unterschiedliche Stile des Umgangs mit Religion

Überlegungen zu einem evangelischen Bildungsverständnis

Bernhard Dressler

1 Keine Theologie der Bildung – aber theologische Reflexion der Bildung

Die evangelische Theologie sucht, nach einer Zeit der Bildungsvergessenheit, gegenwärtig wieder den Anschluss an bildungstheoretisches Denken. Seither ist eine gewisse Vollmundigkeit zu beobachten, mit der der Bildungsbegriff für die christliche – zumal natürlich für die protestantische – Tradition reklamiert wird. Wenn gelegentlich bereits Meister Eckhart zu einem bildungstheoretischen „Klassiker" erklärt wird, von dem über die Reformatoren und die Neuhumanisten eine gerade Linie in die Gegenwart zu ziehen sei, dann werden in der Verschleifung aller Unterschiede auch alle Katzen grau. Ohnehin besteht die Neigung, den Bildungsbegriff als Passepartout zu benutzen, mit dem sich gleichermaßen die Reduktion der Schule auf ein Dienstleistungsunternehmen für den Arbeitsmarkt wie verschwiemelte bildungsbürgerliche Ideale legitimieren lassen. Bildung in einem präzisen Sinne ist aber nicht unabhängig von einem bestimmten Begriff von Subjektivität – und zwar einem nachidealistisch in die Krise geratenden Begriff von Subjektivität – zu denken, wie er bei Humboldt, Herder und nicht zuletzt bei Schleiermacher zu finden ist. Umso weniger darf vergessen werden, auf welche Invektiven der Bildungsbegriff zwischenzeitlich innertheologisch stieß – sei es im Verdikt der dialektischen Theologie gegen den mit Bildung vermeintlich verbundenen Anspruch auf Selbstmächtigkeit, sei es in den theologisch aufgeladenen schwarzpädagogischen Gehorsamsforderungen des Neuluthertums. Erst wenn das alles gesagt und bedacht worden ist, erst dann darf man dem Gedanken nachgehen, dass Bildung mit dem Christentum, näherhin mit der Reformation zu tun hat – zumal im Blick auf Deutschland, in dessen Grenzen dieser in andere Sprachen unübersetzbare Begriff ja nicht zufällig reüssierte. Eindeutige Elternschaftsverhältnisse aber sind nicht auszumachen, sondern nur hochkomplexe Verwandtschaftsbeziehungen. Ganz davon abgesehen, dass zwischen Genese und Geltung zu unterscheiden ist. So ist es übergriffig, dem historischen Argument unmittelbar systematische Bedeutung zuzuschreiben (vgl. etwa Lämmermann, 1999, 213: „Bildung ist … ein genuin theologischer Begriff, der erst sekundär pädagogisch adaptiert wurde"). Es kommt deshalb weniger darauf an, den Bildungsbegriff durch genealogische Ableitungen für das Christentum zu reklamieren, sondern ihn über die Bestimmung seines sachlichen Gehalts als an theologische Reflexion anschlussfähig zu erweisen, ja dann vielleicht sogar als auf diesem Wege erst recht eigentlich inhaltlich bestimmbar zu erweisen.

Darüber hinaus kann eine allgemeine Bildungstheorie mit dem Anspruch auf öffentliche Geltung nicht allein theologisch begründet werden – ganz gleich, ob man dabei an theologiegeschichtliche Verwandtschaftsverhältnisse oder systematisch-theologische Überlegungen denkt. Ein wie auch immer theologisch erhobener Geltungsanspruch kann nicht mit öffentlicher Akzeptanz rechnen, was freilich weder ein historisches noch ein systematisches, sondern ein bildungspolitisches Argument ist. Er wäre aber auch aus normativen Gründen problematisch, denn damit würde die moderne Ausdifferenzierung der Pädagogik als eines eigenständigen Handlungsfeldes hintergangen werden. Das trifft auch zu für den Versuch Reiner Preuls, mittels einer „evangelischen Bildungstheorie" die theologische Normierung des Bildungsgedankens überhaupt zu versuchen. Folgerichtig bleibt dann der historische und systematische Kern von Bildung unterbelichtet, nämlich die ausdifferenzierten kulturellen Praxen der modernen Gesellschaft am Orte des Subjekts zu einer differenzkompetenten Lebensführung zu integrieren (vgl. Preul, 2013). Schon Schleiermacher sah nicht die Theologie, sondern die philosophische Ethik als den Begründungsort der Pädagogik. „Die Entwicklung einer allgemeinen Bildungstheorie ist die Aufgabe einer säkularen Pädagogik, die unter den Bedingungen der Neuzeit ohne theologische Prämissen arbeitet und jede theologische Bevormundung strikt ablehnt. Die Theologie kann nur erwarten, dass es sich bei der Bildung um eine offene Interpretationskategorie handelt, die nach dem *Modell von Analogie und Differenz* weiter ausgestaltet werden kann" (Biehl, 2003a, 211).

Karl Ernst Nipkow hat die Selbständigkeit der Pädagogik zu Recht in den Zusammenhang der lutherischen Zwei-Regimenten-Lehre gerückt (vgl. Nipkow, 2002, 30). So gesehen kann es ebenso wenig wie eine christliche Politik eine evangelische oder christliche Pädagogik geben. Vorausgesetzt wäre eine christliche Wertetheorie, die sich aber rechtfertigungstheologisch nicht begründen ließe (vgl. Schroer, 2001, 59). Auch religiöse Bildung ist keine Religionspraxis, sondern weltliches Geschäft im *Dienste* der Kommunikation des Evangeliums. Gerade um der quasi-religiösen Aufladung des Bildungsbegriffs, wie sie in manchen idealistisch-humanistischen Bildungskonzepten begegnet, kritisch begegnen zu können, ist strikt darauf zu achten, Bildung nicht in Heilskategorien auszubuchstabieren. Sie dient niemals der Rettung, garantiert keine moralische Güte, sondern enthält immer „nur" eine Hoffnung auf Humanität. Wie religiös inspiriert auch immer das Bildungshandeln sein mag, Bildung bleibt menschliches Werk. Unter neuzeitlichen Bedingungen müssen bildungstheoretische Argumente schon deshalb ohne theologische Begründungen plausibel sein, weil auch religiöse Bildung zwar falsche religiöse Ansprüche kritisieren kann, die Zustimmung zur Grundlage dieser Kritik aber nicht zu ihrem operationalisierbaren Ziel machen kann. Eine der paradoxalen Pointen des Bildungsverständnisses besteht ja gerade darin, dass Bildungsprozesse von der Möglichkeit leben, dass die in ihnen kommunizierten Inhalte prinzipiell auch müssen abgelehnt werden können.

Zwar wird man also sagen können, dass der Bildungsbegriff eine „auffällige Nähe zum Religionsbegriff" aufweise (Kunstmann, 2002, 151), aber die Feststellung von Analogien und Affinitäten erübrigt keine spezifischere Untersuchung von Anschlussfähigkeit und Differenz. Die Behauptung, dass Bildung immer schon eine religiöse Dimension enthalte, gründet freilich auf einer theologischen *Interpretation* der in Bildungsprozesse einzutragenden Unbedingtheitsansprüche. Theologische Aufgabe ist es, in dieser Hinsicht Bildungstheorien und Bildungshandeln darüber aufzuklären, dass sie dann auf Religion angewiesen sind, „wenn sie nicht auf Endlichkeitserfahrung verzichten und den Sinn fürs Absolute nicht verdrängen" wollen (Biehl, 2003a, 115). In religiöser Perspektive kann die Freiheit verständlich werden, mit der wir uns als endliche Wesen begabt sehen und in die wir immer schon praktisch verwickelt sind. Solange Bildung keine totalitären Ansprüche erhebt und nicht selbst das Ganze von Leben und Welt zu vermitteln beansprucht, kann sie deshalb die theologisch zu erschließende Freiheit praktisch für sich geltend machen. Aber „aus der Tatsache, dass der Bildungsbegriff religiöse Wurzeln hat, lässt sich nicht schließen, dass Bildung in theologischer Perspektive heute noch in Geltung sei und die Theologie ihn nicht von der Pädagogik übernehmen müsse. Ist der Bildungsbegriff einmal erschlossen, ist er auch unabhängig von seiner Genese in der Pädagogik in Geltung" (a.a.O., 122). Zwar lässt sich ganz grundsätzlich sagen, dass die moderne Individualitätskultur, an der der Bildungsbegriff hängt, sich dem (reformatorischen) Christentum (mit) verdankt. Aber der „Hinweis auf die Herkunft greift nur, wenn diese nicht gänzlich vergleichgültigt wurde, wenn also mit pietas gegenüber den eigenen Anfängen gerechnet werden darf" (Moxter, 2002, 53). Es bedarf jedenfalls eines systematischen Arguments, um die Bedeutung des Christentums für jene humane Lebenskultur zu begründen, auf die Bildung angewiesen ist und auf die sie hinzielt. Nun kann ja in der Tat gezeigt werden, dass sich das normative Bewusstsein dieser Kultur weitgehend auf dem Boden des Christentums gebildet hat und wahrscheinlich nur hat bilden können. Die rechtfertigungstheologische Unterscheidung zwischen Personen und ihren Taten sowie ihren empirischen Eigenschaften ist die Grundlage des modernen Menschenwürde-Postulats. Aber kein Mensch wird damit auf eine *bestimmte Begründung* dieses Postulats verpflichtet. Sein Geltungsanspruch muss von der Zustimmung bzw. Zugehörigkeit zu einer religiösen Praxis abgekoppelt werden können.

Aufgrund des jeweiligen Eigensinns des theologischen und pädagogischen Denkens ist kein gemeinsamer Nenner zu erwarten. Gleichwohl darf nicht übersehen werden, dass mit dem Hinweis auf die im Bildungsbegriff enthaltene Anfälligkeit für Selbsterlösungsideologien eben das Spannungsverhältnis zwischen Pädagogik und Theologie und zwischen Bildung und Religion bezeichnet ist, das gerade in deren enger Wechselbeziehung hervortritt. Das lässt sich sagen, ohne konfrontativ und prinzipiell auf argumentative Anschlussfähigkeit verzichten zu wollen. In theologischer Perspektive kann die Bildungstheorie an Unterscheidungen gemessen werden, die den fundamentalen Selbstunterscheidungen des christlichen Glaubens entsprechen (vgl. hierzu grundsätzlich: Dressler, 2006; 2007): Zwischen Person und Subjekt und zwischen Glaube und Werken. So lässt sich sagen, „dass der Begriff der Bildung im biblischen Verständnis immer an die Grenzen des Machbaren führt. … Er erinnert an das, was der Mensch wird, ohne es zu machen, auch wenn er selbst daran beteiligt ist. Der Begriff ‚Bildung' betont das Moment des Unverfügbaren, im Gegensatz zum Lernbegriff" (Meyer-Blanck, 2003, 119). Auch wenn eine religiöse Begründung und Interpretation dieses Gedankens wiederum nicht zwingend ist – Unverfügbarkeit lässt sich auch in nichtreligiösen Kategorien von Kontingenz denken – so kann man doch sagen, dass die kritische Aufgabe der Theologie sich gegen die Funktionalisierung von Bildung ebenso wie gegen die im Kontext des Bildungsthemas immer wieder drohende Funktionalisierung von Religion richtet.

Bildung soll die Antwort auf die Frage geben, „wozu wir Wissen und Fertigkeiten brauchen, welchen Zielen unser Handeln in Wirtschaft, Politik und Wissenschaft dienen soll" (Schwöbel, 1998, 180). Bildung unterliegt deshalb *nicht selbst* der „Wozu-Frage", sondern ist jenseits instrumenteller Zweckkalküle angesiedelt. Umso genauer lassen sich die kritischen Fragen aus theologischer Perspektive formulieren: Der „Glaube an Gott den Schöpfer" impliziert eine „Kritik aller Bildungsideale, die den Prozess der Bildung als die Verwirklichung des neuen Menschen begreifen"; der „Glaube an Gott den Versöhner" zielt auf eine „Kritik aller Bildungsvorstellungen, die die Fehlbarkeit, ja sogar das Gefallensein des Menschen ignorieren"; der „Glaube an Gott als den Vollender der Welt" schließlich nimmt alle Perfektibilitäts-Ideale kritisch in den Blick (a.a.O., 183f.).

Christliche Theologie hat die Pädagogik auf diese Weise mit Fragen nach ihrem jeweiligen Menschenbild zu konfrontieren, dessen normierende Kraft gerade dann durchschlägt, wenn die Pädagogik sich gegenüber anthropologischen Fragen abstinent hält: Wo schlagen Bildungsideale in Vollkommenheitsansprüche um, die die Endlichkeit und Fehlbarkeit des Menschen ausblenden? Wo schreibt sich die Pädagogik selbst quasireligiöse Aufgaben des Heils, innerweltlicher Erlösungsansprüche zu? Wo schlagen Subjektivitätsideale in Individualisierungskonzepte um, die die Sozialität des Menschen ignorieren und seiner Fähigkeit zur Solidarität nichts zutrauen?

Wo werden Bildungsziele auf Qualifikationsmerkmale reduziert, mit denen Menschen für Zweckkalküle instrumentalisiert werden? Es ist diese letzte Frage, die in den gegenwärtigen bildungs*politischen* Auseinandersetzungen am schärfsten zu formulieren ist. Die kritische Funktion der Theologie in Bildungsprozessen richtet sich also gegen ein idealistisches pädagogisches Selbstmissverständnis ebenso wie gegen die Auslieferung der Bildung an ökonomisch-instrumentelle Zwecksetzungen. Diese kritische Funktion der Theologie bedeutet nicht zuletzt, die an Bildungsprozessen Beteiligten immer wieder daran zu erinnern, mit wem sie es zu tun haben: Mit Menschen – also weder mit Göttern noch mit Sachen.

2 Bildung im Kontext „rettender Säkularisierung"?

In seiner Reflexion des Verhältnisses von „Glauben und Wissen" hat Jürgen Habermas einen Vorschlag zu einer Koalition – mehr jedenfalls als zu einer friedlichen Koexistenz – von Religion und „nachmetaphysischem" Denken gemacht, der im Blick auf das angesprochene Verhältnis zwischen Theologie und Bildungstheorie fruchtbar zu sein scheint. (Im Folgenden orientiere ich mich ohne nähere Nachweise an meinem Aufsatz: Religion im Ethikunterricht. Problemanzeigen, Dressler, 2010, 112–128, hier: 119ff.). Bekanntlich diagnostiziert Habermas eine „postsäkulare" Gegenwartssituation, die die kulturelle Säkularisierung als einen doppelten Lernprozess zu verstehen gibt, in dem die Traditionen der Aufklärung und der Religion sich in gleicher Weise zu einer Reflexion auf ihre Grenzen genötigt sehen (vgl. Habermas, 2001). Damit sei mehr gemeint als die Tatsache, dass sich die Religion in einer zunehmend säkularen Umgebung behauptet und für ihren funktionalen Beitrag zur Reproduktion erwünschter Motive und Einstellungen – vulgo: als Wertevermittlerin – öffentliche Anerkennung verdiene. Es gehe nicht nur um den gleichsam schonenden Umgang des Staates mit seinen kulturellen Ressourcen. Der säkularisierten Öffentlichkeit, zumal dem Staat, sei nach wie vor kein direkter argumentativer Bezug auf religiöse Überzeugungen und Traditionen möglich. Aber die Forderung an die Religionsgemeinschaften, zur Vermeidung ihrer Selbstghettoisierung ihre Überzeugungen auch in anderen als traditionell-religiösen Sprachformen zu artikulieren, sieht Habermas reziprok zu der Forderung an die säkulare Öffentlichkeit, den ja bereits alltäglich stattfindenden Übersetzungsleistungen der Gläubigen mehr entgegenzukommen. Nur unter dieser beiderseitigen Voraussetzung „(vollzieht sich) eine Säkularisierung, die nicht vernichtet, … im Modus der Übersetzung" (Habermas, 2001, 53). Zudem ist die „weltanschauliche Neutralität der Staatsgewalt … mit der politischen Verallgemeinerung einer säkularistischen Weltsicht (unvereinbar)" (Habermas, 2005a, 118). Habermas hat in diesem Zusammenhang als Beispiel einer „rettenden" statt

„vernichtenden" Säkularisierung die „Übersetzung der Gottesebenbildlichkeit des Menschen in die gleiche und unbedingt zu achtende Würde aller Menschen" bezeichnet. „Sie erschließt den Gehalt biblischer Begriffe über die Grenzen einer Religionsgemeinschaft hinaus einem allgemeinen Publikum von Andersgläubigen und Ungläubigen" (a.a.O., 116). Den religiösen Bürgern dieses Landes werde zu Recht (und, würde ich hinzufügen: zu ihrem Gewinn) abverlangt, ihre Überzeugungen in eine Sprache zu übersetzen, die auch den – wie Habermas sich selbst zu bezeichnen pflegt – „religiös unmusikalischen" Bürgern verständlich ist. Die – plakativ gesprochen: postmoderne – Reflexivität von Aufklärung und Religion habe Konsequenzen „für den politischen Umgang von ungläubigen mit gläubigen Bürgern. … Beide Seiten können, wenn sie die Säkularisierung der Gesellschaft gemeinsam als einen komplementären Lernprozess begreifen, ihre Beiträge zu kontroversen Themen in der Öffentlichkeit dann auch aus kognitiven Gründen gegenseitig ernstnehmen" (ebd.). Bei der Übersetzung religiöser Traditionen in auch für nicht-religiöse Bürger verständliche und zumutbare Gehalte gehe es daher um „eine kooperative Aufgabe, an der sich auch nicht-religiöse Bürger beteiligen…, wenn die religiösen Mitbürger, die zur Teilnahme fähig und bereit sind, nicht auf eine asymmetrische Weise belastet werden sollen" (Habermas, 2005b, 137). Denn so lange nicht-religiöse Bürger die Religion für ein archaisches Relikt halten, können sie auch die „Religionsfreiheit nur als kulturellen Naturschutz für aussterbende Arten verstehen. Aus ihrer Sicht hat die Religion keine innere Berechtigung mehr. Auch das Prinzip der Trennung von Staat und Kirche kann dann nur noch den laizistischen Sinn eines schonenden Indifferentismus haben. … Bürgern, die eine solche epistemische Einstellung gegenüber der Religion einnehmen, kann offensichtlich nicht zugemutet werden, religiöse Beiträge zu politischen Streitfragen ernst zu nehmen und in kooperativer Wahrheitssuche auf einen Gehalt zu prüfen, der sich möglicherweise in säkularer Sprache ausdrücken und in begründender Rede rechtfertigen lässt" (a.a.O., 145). Dass damit der öffentliche Diskurs, zumal angesichts der erwartbaren Zunahme religionspolitischer Streitthemen, belastet wäre, liegt auf der Hand.

Was folgt aus diesen Überlegungen? Ich meine, dass sich nur durch religiöse Bildung auch für den „religiös unmusikalischen" Bürger die Aufgabe vermitteln lässt, „das Verhältnis von Glauben und Wissen aus der Perspektive des Weltwissens *selbstkritisch* zu bestimmen. Die Erwartung einer fortdauernden Nicht-Übereinstimmung von Glauben und Wissen verdient nämlich nur dann das Prädikat ‚vernünftig', wenn religiösen Überzeugungen auch aus der Sicht des säkularen Wissens ein epistemischer Status zugestanden wird, der nicht schlechthin irrational ist" (Habermas, 2005a, 118). Dass sich dieser Satz aus theologischer Perspektive auch weniger defensiv formulieren lässt, versteht sich von selbst. Religiöse Bildung verlangt von Gläubigen die Bereitschaft und die Fähigkeit zu einem Perspektivenwechsel zwischen religiöser Rede und Reden über Religion, der die eigene Überzeugung in reflexive Distanz rückt, aber nicht negiert. Dieser Anspruch ist aus Gründen symmetrischer Kommunikation im öffentlichen Diskurs reziprok auch an all jene zu richten, die, aus welchen Gründen auch immer, von der Teilnahme an religiöser Praxis Abstand nehmen. Religiöse Bildung ist deshalb eine Aufgabe, die nicht allein auf einen – in den Augen seiner Verächter – als voraufklärerisch-museale Traditionspflege missverstandenen Religionsunterricht abgeschoben werden darf.

Eine Schwierigkeit im Blick auf die dafür erforderliche Sprachkompetenz nach beiden Seiten hin zeigt sich nun freilich darin, dass Habermas seinen Vorschlag für die Reformulierung religiöser Traditionen in diskursiv-säkularer Sprache unter den Vorbehalt stellt, selbst „religiös unmusikalisch" zu sein, obgleich bei seinen Überlegungen zum Theologoumenon der Gottebenbildlichkeit kaum eine Differenz zu einer systematisch-theologischen Reflexion erkennbar wird:

> „Dass der Gott, der die Liebe ist, in Adam und Eva freie Wesen schafft, die ihm gleichen, muss man nicht glauben, um zu verstehen, was mit Ebenbildlichkeit gemeint ist. Liebe kann es ohne Erkenntnis in einem anderen, Freiheit ohne gegenseitige Anerkennung nicht geben. Dieses Gegenüber in Menschengestalt muss seinerseits frei sein, um die Zuwendung Gottes erwidern zu können. Trotz seiner Ebenbildlichkeit wird freilich auch dieser Andere als Geschöpf Gottes vorgestellt. Hinsichtlich seiner Herkunft kann er Gott nicht ebenbürtig sein. Diese *Geschöpflichkeit* des Ebenbildes drückt eine Intuition aus, die in unserem Zusammenhang auch dem religiös Unmusikalischen etwas sagen kann... Gott bleibt nur so lange ein ‚Gott freier Menschen', wie wir die absolute Differenz zwischen Schöpfer und Geschöpf nicht einebnen. Nur so lange bedeutet nämlich die göttliche Formgebung keine Determinierung, die der Selbstbestimmung des Menschen in den Arm fällt. ... Nun – man muss nicht an die theologischen Prämissen glauben, um die Konsequenz zu verstehen, dass eine ganze andere als kausal vorgestellt Abhängigkeit ins Spiel käme, wenn die im Schöpfungsbegriff angenommene Differenz verschwände und ein Peer an die Stelle Gottes träte..." (Habermas, 2001, 30f.).

Sofern Habermas damit nicht nur auf eine Abstinenz gegenüber religiöser *Praxis* – z. B. dem Gebet oder der Inanspruchnahme von Kasualien – abhebt, könnte vermutet werden, dass er dem religiösen Sprachspiel einen metaphysischen bzw. ontologischen Anspruch unterstellt, den er selbst für obsolet hält. Freilich ist zu unterscheiden zwischen dem Sprachspiel der an diskursiv-propositionale Sprache direkt anschlussfähigen theologischen Anthropologie, die religiöse Sprache reflektiert, und religiöser Rede selbst. Religiöse Rede aber gehört zu einer *Lebensform*, ohne die theologische Sätze – als gleichsam freischwebende „geistige Gehalte" – auch dann kaum Bedeutung hätten, wenn sie sich in säkularisierte Sprachformen retten ließen. Das hat zugleich damit zu tun, dass die von Habermas geforderte Übersetzbarkeit religiöser in säkulare Gehalte strikt zu begrenzen ist. Sie hängt an eben jener Fähigkeit des Wechsels zwischen „religiöser Rede" und „Reden über Religion", die als Charakteristikum religiöser Bildung gelten kann. Im Blick auf diesen Perspektivenwechsel ist nun aber zu bedenken, dass der Modus religiöser (als unterschieden von theologisch-reflexiver!) Kommunikation, dass also die Symbole und Metaphern christlicher Erzählpraxis und christlicher Liturgien semantische Überschüsse enthalten, die die Übersetzung in Begriffe und Argumente nicht überleben. Jede Metapher wird im Augenblick ihrer Übersetzung vernichtet. Darin besteht ja gerade die Pointe der Kommunikation des Evangeliums, dass ihr Metaphern und Symbole nicht als didaktische Illustration dogmatischer Lehrsätze dienen, sondern als die einzig möglichen Sprachformen, in denen von Gott geredet werden kann. So sehr also der Vorschlag von Jürgen Habermas für eine „rettende Säkularisierung“ unabgegoltener semantischer Potenziale des christlichen Glaubens dem öffentlichen Religionsfrieden dienen mag, fruchtbar ist er nur im Blick auf die *Grenzen* der Übersetzbarkeit. Dieser Befund ist exemplarisch für das Verhältnis zwischen Religion und einem vor der säkularen Öffentlichkeit vertretbaren Bildungsgedanken.

„Die freie Selbstbestimmung Gottes hat eine Entsprechung in der freien Selbstbestimmung des Menschen“ so formuliert es Peter Biehl, um den Bildungsprozess in der Vorgabe Gottes zugleich begründet und begrenzt sehen zu können. Die theologische Reflexion des Bildungsprozesses gewinnt bei Biehl ihr Profil durch die Unterscheidung zwischen „Subjekt“ und „Person“: „Im Prozess der Bildung geht es … um den Prozess der Subjektwerdung des Menschen in der Gesellschaft als ein ständiges Freilegen seiner ihm gewährten Möglichkeiten. Diesem Prozess bleibt das Personsein als Grund der menschlichen Freiheit und Selbstbestimmung stets voraus. Subjekt muss der Mensch im Prozess seiner Bildung erst werden, Person ist er immer schon“ (Biehl, 2003b, 40).

3 Bildung und Leben in einer zerrissenen Welt

Die bleibende Bedeutung der über 200 Jahre alten klassischen neuhumanistischen Bildungskonzepte besteht weder in ihrer Ehrwürdigkeit noch in ihrer Idealität, sondern darin, dass in ihnen „die neuzeitliche *Grundsituation, vor der wir heute immer noch stehen*, in aller Schärfe erkannt“ wurde (Biehl, 1988, 41, Hervorhebung B. D.). Es sind die sozialhistorisch mit der Auflösung ständischer Ordnungen und mentalitätsgeschichtlich mit der Aufklärung verbundenen Entsicherungen, die auf die Frage, wozu der Mensch bestimmt sei, keine Antworten im Sinne tradierter Selbstverständlichkeiten mehr zulassen. Die teleologischen Muster des Welt- und Selbstverständnisses, wonach alles seinen Sinn und Zweck hat, zeigen erste Risse. Die aus der Antike überkommene und mit dem christlichen Schöpfungsglauben verbundene Kosmosfrömmigkeit wird erschüttert. Das bürgerliche Selbstbewusstsein setzt erworbene gegen ererbte Autorität und untergräbt damit den Geltungsanspruch von Traditionen. Als Zerrissenheit des bürgerlichen Lebens wird thematisch, was wenig später mit der Diagnose der „Entfremdung" des Menschen einen Grundton modernen Lebensgefühls anstimmt. Mit der Entwicklung marktwirtschaftlicher Verhältnisse gewinnt die funktionale Ausdifferenzierung der Gesellschaft in eine Vielfalt von Teilsystemen mit jeweils eigenen Rationalitätsmustern und Handlungsregeln als das Grundprinzip der Moderne eine neue Qualität. Hier liegt das verbindende Motiv zwischen dem historischen Ursprung des modernen Bildungsbegriffs und der Gegenwart: „Bildung wird dann zum Thema, wenn der Ausgang des Menschen aus zerbrochenen Selbstverständlichkeiten bewältigt werden soll" (Schwöbel, 1998, 177). Von Anfang an richtet sich Bildung auf die Entwicklung einer Subjektivität, die in der Erschließung der Welt das Inkompatible, das Ganze *in seinen Differenzen*, zusammenzuhalten in der Lage ist. Alles, was Bildung nur im Kontext „ganzheitlicher" Sozialformen gelten lässt, erweist sich daher gemessen an den Ursprüngen des Bildungsdenkens als reaktionäre Sozialromantik. Den Kern des Bildungsdenkens bildet seit jeher ein (selbst)*kritischer* Bezug auf die Aufklärung, vor allem auf eine in der Aufklärung virulente rationalistisch-utilitaristische Strömung: Die Ablehnung sowohl einer rationalistischen Reduktion des Menschen als auch seiner Verzweckung durch wissenschaftliche, wirtschaftliche oder politische Ziele.

Freilich hat sich seither das kulturelle und soziale Szenario noch grundlegender gewandelt. In den letzten ca. 30 Jahren hat sich das Bewusstsein über das Gewordensein moderner Gesellschaften und ihrer Bauprinzipien und Regeln verallgemeinert. Nichts anderes ist unter dem Begriff „Postmoderne" zu verstehen. Die moderne Gesellschaft wird gleichsam von außen beobachtbar, d. h. sie wird selbstreflexiv, und zwar, das ist das Neue, bis in die Alltagswelt hinein. Zugleich werden auch die Menschen selbst zunehmend selbstreflexiv: Ihre „Innenbeleuchtung ist eingeschaltet", wie Niklas Luhmann es in seiner lakonischen Metaphorik formuliert (Luhmann, 1995, 110). Es wird allgemein bewusst, dass sich unterschiedliche kulturelle Wertsphären, Rationalitätsformen und Systemlogiken soweit ausdifferenziert haben, dass keine Einheitsperspektive mehr das Ganze überwölben kann. Was seit Kant als Elitenwissen gelten konnte, dringt nun ins Alltagswissen ein: Es kann keine Zentralperspektive mehr in Anspruch genommen werden, aus der die Welt ohne blinden Fleck, wie mit den Augen Gottes zu betrachten wäre. Bildung steht nicht zuletzt vor der Frage, wie das Alltagsbewusstsein auf die damit verbundenen Anforderungen vorbereitet werden kann. Jedenfalls kann Bildung weder die mit der modernen Kultur unvermeidlich verbundenen Unsicherheiten beseitigen, noch irgendeine Einheitsperspektive anbieten, in der sich die Differenzen auflösen. Bildung zielt nicht auf Sicherheit, sondern auf Unsicherheitstoleranz, nicht auf ganzheitliche Weltsicht, sondern auf „Differenzkompetenz" (Korsch, 2003, 278). In modernen Gesellschaften müssen Menschen wissen, aus welchen unterschiedlichen Perspektiven sie in unterschiedlichen beruflichen, gesellschaftlichen, privaten Situationen die Welt wahrnehmen, und welcher blinde Fleck mit jeder dieser Perspektiven unvermeidlich verbunden ist. Differenzkompetenz ist im Zusammenhang allgemeiner Bildung sachlich vermutlich am schärfsten herausgefordert durch die immer wieder neuen Tendenzen, hinter den Ausdifferenzierungen von Rationalitätsformen und gesellschaftlichen Praxen neue einheitswissenschaftliche Grundlagen zu suchen. Naturalistische Menschenbilder in der Hirnforschung sind dafür die gegenwärtig prominentesten Kandidaten im Wissenschaftsbereich, der neoliberale Ökonomismus ist das ideologische Pendant im Bereich der sozialen und kulturellen Lebensgestaltung. Hier hat religiöse Bildung ihre besondere Aufgabe, indem sie das ihr eigene Unterscheidungsprinzip in den Prozess der allgemeinen Bildung insgesamt einträgt. Mit religiöser Bildung gewinnt der christliche Glaube „da kritische Schärfe, wo irgendetwas Weltliches zum Zweck von Letztvergewisserungen beansprucht wird“ (Korsch, 1997, 149) oder sich einen Totalitätsanspruch anmaßt.

Religion kann den Verlust einer einheitswissenschaftlichen Gesamtsicht der Dinge nicht dadurch ersetzen, dass sie ihn zu kompensieren versucht, indem sie gleichsam die Lücke füllt. Sie hat keinen Allzuständigkeitsanspruch zu stellen und keine Metaperspektive zu bieten. Umso schärfer stellt sich die Frage, ob die christliche Religion den „flexiblen Menschen“ (vgl. Sennet, 1998) der Gegenwart dabei helfen kann, ein „Leben *führen*“ zu können, dass sie „es also nicht nur wie einen objektiven Prozess erfahren, als wäre es einer Krankheit ähnlich, die sie befällt“ (Henrich, 1999, 81). Nur wer sein Leben *führt*, kann seine Lebensgeschichte erzählen, ohne sich als deren Autor missverstehen zu müssen. Es geht, so hat es bereits Ernst Troeltsch formuliert, um die „Zusammenbestehbarkeit“ des Handelns in einer immer desintegrierter erscheinenden Welt (vgl. Troeltsch, 1894) – durch die Differenzen des Lebens hindurch. Vielleicht könnte man sagen, dass auf diese Weise der holistische Anspruch von Religion Geltung behält, ohne dass sie damit einen Allzuständigkeitsanspruch erhebt. Und vielleicht ist so für die Gegenwart Schleiermchers Diktum zu präzisieren, aus Sicht des Christentums habe „alles“ menschliche Handeln „mit“, aber „nicht aus“ Religion zu geschehen (Schleiermacher, 1799, 60). Eine Lebensdeutung soll möglich sein, die den Perspektivenpluralismus umgreift, ohne ihn aufheben zu können, die ihn dabei in ein Selbstverhältnis zu integrieren verhilft, das keiner Einheitsphantasie erliegt und in dem das Ich sich deshalb nicht als Herr seiner selbst, als Souverän seines Lebens begreifen muss. Der christliche Glaube erhofft sich eine solche Lebensmöglichkeit aus dem Gottesverhältnis des gerechtfertigten Sünders. Als operationalisierbares Ziel von Bildungsprozessen ist das nicht zu denken. Es kann aber in religiösen Bildungsgängen so zu verstehen gegeben werden, dass man in die Lage gerät, eine solche Lebensdeutung mit Gründen abzulehnen oder sich ihr zu öffnen.

4 Literatur

Biehl, P. (1988) Religionspädagogik und Ästhetik, in: *Jahrbuch der Religionspädagogik* 5, 3–44.

Biehl, P. (2003a) Die Wiederentdeckung der Bildung in der gegenwärtigen Religionspädagogik. Ein Literaturbericht, in: P. Biehl & K. E. Nipkow (Hrsg.) *Bildung und Bildungspolitik in theologischer Perspektive* (Münster, LIT), 111–152.

Biehl, P. (2003b) Die Gottebenbildlichkeit des Menschen und das Problem der Bildung – Zur Neufassung des Bildungsbegriffs in religionspädagogischer Perspektive, in: P. Biehl & K. E. Nipkow (Hrsg.) *Bildung und Bildungspolitik in theologischer Perspektive* (Münster, LIT), 9–102. Ursprünglich in: P. Biehl (1991) *Erfahrung, Glaube, Bildung. Studien zu einer erfahrungsbezogenen Religionspädagogik* (Gütersloh, Gütersloher Mohn), 124–223.

Dressler, B. (2006) *Unterscheidungen. Religion und Bildung* (Leipzig, Evangelische Verlagsanstalt).

Dressler, B. (2007) *Blickwechsel. Religionspädagogische Einwürfe* (Leipzig, Evangelische Verlagsanstalt), 23–56.

Dressler, B. (2010) Religion im Ethikunterricht. Problemanzeigen, in: *Zeitschrift für Pädagogik und Theologie 62* (2), 112–128.

Habermas, J. (2001) *Glaube und Wissen* (Frankfurt a. M., Suhrkamp).

Habermas, J. (2005a) Vorpolitische Grundlagen des demokratischen Rechtsstaates?, in: J. Habermas (Hrsg.) *Zwischen Naturalismus und Religion* (Frankfurt a. M., Suhrkamp), 106–118.

Habermas, J. (2005b) Region in der Öffentlichkeit. Kognitive Voraussetzungen für den „öffentlichen Vernunftgebrauch" religiöser und säkularer Bürger, in: J. Habermas (Hrsg.) *Zwischen Naturalismus und Religion* (Frankfurt a. M., Suhrkamp), 119–154.

Henrich, D. (1999) *Bewußtes Leben. Untersuchungen zum Verhältnis von Subjektivität und Metaphysik* (Stuttgart, Reclam).

Korsch, D. (1997) *Religion mit Stil. Protestantismus in der Kulturwende* (Tübingen, J. C. B. Mohr).

Korsch, D. (2003) Religion – Identität – Differenz. Ein Beitrag zur Bildungskompetenz des Religionsunterrichts, in: *Evangelische Theologie 63* (4), 271–279.

Kunstmann, J. (2002) *Religion und Bildung. Zur ästhetischen Signatur religiöser Bildung* (Gütersloh, Freiburg, Gütersloher, Herder).

Lämmermann, G. (^{2}1999) *Religionspädagogik im 20. Jahrhundert* (Gütersloh, Kaiser, Gütersloher).

Luhmann, N. (1995) *Soziologische Aufklärung* (Opladen, Westdeutscher Verlag).

Meyer-Blanck, M. (2003) *Kleine Geschichte der evangelischen Religionspädagogik. Dargestellt anhand ihrer Klassiker* (Gütersloh, Kaiser, Gütersloher).

Moxter, M. (2002) Protestantische Wahrnehmung kultureller Praxis, in: W. Gräb & B. Weyel (Hrsg.) *Praktische Theologie und protestantische Kultur* (Gütersloh, Kaiser, Gütersloher), 52–66.

Nipkow, K. E. (2002) Bildung und Protestantismus in der pluralen Gesellschaft, in: F. Schweitzer (Hrsg.) *Der Bildungsauftrag des Protestantismus* (Gütersloh, Kaiser, Gütersloher), 13–35.

Preul, R. (2013) Evangelische Bildungstheorie (Leipzig, Evangelische Verlagsanstalt).

Schleiermacher, F. (1799) *Über die Religion. Reden an die Gebildeten unter ihren Verächtern,* Hrsg. v. R. Otto (^{7}1991) (Göttingen, V&R).

Schröer, H. (2001) Gegenwartsfragen zur Bildungstheorie in evangelischer Verantwortung, in: J. Ochel (Hrsg.) *Bildung in evangelischer Verantwortung auf dem Hintergrund des Bildungsverständnisses von F. D. E. Schleiermacher. Eine Studie des Theologischen Ausschusses der Evangelischen Kirche der Union* (Göttingen, V&R), 59–78.

Schwöbel, C. (1998) Glaube im Bildungsprozeß, in: *Zeitschrift für Pädagogik und Theologie 50* (2), 169–187.

Sennett, R. (1998) *Der flexible Mensch. Die Kultur des neuen Kapitalismus* (Berlin, Berlin Verlag).

Troeltsch, E. (1894) Die christliche Weltanschauung und ihre Gegenströmungen, in: E. Troeltsch (Hrsg.) *Gesammelte Schriften, Bd. 2* (Tübingen, J. C. B. Mohr), 227–327.

Religiöse Bildung im Unterricht – Hoffnungen, Einsprüche, Legitimationsgrundlagen und Modelle[1]

Henning Schluß

1 Ein vielversprechender Ansatz neuester Wissenschaft?

Während die neuzeitliche Wissenschaft spätestens seit jener berühmten Bemerkung in dem Gespräch von Napoleon mit LaPlace über dessen Himmelsmechanik, dass er der „Hypothese Gott" nicht mehr bedürfe, als der Gegenspieler der Religion verstanden wurde (Kehrer, 2014), scheint neuerdings gerade die Naturwissenschaft Wasser auf die Mühlen der Religion zu gießen. Die Evolutionsbiologie galt lange Zeit als die Antithese zum Schöpfungsglauben und damit zur Religion schlechthin. Ausgerechnet jenes Konzept nun, das den Zufall an die Stelle Gottes setzte und zum Sinnbild der atheistischen Wissenschaft wurde,[2] schickt sich derzeit an, nach der jahrzehntelangen Dominanz der Säkularisierungsthese der Religion wieder einen Platz in der Welt einzuräumen. Die Argumentation, die z.B. Pascal Boyer in verschiedenen Texten vorträgt, ist dabei so schlicht wie beeindruckend (z. B.: Boyer, 2009). Er geht davon aus, dass es Religion in irgendeiner Form in nahezu allen Kulturen gibt. Religion scheint somit eine Variante darzustellen, die sich im Prozess von Mutation und Selektion als vorteilhaft erwiesen hat und sich deshalb überall verbreitete. Besonders attraktiv wird dieses Konzept, wenn es, wie bei Boyer, noch mit den gegenwärtig sehr beliebten kognitionswissenschaftlichen Termini aufgeladen wird und so Hirnforschung und Evolutionsbiologie im Verein Religion als Dimension des Menschlichen aufweisen.

Wenn nun also die Hirnforschung und die Evolutionsbiologie als die vermeintlichen Speerspitzen aktueller Naturwissenschaft die Religion nachweisen, liegt damit nicht ein naturwissenschaftlicher Beleg für die zuletzt immer lauter gewordenen religionssoziologischen Einsprüche gegen die Säkularisie-

1 Eine stark gekürzte Version dieses Beitrags erscheint in der Festschrift zu Ehren Friedrich Schweitzers (Schlag & Simojoki, 2014).

2 In seiner Grabrede für Karl Marx vergleicht Friedrich Engels Marx mit Darwin. Wie dieser die Gesetze der organischen Natur entdeckt habe, hätte Marx die Gesetze der Geschichte des Menschen entdeckt. (Vgl. Marx & Engels, 1883/1962, 333f.)

rungsthese vor? Liegt der evolutionäre Vorteil von Religion nicht so klar auf der Hand, dass alle Hirne, denen diese Dimension fehlt, zum Aussterben verdammt sind?

Immanuel Kant hat in seiner Kritik am ontologischen Gottesbeweis daran erinnert, dass die Möglichkeit der Vorstellung von 100 Talern nicht die Wirklichkeit dieser 100 Taler verbürgt. Dass Menschen religiös sein können, ist damit lediglich eine Aussage über die Menschen, nicht über Gott. Höchstens insofern ist es eine Aussage über Gott, als wenn man einen Gott als Schöpfer annimmt, er den Menschen dann als ein Wesen geschaffen hat, das eine religiöse Dimension haben kann und insofern affin für Gottes transzendentales Sein sein kann. Allerdings gehen insbesondere auch die katholischen Vertreter dieser Argumentation nicht soweit, dass auf diesem Wege Gottes Wesen erkannt werden kann (vgl. Heitger, 1993). Bereits Thomas von Aquin (STh 1 q, 2) weiß, dass das gnädige Wesen Gottes auf natürlichem Wege nicht zu erkennen ist, sondern offenbart werden müsse (vgl. Pesch, 1985).

Die Gefahr besteht also und ist durch die evolutions- und hirnwissenschaftliche Perspektive keineswegs ausgeräumt, dass die religiöse Dimension des Menschen nicht das Sensorium zur Wahrnehmung der transzendenten Sphäre, sondern der Ort ist, von dem aus die Gottesvorstellung des Menschen an den Himmel projiziert wird. Eine Möglichkeit, die Boyer im Titel eines seiner Bücher ausdrücklich thematisiert (Boyer, 2011).

2 Zwei pädagogische Kriterien zur Legitimation von Schule und Unterricht

2.1 Die Förderung von Chancengerechtigkeit

Wenn hier über religiöse Bildung als Dimension von Menschsein in Perspektive der profanen Erziehungswissenschaft nachgedacht werden soll, so geht es nicht allgemein um die Frage der religiösen Dimension des Menschen, sondern darum, ob und wie diese in Schule und Unterricht zur Geltung kommen kann und darf. Die Legitimationsfrage ist für die Schule zumindest dann zentral, wenn, wie in den meisten europäischen Ländern, die Schule eine Zwangsinstitution darstellt. Bereits Luther schreibt in seiner Ratherrenschrift über die vorreformatorische Schule „das es nicht müglich war, das yhm eyn knabe het sollen entlauffen on sonderlich Gottis wunder" (Luther, 1524/1899, 29). Dies lange bevor 1642 Sachsen-Gotha als erster Kleinstaat die Schulpflicht einrichtete und lange bevor sie in Flächenstaaten wie Preußen 1717 eingeführt wurde. Eine Institution aber, der niemand entweichen kann, bedarf einer besonderen Legitimation. Diese Legitimation ist mit der aller Erziehung identisch und lautet in den Worten Kants, dass Zwang nur dann und nur insofern in der Erziehung legitim ist, als er zum verantwortlichen Gebrauch der Freiheit befähigt, „daß man es [das Kind, H.S.] kultiviere, damit es einst frei sein könne, d. h. nicht von der Vorsorge anderer abhängen dürfe“ (Kant, 1983, 711). Legitimiert ist Schule also nur dann und insofern, als sie es ermöglicht, dass in ihr Unmündige mündig werden, d.h. sie sich selbständig und selbstverantwortet in der Welt verhalten können.

Der PISA-Schock am Anfang des neuen Jahrtausends war auch deshalb in den deutschsprachigen Ländern so heftig, weil deutlich wurde, dass diese Kernaufgabe, die die Schule überhaupt als Zwangsinstitution legitimiert, für nahezu ein Viertel eines Jahrganges nicht erreicht wurde, weil diese am Ende der Pflichtschulzeit nicht einmal über die Grundfähigkeit des sinnerfassenden Lesens verfügten. Das war nicht nur für die betroffenen Jugendlichen tragisch, weil diese dann nicht selbstverantwortet und mündig an der Welt teilhaben konnten, sondern war – implizit – auch eine Bedrohung der Schule. Allerdings hat 2001 diese Frage niemand so drastisch gestellt, wie Siegfried Bernfeld im ersten Viertel des 20. Jahrhunderts, als er mit Bezug auf das Lesen-Lernen schrieb: „Früher einmal, da scheint es ja eine rechte Kunst gewesen zu sein, aber heute, gewettet, ist außerhalb der Schuldidaktik die ganze Zauberei in ein paar Wochen erledigt, und mit ihr dauert's ein paar Monate länger“ (Bernfeld, 1967, 120). Mittlerweile scheinen empirische Untersuchungen auf fatale Weise zu bestätigen, was Bernfeld bereits diagnostizierte. Die Schule in Deutschland trägt nicht zum Ausgleich der Unterschiede der sozialen Herkunft bei, sondern verstärkt diese sogar noch (vgl. Maaz, Baumert & Cortina, 2008). Damit ist die Legitimation der Schule als Institution gefährdet, die sich, wenn schon nicht auf die Herstellung von Chancengleichheit so doch von Chancengerechtigkeit beruft (vgl. Heid, 1988; Dzierzbicka & Sattler, 2007). In Bezug auf die Religiöse Bildung als Dimension des Menschseins wäre also zu fragen, ob die Schule hier dazu beiträgt, Chancengerechtigkeit zu befördern. Was könnte Chancengerechtigkeit in Bezug auf religiöse Bildung überhaupt bedeuten?

2.2 *Wissenschaftsbezug als Rationalitätskriterium*

Die Frage der Legitimation von Schule und Unterricht bezieht sich noch auf weitere Aspekte, von denen der des zu vermittelnden Stoffes für die Frage religiöser Bildung besonders relevant ist. Gegenstand von schulischem Unterricht soll mindestens das sein, was gelernt oder angeeignet werden kann, zum Verhalten in der Welt notwendig ist und was nicht anderswo schon gelernt oder angeeignet wird. Das Laufen und das Sprechen beispielsweise können angeeignet werden, werden aber in der Regel nicht in der Schule gelernt. Die schon angeeigneten und erlernten Fähigkeiten sollen jedoch in der Schule mindestens in einem Maß erweitert werden, das zur gesellschaftlichen Teilhabe notwendig ist. Aus der Fähigkeit gehen zu können, werden so Einübungen von Sportarten, aus dem Sprechen-Können wird die schriftliche, die grammatische und die stilistische Sprachbeherrschung in der Landesssprache und in Fremdsprachen. Kriterium dieser unterrichtlichen Erweiterungen des bereits in die Schule Mitgebrachten ist der Wissenschaftsbezug. Der Verweis auf die Wissenschaft ist das inhaltliche Legitimitätskriterium für unterrichtliche Vermittlung.

Dabei ist Wissenschaftlichkeit nicht so zu verstehen, als ob mit ihrer Hilfe in absolute Wahrheiten eingeführt werden sollte, vielmehr bringt der im Bereich der politischen Bildung formulierte Beutelsbacher Konsens den für die Schule insgesamt geltenden Wissenschaftsbezug in dem Kontroversitätsgebot auf den Punkt: „Was in Wissenschaft und Politik kontrovers ist, muß auch im Unterricht kontrovers erscheinen“ (Schneider, 1999, 174). Wissenschaft fungiert demnach als Rationalitätskriterium, damit nicht Meinungen, Einstellungen, Glaubenswahrheiten, Beliebigkeiten und Geschmäckern als Unterrichtsstoff und Vermittlungskriterium Tür und Tor der Schule geöffnet werden. Dabei ist unstrittig, dass Wissenschaftlichkeit in den verschiedenen Altersklassen unterschiedlich ausgestaltet wird. Wird in der Grundschule der Wissenschaftsbezug über eine anfängliche Vermittlung von Kenntnissen und Grundlagen rationaler Kommunikation über Gegenstände des Unterrichts gelegt, beziehungsweise werden musische und körperliche Übungen vorgenommen, die Freude an Bewegung und künstlerischem Ausdruck hervorrufen oder festigen sollen, so orientiert sich die unterrichtliche Vermittlung der Schule nach und nach stärker an den wissenschaftlichen Disziplinen, z. B. durch die Ausdifferenzierung der Unterrichtsfächer, aber auch durch den stärker wissenschaftsbezogenen Inhalt. Dies ist nicht damit zu verwechseln, dass die Schule die Aufgabe hätte, alle Schülerinnen und Schüler zu Wissenschaftler/innen zu machen, sondern die Wissenschaft ist das Mittel, das Rationalität verbürgt, die in der tendenziell alle umfassenden Institution Schule allein als Kriterium zum legitimen Unterrichtsbezug herangezogen werden kann.

Freilich geraten solche Kriterien immer wieder an Grenzen und sind selbst höchst fluide. Einerseits hat das, was ‚Ausstattung zum Verhalten in Welt‘ (Robinsohn) ist, mit Wissenschaft keineswegs immer viel zu tun. Vielmehr geht es oft genug darum, einen Fahrplan oder eine Fernsehzeitschrift lesen und verstehen zu können oder die Fächer selbst haben einen vor allem instrumentellen Wissenschaftsbezug – wie das Fach Sport, in dem es vor allem um die körperliche Ertüchtigung geht und weniger um die systematische Reflexion des Sports in all seinen Ebenen. Andererseits sind die Wissenschaften selbst alles andere als klar umrissen. Damit ist nicht nur ihre

Tendenz der Ausdifferenzierung gemeint, sondern auch die Zuordnung von Disziplinen und Teildisziplinen zum Kreis der Wissenschaften ist fließend. Dieses Phänomen ist keineswegs auf längst vergangene Zeiten begrenzt, in denen die Astronomie ein Teilgebiet der Astrologie war. Für Wissenschaftler wie Johannes Kepler waren die Zusammenhänge der Fernwirkungen von Bewegungen von Himmelskörpern und psychischen Prozessen ebenso klar wie die der Planetenbewegungen, die er entdeckte. Zeitgenossen wie Wallenstein schätzten Kepler besonders wegen seiner Horoskope. Im 18. Jahrhundert hatte man sich von solchen Formen der Wissenschaft weithin distanziert und große Gelehrte wie Johann Kaspar Lavater und Franz Joseph Gall wandten sich stattdessen exakten Wissenschaften wie der Phrenologie und der Physiognomik zu. Verbreitet war auch die Klimatheorie, womit nicht die Lehre von der Erderwärmung, sondern vom Einfluss des Klimas auf den Charakter der Völker gemeint war. Wie Montesquieu darlegt, leitet er den Geist der Gesetze daraus streng objektiv ab: „Meine Grundsätze habe ich nicht meinen Vorurteilen, sondern der Natur der Dinge entnommen" (Montesquieu, 1748/1992, 6). Noch heute ist Montesquieus Kriterium dafür, was Wissenschaft ist, durchaus zustimmungsfähig, ohne dass deshalb noch die Klimatheorie als Wissenschaft angesehen würde. Auch im 20. Jahrhundert sind einflussreiche Wissenschaften aufzuzählen, deren schreckliche Konsequenzen sie weithin als Wissenschaft unmöglich gemacht haben. Vor allem sind diesbezüglich Rassenkunde und Eugenik zu nennen. Bis ins vorletzte Jahrzehnt des 20. Jahrunderts war der Marxismus-Leninismus die höchste Wissenschaft und Weltanschauung in einem Drittel Deutschlands. Ob Freuds Psychoanalyse Wissenschaft oder „wissenschaftlicher Mythos" ist, wie Freuds Biograph und Schüler Siegfried Bernfeld sagt (Bernfeld, 1967), war schon zu seinen Lebzeiten umstritten. Die Beispiele zeigen, dass das vermeintlich harte Kriterium für den Unterricht, „Wissenschaftsbezogenheit", bei weitem so hart nicht ist.

Was bedeuten nun die beiden hier diskutierten Kriterien der erziehungswissenschaftlichen Perspektive, Beförderung der Chancengerechtigkeit in institutioneller und Wissenschaftsbezogenheit in inhaltlicher Hinsicht in all ihrer dargestellten Relativität für die Frage religiöser Bildung in Schule und Unterricht?

3 Die Bedeutung der Kriterien schulischen Unterrichts in Bezug auf religiöse Bildung

Der Diagnose von Boyer, mit der diese Überlegungen ihren Anfang nahmen, ist zumindest insofern zuzustimmen, als sich in nahezu allen menschlichen Gesellschaften etwas findet, das unter dem Begriff „Religion" subsumiert werden kann, wie auch immer dieser Begriff genau definiert wird.[3] Auf die mit einer Definition verbundenen Probleme braucht hier nicht intensiver eingegangen zu werden. Dieses Vermögen der Religiosität drückt sich in unterschiedlichen (positiven) Religionen aus, wobei vorderhand außer Acht gelassen werden kann, ob es dazu eines Gottes bedarf und der Buddhismus z. B. somit in den Kreis der Religionen zählt oder nicht. Eben diese menschliche Möglichkeit der Religiosität ist die Ausgangskonstellation in Schleiermachers Glaubenslehre und auch in seiner dritten Rede über die Religion (Schleiermacher 1799/1983 und 1830/1960). Aus dieser anthropologischen Konstitution lässt sich nicht nur nicht auf die richtige Religion schließen (das Dilemma, das Lessing so paradigmatisch im Dialog von Sultan und Nathan auf den Punkt gebracht hat), sondern es lässt sich aus dem Vorhandensein eines menschlichen Potentials nicht einmal darauf schließen, ob dieses Potential nun etwas Gutes oder Schlechtes ist. Denn ebenso wie die Möglichkeit der Religion gehört zum Menschsein auch die Möglichkeit zum Totschlag oder zum Drogenmissbrauch. Auch dies ist überall da zu finden, wo es Menschen gibt. Die Frage der Pädagogik als Wissenschaft ist demnach die: Wie soll sich die Pädagogik zu den Möglichkeiten des Menschseins verhalten, wie sie z. B. Medizin, Sport, gleichgeschlechtliche Ehen, Religion, Drogenmissbrauch oder Totschlag sind?

Friedrich Schleiermacher hat in seiner Pädagogik vorgeschlagen, diese Fragen als ethische Fragen zu behandeln (1826/1959). Es stellt sich also die traditionelle ethische Frage, ob diese Tätigkeiten und Möglichkeiten des Menschen gut oder schlecht oder etwas Drittes sind. Schon Schleiermacher sah, dass es kein einheitliches allgemein anerkanntes ethisches System gäbe, das klar über die Zuordnung dieser Tätigkeiten und Möglichkeiten des Menschseins befinden könnte (Schleiermacher, 1826/1959). Auch wenn bei ihm noch manchmal die Hoffnung sichtbar wird, dass die Ethik in der Zukunft klarere und allgemeinverbindlichere Maßstäbe entwickeln würde, hat sich diese Hoffnung nicht erfüllt. Vielmehr ist die ethische Situation heute weit disparater als zu Schleiermachers Zeiten. Bereits Schleiermacher aber sah, dass es eine klare, für alle verbindliche, wissenschaftlich erwiesene Konzeption des Guten nicht gab. Faktisch war das Gute nicht nur in der Gesellschaft, sondern auch in der diesbezüglichen Wissenschaft (der Ethik) umstritten. Umgekehrt konnte Schleiermacher aber noch von einem größeren Konsens dessen ausgehen, was das dem Guten Entgegenstehende, das Böse, ist. Anhand der obigen Aufzählung wird deutlich, dass dies heute keineswegs mehr so klar ist. Ob die moderne Apparatemedizin eher Fluch oder Segen ist, ist umstritten. Ob Sport in seiner institutionalisierten Gestalt gut oder schlecht ist, darüber wird in Zeiten von Volksentscheiden über Olympia, sklavenhalterähnlichen Arbeitsbedingungen beim Bau von Fußballstadien,

3 Dass dieser Signifikant leer bleibt, ist dabei insofern durchaus ein Vorteil, als er damit als Streitbegriff immer wieder anders gefüllt wird (vgl. Schäfer, 2013).

Korruption und Doping sehr kontrovers diskutiert. Unser Nachbarland Frankreich erlebte monatelang tumultartige Zustände wegen des Gesetzesvorhabens der gleichgeschlechtlichen Ehe. Die Gliedkirchen der EKD sind noch immer nicht eins, wie mit homosexuellen Ehen im Pfarrhaus umgegangen werden soll, ob es Traugottesdienste geben darf oder nicht. In den USA geben immer mehr Staaten den Verkauf von Cannabis frei. Aus einer gefährlichen Droge wird ein Genussmittel. Ob Religion etwas Gutes oder etwas Schlechtes ist, auch darüber gehen die Meinungen in Öffentlichkeit und Wissenschaft auseinander. Und selbst der Totschlag war in unserem Land vor nicht so langer Zeit dann noch eine Heldentat, wenn er sogenanntes „lebensunwertes Leben" traf. Für Schleiermacher war eine solche „Umwertung aller Werte" noch nicht absehbar. Er war zuversichtlich, dass man so etwas wie einen Commonsense finden könnte, was die dem Guten klar entgegenstehenden Handlungen und Möglichkeiten des Menschen betrifft. In Bezug auf die Verletzung der Menschenrechte werden noch immer, oder nach dem Ende des Nationalsozialismus besonders, erstaunlich große Übereinstimmungen gefunden, insofern als das, was diesen Menschenrechten entgegensteht, abzulehnen ist. Das Projekt „Weltethos" (Küng, 2010) hat auch innerhalb der unterschiedlichen Religionen so etwas wie einen religiösen Minimalkonsens herauszuarbeiten gesucht, in dem zumindest deutlich wird, was gemeinsam abgelehnt wird.

Für Schleiermacher war die Frage, wie nun auf diese Melange von Unbestimmtheit und Bestimmtheit pädagogisch zu reagieren sei. Seine Option war, alles das zu fördern, was das Gute sein kann, alles mit pädagogischen Mitteln zu hemmen, was dem Guten entgegensteht, also schlecht ist. Besonders heikel war für ihn die Frage, wie mit diesen Eigenschaften oder Tätigkeiten zu verfahren sei, die weder gut noch böse sind. Seine Lösung dieser Frage bestand darin, alles zu fördern, was als Möglichkeit im Menschen angelegt ist, sofern es nicht klar böse ist, denn was im Menschen ist, das soll auch in ihm sein: „Die Verschiedenheiten, Eigentümlichkeiten der Menschen, die außerhalb des Bösen sind, sollen auch sein. Die menschliche Natur ist nur vollständig, inwiefern diese Verschiedenheiten in ihr heraustreten. Es soll sich uns im Gebiete der menschlichen Natur die ganze Mannigfaltigkeit von Erscheinungen entfalten" (Schleiermacher 1826/1959, 59).

Man muss diese Fragen keineswegs mithilfe von Schleiermacher diskutieren, sondern kann auch andere pädagogische Konzeptionen heranziehen. Für Dietrich Benners Überlegungen etwa spielt die Ethik keine übergeordnete Rolle mehr – im Ergebnis würde sich sein nichthierarchisches Konzept diesbezüglich allerdings nicht sehr vom hier vorgestellten Schleiermachers unterscheiden (vgl. Benner, 2001; Schluß, 2013). Auch die von Dewey herangezogenen Kriterien der Förderung des Austausches *(cooperative intercourse)* und der gemeinsamen Interessen *(common interest)* von Gruppen scheinen durchaus aufschlussreich für die hier diskutierten Fragen sein zu können (Dewey, 2009, 72).

Für unsere Frage danach, inwiefern Religion Gegenstand pädagogischer Bemühungen an der öffentlichen Schule sein darf, ist Schleiermachers Antwort deshalb entscheidend, weil nicht entschieden sein muss, dass etwas ohne Zweifel gut ist, damit es Gegenstand schulischen Unterrichts ist. Es genügt vollständig, dass es nicht böse ist. Auch wenn es sicher Vertreter/innen in Wissenschaft und Gesellschaft gibt, die der Auffassung sind, dass Religion sehr nahe am Bösen sei, so kann hier das zweite Prinzip des Beutelsbacher Konsenses bei der unterrichtlichen Thematisierung wirken, auch solche Positionen in den Unterricht einzubringen, denn was in Wissenschaft und Gesellschaft kontrovers ist, muss auch im Unterricht kontrovers sein. Gleichzeitig müssten aber auch die anderen wissenschaftlichen Perspektiven auf Religion angemessenen Raum im schulischen Unterricht finden, wenn dieser Unterricht denn überhaupt sein soll; denn sein soll er ja nur dann, wenn das erste Kriterium, wonach nur dann ein Unterrichtsgegenstand als verpflichtend auferlegt werden kann, wenn er zur Beförderung von Chancengerechtigkeit notwendig ist, und nicht andere Institutionen der Gesellschaft diese Bildungsaufgabe immer schon übernehmen.

Diese doppelte Anforderung wird gegenwärtig allerdings eher leichter zu erfüllen sein als noch unter volkskirchlichen Strukturen, die aus zwei scheinbar entgegengesetzten Gründen der Vergangenheit angehören. Zum einen bleibt in Deutschland die Säkularisierung trotz aller behaupteten Wiederkehr der Götter ein klarer Trend, der in Ostdeutschland freilich weiter fortgeschritten ist als im Westen. Die Ursachen dafür sind weithin qualitativ und quantitativ untersucht, ein „Wachsen gegen den Trend“ (Wolfgang Huber) hat, obwohl häufig proklamiert, zumindest zahlenmäßig nicht stattgefunden (EKD, 2003; Rinn, 2006; Domsgen et al., 2012; Käbisch, 2014). Zum anderen kommt es durch vielfältige Migrationsbewegungen zu verstärkter religiöser Pluralität (Schweitzer et al., 2002; Englert et al., 2012; Domsgen & Krobath et al., 2014).

Beide Bewegungen machen in unterschiedlicher Weise religiöse Bildung als Teil schulischer Bildung nötig. Weil durch zunehmende Säkularisierung Religion aus den familiären Kontexten verschwindet, haben Heranwachsende immer weniger häusliche Begegnungen mit Religion. Gerade da, wo Gott nicht nur vergessen ist, sondern man schon vergessen hat, dass man Gott vergessen hat (Wolf Krötke), kann eine religiöse Sozialisation im Elternhaus nicht mehr stattfinden. Auch zu Kirchengemeinden bestehen hier häufig keine Kontakte und selbst die Großeltern kommen schon lange, oder schon immer, ohne Gott aus. Wenn also Religion noch ein Gegenstand ist, der zur Ausstattung in der Welt dazugehört, dann kommt der Schule hier eine wichtigere Rolle zu als in der volkskirchlichen Situation.

Selbst da aber, wo eine häusliche oder gemeindliche religiöse Sozialisation erlebt wird, unterscheidet diese sich in aller Regel deutlich von der schulischen Anforderung an Unterricht in Bezug auf Religion. Das zweite

Kriterium für schulischen Unterricht ist Wissenschaftsbezogenheit, was für häusliche und gemeindliche Religiosität zwar eine Möglichkeit, keineswegs jedoch eine einklagbare Praxis ist. Im häuslichen wie im gemeindlichen Kontext geht es um gelebte Religiosität, im schulischen Unterricht um die Thematisierung von Religiosität im Kontext von Wissenschaft. Damit ist nicht eine „Religion innerhalb der Grenzen der bloßen Vernunft“ (Kant) gemeint, sondern die Art und Weise legitimiert, wie Religion im Unterricht thematisiert wird: wie in den anderen Unterrichtsfächern auch, durch den altersgerechten Bezug auf Wissenschaft.

Die Situation religiöser Pluralität (Nipkow, 1998) wie der globalen Flexibilität unserer Gesellschaft macht religiöse Kompetenz zunehmend zu einer Grundkompetenz für das Leben in der gemeinsamen Welt, weil die „Überschneidungssituationen“ (Willems, 2011) zunehmen. Nicht nur der Bundeswehrsoldat im Auslandseinsatz, sondern auch die Freiwillige bei Aktion Sühnezeichen müssen über religiöse Befindlichkeiten und Gebräuche in den Gastländern Bescheid wissen und diese respektieren, wenn sie nicht schwere und zum Teil lebensbedrohliche Krisen auslösen wollen (siehe versehentliche Koranverbrennungen von Armeeangehörigen). Aber auch die deutsche Gesellschaft wird religiös pluraler. Für die Altenpflegerin reicht es nicht mehr aus, mit einigen Versatzstücken des Katholizismus an die Arbeit zu gehen, sondern sie wird sich in den Weltreligionen soweit auskennen müssen, dass sie den von ihr zu Pflegenden begegnen kann, ohne deren Würde zu verletzen. Muslimische und buddhistische Zuwanderer brauchen Kenntnisse des Christentums, um die Kultur ihrer neuen Heimat verstehen zu können. Auch Religionslose sollten sich mit Speisevorschriften ihrer religiösen Umwelt auskennen, weil auch sie einmal ihre Freunde zum Essen einladen wollen, ohne sie zu brüskieren.

Über die Frage, in welcher Form nun ein solcher schulischer Unterricht am besten durchgeführt werden kann, gibt es seit langem konkurrierende Vorstellungen und alternative Konzepte. Während in den meisten deutschen Bundesländern der konfessionelle Religionsunterricht nach GG Art. 7.3 gestaltet ist, sieht die Situation in Europa insgesamt sehr unterschiedlich aus (Jackson, Miedema, Weiße & Willaime, 2007; Schreiner, 2012; Schlag, 2013). Aber auch in Deutschland wird die Landschaft in Bezug auf schulische religiöse Bildung zunehmend bunter. Die Stadtstaaten hatten mit der namensgebenden Bremer Klausel schon immer das Privileg, vom GG Art. 7 abweichen zu können. Bremen nutzt dies in seinem traditionellen hanseatischen Konzept eines staatlichen Unterrichtsfaches auf allgemeinchristlicher Grundlage, das gleichwohl durch die zunehmende religiöse Pluralität gegenwärtig an seine Grenzen gerät. Hamburg versucht der Pluralität mit dem Konzept eines ‚Religionsunterrichts für Alle‘ konzeptionell zu begegnen, muss aber auch Absetzbewegungen verzeichnen.[4] In Brandenburg hat der Streit um das Unterrichtsfach LER nicht nur die religionspädagogische Szene der Bundesrepublik zu engagiertesten Debatten herausgefordert, sondern auch die Gerichte beschäftigt. Die Lösung, ein allgemeinverbindliches schulisches Unterrichtsfach mit Abmeldemöglichkeit bei Nachweis des Besuches eines konfessionellen Religionsunterrichtes, führt seitdem zu stetig wachsenden Teilnehmer/innenzahlen am evangelischen Religionsunterricht und damit zu einer Annäherung beider Unterrichtsfächer auf Augenhöhe (Kenngott, 2011; Kramer, 2013; Borck & Schluß, 2009). Die Sondersituation in Berlin, das lange ohne ordentliches Unterrichtsfach im Bereich des moralisch-evaluativen Unterrichts auskam, ist durch die Einführung des obligatorischen Ethik-Unterrichts und dem „doppelt gescheiterten Volksbegehren" (Schluß, 2010a) gegen seine allgemeinverbindliche Einführung im Moment eher unklar. Insbesondere was die Zukunft der anderen weltanschaulichen Unterrichtsfächer, wie des konfessionellen Religionsunterrichts katholischer oder evangelischer Konfession, des islamischen Religionsunterrichts oder des humanistischen Lebenskundeunterrichts angeht. Aber auch in den Bundesländern, die nach GG Art. 7.3 unterrichten, bleibt längst nicht alles beim Alten. Zum einen experimentiert man nicht mehr nur an den Berufsschulen mit konfessionell kooperativen Modellen (Schweitzer & Biesinger et al., 2006; Kuld & Schweitzer et al., 2009; Schweitzer 2013), zum anderen aber stellt insbesondere der islamische Religionsunterricht eine Herausforderung für die Bildungssysteme der Länder dar, auf die sie unterschiedlich reagieren (Dressler, 2010).

Für alle Modelle schulischen Unterrichts in Bezug auf Religion muss jedoch gelten, dass ihr Kriterium der Wissenschaftsbezug und das öffentliche Interesse an Religion als Teil der Lebenswelt ist. Es kann deshalb nicht Aufgabe des schulischen Unterrichts sein, distanzlos in eine bestimmte Religion einzuführen, sondern jedweder Unterricht in Bezug auf Religion wird seinen Gegenstand altersgerecht in einer wissenschaftlich vermittelten Distanz thematisieren müssen. Die Differenz von konfessionellem und religionskundlichem Unterricht wird in dieser Perspektive deutlich kleiner, als das oftmals kontrastiv gegeneinandergestellt wurde (vgl. Willems, 2009 oder Schweitzer, 2010). Zwar gibt es mit den jeweiligen Theologien und der Religionswissenschaft unterschiedliche Bezugswissenschaften, aber sowohl Theologie als auch Religionswissenschaft verbürgen eine Objektivierung ihres Gegenstandes, die sich im Verfahren (z. B. historisch kritisch, exegetisch, archäologisch usw.) weithin nicht unterscheidet. Ihren Gegenstand respektvoll hermeneutisch und historisch kritisch erschließen wird also so-

---

4 Seit diesem Schuljahr unterrichten evangelische, muslimische, alevitische und jüdische Lehrer das Fach auf Grund eines neuen Staatsvertrages gemeinsam. Allerdings beharrt die Katholische Kirche auf einem eigenen konfessionellen Religionsunterricht (www.kath.net/news/46490 [02.10.2014]).

wohl der evangelische, wie der islamische oder der religionskundliche Unterricht. In Bezug auf die Religionen, die nicht Bezugsreligion des jeweiligen konfessionellen Religionsunterrichts sind, wird auch der konfessionelle Religionsunterricht religionskundlich vorgehen müssen.

Der Wissenschaftsbezug jedes schulischen Unterrichts arbeitet im Verbund mit dem Kontroversitätsgrundsatz damit auch dem Indoktrinationsverbot schulischen Unterrichts zu, das als erster Grundsatz des Beutelsbacher Konsenses ebenfalls nicht nur für die politische Bildung, sondern für allen schulischen Unterricht gilt. So gilt die Maxime für jeden schulischen Unterricht auch für das Fach Religion, dass die Schülerinnen und Schüler die Gegenstände des Faches altersentsprechend beherrschen, sich in Bezug auf seinen Gegenstand ein begründetes Urteil bilden können und sich entsprechend selbstbestimmt zu diesem Gegenstand verhalten können (Schluß, 2010b).

4 Literatur

Benner, D. (2001) *Allgemeine Pädagogik* (Weinheim und München, Beltz Juventa).

Bernfeld, S. (1967) *Sisyphos oder Die Grenzen der Erziehung* (Stuttgart, Suhrkamp).

Boyer, P. (2009) *WAS* IST DER MENSCH? – Das Hirn, dein Gott, in: *Die Zeit* 1/2009 hier zitiert nach: www.zeit.de/2009/01/N-Essay-Religion [02.10.2014].

Borck, K. & Schluß, H. (2009) Religion unterrichten in Brandenburg, in: M. Rothgangel & B. Schröder (Hrsg.) *Religionsunterricht in den Ländern der Bundesrepublik Deutschland. Empirische Daten – Kontexte – Entwicklungen.* (Leipzig), 95–109.

Boyer, P., Enderwitz, U., Noll, M. & Schubert, R. (2011) *Und Mensch schuf Gott* (Stuttgart, Klett-Cotta).

Dewey, J. (2009) *Democracy an Education*, (South Dakota, Wilder Publications).

Domsgen, M., Schluß, H. & Spenn, M. (Hrsg.) (2012) *Was gehen uns »die anderen« an?: Schule und Religion in der Säkularität* (Göttingen, Vandenhoeck & Ruprecht).

Domsgen, M., Krobath, Th., Schluß, H., Spenn, M. & Tschida, S. (Hrsg.) (2014) *Schule und Religion in der Pluralität* (Göttingen, Vandenhoeck & Ruprecht [im Druck]).

Dressler, B. (2010) Religion im Ethikunterricht. Problemanzeigen, in: *Zeitschrift für Pädagogik und Theologie* 62 (2), 112–128.

Dzierzbicka, A. & Sattler, E. (2007) Chancengleichheit und Vereinbarungskultur. Von notwendigen Ambivalenzen pädagogischer Doktrinen, in: H. Schluß (Hrsg.) *Indoktrination und Erziehung. Aspekte der Rückseite der Pädagogik* (Wiesbaden, VS Verlag für Sozialwissenschaften), 49–60.

EKD (2003) (Hrsg.) *Weltsichten – Kirchenbindung – Lebensstile. Vierte EKD-Erhebung über Kirchenmitgliedschaft* (Hannover). Verfügbar unter: www.ekd.de/download/kmu_4_internet.pdf [02.10.2014].

Englert, R., Schwab, U., Schweitzer, F. & Ziebertz, H.-G. (Hrsg.) (2012) *Welche Religionspädagogik ist pluralitätsfähig? Kontroversen um einen Leitbegriff* (Freiburg, Herder).

Jackson, R., Miedema, S., Weisse, W. & Willaime, J.-P. (2007) (Hrsg.) *Religion and Education in Europe - Developments, Contexts and Debates* (Münster u. a., Waxmann).

Heid, H. (1988) *Zur Paradoxie der bildungspolitischen Forderung nach Chancengleichheit*, in: *Zeitschrift für Pädagogik* 34 (1), 1–17.

Heitger, M. (1993) Zur Bedeutung von Religion für die Bildung, in: J. Schneider (Hrsg.) *Münsterische Gespräche zu Themen der wissenschaftlichen Pädagogik* (10) (Münster, Aschendorff), 109–113.

Käbisch, D. (2014) *Religionsunterricht und Kofessionslosigkeit* (Tübingen, Mohr Siebeck).

Kant, I. (1983) *Über Pädagogik. Vorlesungen. Werke*, W. Weischedel (Hrsg.), Bd. 10, (Darmstadt, Wissenschaftliche Buchgesellschaft), 695–761.

Kehrer, G. (2014) Atheismus, Religion und Wissenschaft – Ein Problemfeld zu klärender Verhältnisse, in: *Erwägen Wissen Ethik* 25 (1), 3–12.

Kenngott, E. (2011) Das Fach Lebensgestaltung-Ethik-Religionskunde, in: M.-L. Raters (Hrsg.) *Werte in Religion und Ethik, Modelle des interdisziplinären Werteunterrichts in Deutschland und der Schweiz* (Dresden, w.e.b.), 89–98.

Kramer, J. (2013) Lebensgestaltung – Ethik – Religionskunde im Land Brandenburg, in: *Zeitschrift für Pädagogik und Theologie* 65 (1), 4–14.

Kuld, L., Schweitzer, F., Tzscheetzsch, W. & Weinhardt, J. (Hrsg.) (2009) *Im Religionsunterricht zusammenarbeiten. Evaluation des konfessionell-kooperativen Religionsunterrichts in Baden-Württemberg* (Stuttgart, Kohlhammer).

Küng, H. (2010) *Projekt Weltethos* (München, Piper).

Maaz, K., Baumert, J. & Cortina, K. S. (2008) Soziale und regionale Ungleichheit im deutschen Bildungssystem in: K. S. Cortina, J. Baumert, A. Leschinsky, K. U. Mayer & L. Trommer (Hrsg.) *Das Bildungswesen in der Bundesrepublik Deutschland. Strukturen und Entwicklungen im Überblick* (Hamburg, Rowohlt).

Marx, K. & Engels, F. (1883/1962) *Werke*. Band 19 (1973) (Berlin, Dietz), 333–334.

Montesquieu, Ch.-L. (1748/1992) *Vom Geist der Gesetze*, E. Forsthoff (Hrsg. und übersetzt) Nachdruck der Erstauflage 1951, Bd. 2 (Tübingen, Mohr).

Nipkow, K. E. (1998) Bildung in einer pluralen Welt, 2 Bde., Bd.2, *Religionspädagogik im Pluralismus* (Gütersloh, Gütersloher).

Luther, M. (1524/1899) An die Ratherren aller Städte deutsches Lands, daß sie christliche Schulen aufrichten und erhalten sollen, in: *Dr. Martin Luthers Werke. Kritische Gesamtausgabe* 15. Bd. (Weimar), 9–53.

Pesch, O. H. (1985) *Theologie der Rechtfertigung bei Martin Luther und Thomas von Aquin: Versuch eines systematisch-theologischen Dialogs* (Ostfildern, Schwaben).

Rinn, M. (2006) *Die religiöse und kirchliche Ansprechbarkeit von Konfessionslosen in Ostdeutschland.* Sozialwissenschaftliches Institut der EKD (Hannover).

Schäfer, A. (2013) Umstrittene Kategorien und problematisierende Empirie, in: *Zeitschrift für Pädagogik und Theologie* 59 (4), 536–550.

Schlag, Th. (2013) Religionsunterricht in der Schweiz – Situation, exemplarische Befunde und Perspektiven, in: *Zeitschrift für Pädagogik und Theologie* 65 (1), 34–43.

Schlag, Th. & Simojoki, H. (Hrsg.) (2014) *Mensch – Religion – Bildung. Religionspädagogik in anthropologischen Spannungsfeldern* (Gütersloh, Gütersloher [im Druck]).

Schleiermacher, D. F. E. (1826/1959) Theorien der Erziehung – Die Vorlesung aus dem Jahre 1826, in: Ders. *Ausgewählte pädagogische Schriften* (Paderborn, Schöningh), 37–99.

Schleiermacher, D. F. E. (1799/1983) Über die Religion. Reden an die Gebildeten unter ihren Verächtern. Dritte Rede. Über die Bildung zur Religion, in: K. Nowak (Hrsg.) *(Ders.) Theologische Schriften* (Berlin, Union), 121–141.

Schleiermacher, D. F. E. (1830/1960) *Der Christliche Glaube* 1. M. Redeker (Hrsg.) (Berlin, Gruyter).

Schluß, H. (2010a) Die Kontroverse um ProReli – ein Rück- und Ausblick., in: *Zeitschrift für Pädagogik und Theologie* 62 (2), 99–111.

Schluß, H. (2010b) *Religiöse Bildung im öffentlichen Interesse - Analysen zum Verhältnis von Pädagogik und Theologie* (Wiesbaden, VS Verlag für Sozialwissenschaften).

Schluß, H. (2013) Hierarchie und Normativität - Fragen an zwei Konzepte pädagogischer Praxis, in: Th. Fuchs, M. Jehle & S. Krause (Hrsg.) *Normativität und Normative (in) der Pädagogik* (Würzburg, Königshausen & Neumann), 141–155.

Schneider, H. (1999) Der Beutelsbacher Konsens, in: W. Mickel (Hrsg.) *Handbuch zur politischen Bildung* (Bonn, Bundeszentrale für politische Bildung), 171–178.

Schreiner, P. (2012) *Religion im Kontext einer Europäisierung von Bildung* (Münster, Waxmann).

Schweitzer, F., Englert, R., Schwab, U. & Ziebertz, H.-G. (2002) *Entwurf einer pluralitätsfähigen Religionspädagogik - Religionspädagogik in pluraler Gesellschaft* Freiburg/Gütersloh, Herder & Gütersloher).

Schweitzer, F., Biesinger, A., Conrad, J. & Gronover, M. (2006) *Dialogischer Religionsunterricht: Analyse und Praxis konfessionell-kooperativen Religionsunterrichts im Jugendalter* (Stuttgart, Herder).

Schweitzer, F. (2010) Religionsunterricht – Thema der Religionspädagogik oder der Religionswissenschaft?, in: *Zeitschrift für Pädagogik und Theologie* 62 (3), 273–276.

Schweitzer, F. (2013) Kooperativer Religionsunterricht: Stand der Entwicklung – Realisierungsformen und Verbreitung – Zukunftsperspektiven, in: *Zeitschrift für Pädagogik und Theologie* 5 (1), 25–33.

Willems, J. (2009) Die Verschränkung von Binnen- und Außenperspektive in Theologie und Religionswissenschaft sowie in Religionsunterricht und Religionskunde, in: *Zeitschrift für Pädagogik und Theologie* 61 (3), 276–290.

Willems, J. (2011) *Interreligiöse Kompetenz. Theoretische Grundlagen – Konzeptualisierungen – Unterrichtsmethoden* (Wiesbaden, VS Verlag für Sozialwissenschaften).

Annäherungen an eine religionskundliche Didaktik[1]

Joachim Willems

Raju Sharma, religionspolitischer Sprecher der Linksfraktion im 17. Deutschen Bundestag:

> „Beim Religionsunterricht geht es aus unserer Sicht darum, dass man junge Menschen darin unterrichtet, was für verschiedene Religionsvorstellungen es gibt, und auch was für ethische Vorstellungen damit verbunden sind. Das sollte der Staat möglichst frei unterrichten, er sollte abstrakt über die unterschiedlichen Religionen informieren, und dann wäre es besser, wenn die Kirchen eben nicht die Lehrpläne für die Religionsunterrichte mitbestimmen."

Josef Philip Winkler, Bundestagsabgeordneter der Grünen im 17. Deutschen Bundestag:

> „Im Musikunterricht ist es auch sinnvoller, auf der Flöte zu spielen, als sie sich nur anzugucken. Insofern ist es aus meiner Sicht sinnvoll, Glaubensinhalte – auch Unterschiede zwischen den Religionen – von jemandem mitgeteilt zu bekommen, der selber daran glaubt. Und nicht von jemandem, der abstrahiert und sagt: Ich habe gelesen, das könnte so und so von diesem Menschen verstanden werden."

Diese zwei Aussagen, gemacht im Vorfeld der Bundestagswahl 2013 (beide zitiert in Schäfers, 2013), stecken das Feld von Positionen ab, das in Deutschland die Debatte um religionsbezogenen Schulunterricht prägt: auf der einen Seite die Erwartung, dass der Unterricht „abstrakt über die unterschiedlichen Religionen informieren" möge, auf der anderen Seite die Erwartung, im Unterricht müsse gelebter Glaube eingeübt werden. Beide Positionen sind problematisch: Weder sollte ein konfessioneller Religionsunterricht Religion praktizieren, wie ein Musikinstrument gespielt wird, noch darf sich ein nicht-konfessioneller religionskundlicher Unterricht darauf beschränken, distanziert über Religionen zu reden. Zumindest letzteres zu begründen wird Ziel des vorliegenden Beitrags sein.

1 Dieser Beitrag ist entstanden im Rahmen des Forschungsprojekts REVIER, gefördert durch ein Heisenberg-Stipendium und eine Sachbeihilfe der DFG, GZ: WI 2715/1-1 und WI 2715/2-1. REVIER steht für „Religiöse Vielfalt erleben – deuten – bewerten". Vgl. auch die Projektdarstellung im Internet, verfügbar unter: www.zope.theologie.hu-berlin.de/relpaedagogik/mitarbeiter/revier.

Es geht um die Frage: Wie kann Religion didaktisch transformiert in einem möglicherweise verpflichtenden Unterrichtsfach für Schülerinnen und Schüler mit unterschiedlichen religiösen und weltanschaulichen Überzeugungen so zur Geltung kommen, dass die positive und die negative Religionsfreiheit der Schülerinnen und Schüler gewahrt bleibt und das Fach fachwissenschaftlich und bildungstheoretisch anspruchsvoll unterrichtet werden kann?

1 Religionskundlicher Unterricht und konfessioneller Religionsunterricht – Rahmenbedingungen in Deutschland

Das deutsche Grundgesetz setzt konfessionellen Religionsunterricht als Normalfall des religionsbezogenen Unterrichts: Religionsunterricht als ordentliches Lehrfach werde erteilt „in Übereinstimmung mit den Grundsätzen der Religionsgemeinschaften“ (Art. 7.3 GG). Da somit die Kirchen und Religionsgemeinschaften ein Mitwirkungsrecht bei der Konzeption und Erteilung des Unterrichts haben, kann dieser Unterricht nicht für alle Schülerinnen und Schüler verpflichtend sein. In den meisten Bundesländern gibt es für diejenigen Schülerinnen und Schüler, die nicht an einem konfessionellen Religionsunterricht teilnehmen, ein Ersatz- oder Alternativfach. Dieses Ersatz- oder Alternativfach, mit unterschiedlichen Bezeichnungen wie Ethik, Werte und Normen oder Philosophie, enthält dann in der Regel auch religionskundliche Anteile. Dasselbe gilt für die Bundesländer, in denen ein solches oder ähnliches Fach nicht als Alternativfach, sondern als Regelfach unterrichtet wird: Ethik in Berlin (ohne Abwahlmöglichkeit) bzw. LER in Brandenburg (mit Abmeldemöglichkeit für diejenigen, die den Religions- oder Weltanschauungsunterricht besuchen).[2]

In diesem Sinne wird Religionskunde hier als die Form der Auseinandersetzung mit Religion verstanden, die ohne eine bestimmte Bezugsreligion bzw. Bezugskonfession erfolgt. Oft wird daher dem konfessionellen Religionsunterricht die Theologie als vorrangige Bezugswissenschaft zugeordnet, die Religionswissenschaft dagegen den religionskundlichen Fächern bzw. religionskundlichen Anteilen in Ersatz- oder Alternativfächern. Allerdings gilt es zu beachten, dass die Abgrenzungen so eindeutig nicht sind: Denn religionskundlicher Unterricht kann für religionsgeschichtliche Unterrichtsreihen ohne Probleme auf Einsichten historisch-kritischer Exegese zurückgreifen, die innerhalb der protestantischen oder katholischen Theologie betrieben wird. Und Religionsunterricht ist mindestens dann auf religions-

2 Die Sonderfälle Hamburg und Bremen sind wiederum etwas anders gelagert.

wissenschaftliche Expertise angewiesen, wenn – wie es die Lehrpläne in allen Bundesländern vorsehen – nicht-christliche Religionen behandelt werden.

Die genannten Fächer mit religionskundlichen Anteilen stehen vor der Aufgabe, Religion auf eine solche Art und Weise zu thematisieren, dass die negative und die positive Religionsfreiheit einer grundsätzlich religiös-weltanschaulich heterogenen Schülerschaft nicht verletzt werden.[3] Deshalb soll hier zunächst ein Blick auf den Politikunterricht geworfen werden, um zu diskutieren, welche Grundsätze für religionskundliche Fächer gelten müssten. Politikunterricht steht nämlich vor einer ähnlichen Herausforderung wie der religionsbezogene Unterricht: Ebenso, wie es nicht Religion oder religiöse Überzeugungen ‚an sich' gibt, sondern diese Begriffe nur gewonnen werden durch eine Abstraktion von konkreten Religionen (bzw. dem, was diskursiv als ‚Religion', markiert wird), so gibt es auch keine politische Überzeugung ‚an sich'. Nun wird in Deutschland der Politikunterricht – anders als der Religionsunterricht – sinnvollerweise nicht nach parteipolitischen Präferenzen der Schüler/innen bzw. ihrer Eltern in getrennten Lerngruppen erteilt. Wie kann es angesichts dessen gelingen, Schülerinnen und Schüler an Politik heranzuführen, ohne sie in einer bestimmten (partei-)politischen Richtung zu beeinflussen? Auf diese Frage wollte die Politikdidaktik der 1970er Jahre mit dem Beutelsbacher Konsens antworten, der einen allgemeinen politisch, pädagogisch und juristisch begründeten Rahmen dessen absteckt, was im Unterricht als legitim bzw. nicht mehr legitim gelten kann.

3 Natürlich darf auch konfessioneller Religionsunterricht die Religionsfreiheit der Schülerinnen und Schüler nicht verletzen. Und da zumindest der evangelische Religionsunterricht seinem Selbstverständnis nach offen ist, auch für nicht-evangelische Schülerinnen und Schüler (vgl. EKD, 1994), dürften die Anforderungen an konfessionellen Religionsunterricht sich in dieser Hinsicht nicht grundsätzlich von denen an religionskundlichen Unterricht unterscheiden. Dennoch besteht ein wesentlicher Unterschied darin, dass evangelischer Religionsunterricht, wenn auch nicht in jeder einzelnen Unterrichtsstunde, so doch generell, von einer konfessionellen Positionalität aus erteilt wird und erteilt werden kann, weil dies transparent gemacht wird und die Schülerinnen und Schüler die Möglichkeit zur Nicht-Teilnahme haben. Selbst dort dagegen, wo es möglich ist, sich von einem Fach mit religionskundlichen Anteilen abzumelden, muss die Form der Positionalität dieses Unterrichts dennoch allgemein konsensfähig sein für unterschiedliche religiöse und nichtreligiöse Menschen.

2 Der Beutelsbacher Konsens und religionsbezogener Unterricht

Der Beutelsbacher Konsens zur politischen Bildung besteht aus drei Teilen: dem Kontroversitätsgebot, dem Indoktrinationsverbot und der Orientierung an der Interessenlage der Schülerinnen und Schüler (vgl. Schiele, 1996). Alle drei Teile lassen sich auf den religionsbezogenen Unterricht übertragen.

Zunächst formuliert der Beutelsbacher Konsens ein *Überwältigungsverbot*: Die Schülerinnen und Schüler als Subjekte von Bildungsprozessen dürfen nicht manipuliert oder indoktriniert werden. Im Sinne eines solchen Indoktrinationsverbotes wäre es unzulässig, die Schülerinnen und Schüler zur Übernahme bestimmter religiöser oder weltanschaulicher Positionen bewegen zu wollen. Wie der Politikunterricht nicht zugunsten einer Partei oder einer Position in einer aktuellen politischen Debatte Stellung nehmen darf – wohl aber dürfen dies am Unterricht Beteiligte, unter bestimmten Umständen auch Lehrkräfte –, so darf der religionsbezogene Unterricht weder für das Christentum werben noch für den Islam oder für eine nichtreligiöse Weltanschauung, noch für eine bestimmte Strömung oder theologische Richtung, sei es innerhalb einer Religion oder religionsübergreifend. Fragwürdig wäre es daher, mit Hilfe von Unterricht ‚liberale' Formen von Religion zulasten von konservativen oder ‚traditionellen' Formen fördern zu wollen. Eine solche Erwartung wird zuweilen im Blick auf muslimische Schülerinnen und Schüler formuliert, die durch einen religionsbezogenen Unterricht dem religiösen Einfluss ihrer Familien oder des Koranunterrichts in einer Moschee entzogen werden sollen. Allerdings verbietet das Überwältigungsverbot nicht, dass der Unterricht religiöse Prägungen durch die Familie und die Religionsgemeinschaft in dem Sinne relativiert, dass im Unterricht Erfahrungen mit und Sichtweisen auf Religion erweitert werden. Im Gegenteil ist die Ermöglichung neuer Sichtweisen gerade ein Mittel, um Überwältigung und Indoktrination zu verhindern.[4]

---

4 Das bedeutet freilich nicht, dass im Umkehrschluss ein konfessioneller Religionsunterricht, der von seiner Struktur her bestimmte religiöse Annahmen als gegeben annimmt und so die Schülerinnen und Schüler der normativen Kraft des faktisch Gesetzten aussetzt, indoktrinierenden Charakter hätte. Wird im Religionsunterricht eine biblische Geschichte erzählt und dabei von ‚Gott' gesprochen, ohne die grundlegende Voraussetzung dieser Rede zu reflektieren oder sie um andere religiöse oder nicht-religiöse Weltsichten zu ergänzen, dann entspricht das dem konfessionellen Charakter des Unterrichts. Indoktrinationshemmend wirkt dann die Tatsache, dass diese Sichtweise durch die Organisation von religionsbezogenem Unterricht von vornherein als partikular gekennzeichnet ist: eben als ‚evangelischer', ‚katholischer', ‚jüdischer', ‚islamischer' Religionsunterricht. Darüber hinaus ist von einem konfessionellen Religionsunterricht zumindest in bestimmten Unterrichtsreihen und in altersangemessener Form zu erwarten, dass in der nicht-indoktrinierenden

In Anlehnung an den Beutelsbacher Konsens gilt im religionsbezogenen Unterricht, zweitens, ein *Kontroversitätsgebot*. Das, was gesellschaftlich strittig ist, muss auch im Unterricht als strittig thematisiert werden, und die bestehende Pluralität der Ansichten, Meinungen, Positionen und Überzeugungen ist unterrichtlich abzubilden – selbstverständlich didaktisch transformiert und elementarisiert. Hier wird dann ein wesentlicher Unterschied zwischen religionskundlichem und konfessionellem Religionsunterricht deutlich: Die Bezugsgröße muss im religionskundlichen Unterricht nichtkonfessionell definiert werden. Es gilt also einerseits zu schauen, was im näheren Umfeld einer Schule, was im politischen Gemeinwesen auf Ebene einer Kommune, eines Bundeslandes oder eines Staates, letztlich auch innerhalb einer sich entwickelnden Weltgesellschaft strittig und wie das jeweilige religiöse Feld strukturiert ist. Andererseits kommt in den Blick, was innerhalb der Religionsgemeinschaften als strittig gilt, ohne dass sich die Lehrperson die Position einer bestimmten Religion, Konfession oder Strömung zu eigen macht. Daraus ergeben sich dann auch Kriterien für die Auswahl von Inhalten: Ausgewählt werden vorrangig solche Inhalte, die es den Lernenden ermöglichen, mit den aktuellen und den zukünftigen Herausforderungen kompetent umzugehen (wobei Herausforderungen nicht nur gesellschaftliche Herausforderungen sind, sondern auch die Herausforderung, wie man individuell seine religiös-weltanschaulichen Haltungen begründet, reflektiert und weiterentwickelt). Da die Zukunft meist wenig bekannt ist, müssen Inhalte insofern exemplarisch sein, als sie grundlegende Fachstrukturen transparent machen und so die Fähigkeiten, die bei der Beschäftigung mit ihnen erworben werden, möglichst auf viele weitere (auch zukünftige und noch unbekannte) Fälle anwendbar sind.[5] Das Ziel eines Unterrichts, der sich am Kontroversitätsgebot orientiert, ist, Schülerinnen und Schülern die Gelegenheit zu bieten, verschiedene Positionen kennenzulernen und sich ein eigenes Urteil bilden zu können.

Schließlich ist der im Beutelsbacher Konsens geforderte Praxisbezug politischer Bildung für religionskundlichen Unterricht von Bedeutung. Im Beutelsbacher Konsens ist die Rede von der „*Interessenlage*“ der

---

Auseinandersetzung mit anderen Religionen und Weltanschauungen die grundlegende konfessionelle Struktur des Faches reflektiert wird.

5 Anders dagegen im konfessionellen Religionsunterricht, in dem es durchaus legitim ist, das religiöse Feld in einer konfessionellen Perspektive zu ordnen und entsprechende Inhalte auszuwählen. So muss also im konfessionellen Religionsunterricht die Frage, ob man die Welt *sub specie Dei* betrachten kann, nur dann eigens reflektiert werden, wenn es explizit um diese Frage geht. Dies ist der Fall in Unterrichtsreihen zu Religionskritik und Atheismus oder wenn die Besonderheiten religiöser Sprachformen und Modi der Welterschließung bedacht werden. Ansonsten kann, wie bereits gesagt, ein konfessioneller Religionsunterricht Gott voraussetzen, auch wenn diese Voraussetzung gesellschaftlich durchaus nicht selbstverständlich ist.

Schülerinnen und Schüler. Dies ist ein etwas schillernder Begriff: Zunächst muss es – im Politikunterricht wie im religionsbezogenen Unterricht und in allen anderen Schulfächern – darum gehen, dass die Schülerinnen und Schüler in Beziehung zu den Inhalten des Unterrichts kommen, dass also ihr Interesse geweckt wird. Darüber hinaus wird von politischer Bildung erwartet, dass sie die Schülerinnen und Schüler dazu befähigt, ihre eigenen Interessenlagen in politischen Situationen zu analysieren und auf politische Prozesse einzuwiken. Übertragen auf religionskundlichen Unterricht würde das bedeuten, dass er die Schülerinnen und Schülern darin unterstützen soll, ihren eigenen religiösen oder weltanschaulichen Standpunkt zu finden, zu begründen, zu reflektieren und eine entsprechende Praxis zu gestalten.

3 Aufgaben und Profil eines religionskundlichen Unterrichts

Letzteres ist nun allerdings keinesfalls gesellschaftlicher Konsens, wie schon das eingangs zitierte Votum des Politikers Raju Sharma zeigt. Aufgabe von Schule solle es demzufolge nur sein, „abstrakt über die unterschiedlichen Religionen [zu] informieren". Hier stellt sich freilich die Frage, was ein solcher Unterricht für einen Wert hätte, soll er denn ein bildender Unterricht sein.

Die Rede von Bildung impliziere, so fasst es Reinhart Koselleck in seiner begriffsgeschichtlichen Betrachtung zusammen, dass „ein Leben geführt werden müsse, und nicht nur ertragen oder erlitten werden darf" (2006, 122). Geht es um Bildung, dann geht es immer und vorrangig um sich bildende Subjekte, die ihre Beziehung zur Welt denkend und handelnd aktiv gestalten. Bildung ist deshalb mehr, als sich distanziert über etwas informieren zu lassen oder Kenntnisse reproduzieren zu können (so etwa, klassisch, Humboldt, 1997, 24f.)

In der Terminologie gegenwärtiger Kompetenzdiskurse formuliert, geht es im Schulunterricht immer um die Förderung von Urteils- und Partizipationskompetenz:

> „Urteilskompetenz meint dabei die Fähigkeit, alltägliche Welterfahrungen mit Hilfe von im Unterricht erworbenem Wissen klären und interpretieren zu können, Partizipationskompetenz die Fähigkeit, solche Deutungen in außerunterrichtliche Diskurse und Verständigungsprozesse einbringen zu können."

Nach Dietrich Benner gelte es, diese beiden Teilkompetenzen in allen Fächern zu stärken, wobei in jedem Fach wiederum domänenspezifisch auszulegen sei, was denn die jeweilige fachspezifische Urteils- und Partizipationskompetenz sei (Benner, 2008, 241).

Benner selbst bezieht diese beiden Teilkompetenzen auf den Religionsunterricht – wobei teilweise nicht klar ist, wo Benner ausschließlich vom konfessionellen Religionsunterricht spricht und wo auch vom religionskundlichen Unterricht. Analog zu anderen Fächern fordert er für den öffentlichen Religionsunterricht ein, dass Religion in der Schule in einer spezifischen Art und Weise zur Geltung komme, dass sie „in schulische Unterrichtsinhalte transformiert" (ebd.) werde und das entsprechende Wissen „gelehrt, gelernt, gewusst, beurteilt und überprüft werden kann" (ebd.). Das schließe einerseits aus, dass in der Schule ein Prediger „zur Ausübung des richtigen Glaubens aufruft und ermahnt" (ebd.). Andererseits verlangt Benner, dass in einem religionsbezogenen Unterricht tatsächlich Religion selbst zur Geltung komme. Der Schulunterricht solle „in die Wissensformen der Religion selbst" (Benner, 2008, 139) einführen, nicht lediglich „in szientifische und metawissenschaftliche Thematisierungen des Religiösen" (ebd.).

Benner argumentiert an dieser Stelle, indem er den religionsbezogenen Unterricht mit anderen Schulfächern vergleicht:

> „So wenig Ergebnisse der Meinungsforschung über naturwissenschaftliche und technische Sachverhalte für Physik und Chemie gehalten werden, sowenig eine Psychologie oder Soziologie der Mathematik die Mathematik selbst zu ersetzen vermag, sondern diese als solche voraussetzt, sowenig können religionswissenschaftliche und sozialwissenschaftliche Thematisierungen von Religion für sich genommen die Thematik des Religionsunterrichts ausmachen" (Benner, 2008, 139).
> Und: „Wie Fremdsprachenunterricht in der Schule nicht in der Form einer Metatheorie der vergleichenden Sprachforschung, sondern als Latein-, Englisch-, Französisch- oder Spanischunterricht erteilt und betrieben wird, so kann auch Religionsunterricht nicht in der Form einer vergleichenden Religionskunde und -wissenschaft erteilt werden. Vergleichen kann nur, wer ansatzweise schon kundig ist in dem, was verglichen werden soll" (ebd.).

Diese Vergleiche sind zumindest missverständlich, und sie eignen sich nicht als Argument gegen einen religionswissenschaftlich fundierten religionskundlichen Unterricht. Anders als ein Unterricht, der anstelle von Naturwissenschaft Meinungen über naturwissenschaftliche Sachverhalte zum Inhalt hätte, geht es ja in einem religionswissenschaftlich orientierten Unterricht gerade nicht darum, Wissenschaftlichkeit durch Meinung zu ersetzen, sondern im Gegenteil um die methodisch kontrollierte Beschäftigung mit wissenschaftlich nicht begründeten und so nicht begründbaren religiösen Weltdeutungen, und zwar mit dem Ziel ihrer (wissenschaftlich) angemessenen Erschließung.

Eine solche Auseinandersetzung mit Religion ist nicht allein religiösen Menschen möglich. Deshalb ist auch der Vergleich mit dem Fremdsprachenunterricht problematisch. Dieser Vergleich impliziert, dass es eine ‚religiöse Muttersprache' geben müsse. Religiosität gehört aber nicht auf dieselbe Art zum Menschsein wie die Sprache. Detlev Pollack fragt, wohl eher rhetorisch, ob

„die Funktionsstelle, die Religion im individuellen Orientierungshaushalt einnimmt, nicht leer bleiben oder gar ausfallen kann“ (2003, 13). Zumindest ist ja empirisch offensichtlich, dass Formen der Selbst-Transzendierung und Kontingenzbewältigung im Horizont nichtreligiöser Weltanschauungen vorgenommen werden können. Wenn man diese dann mithilfe eines funktionalen Religionsbegriffs als letztlich ebenfalls religiös bezeichnet, höhlt man den Begriff der Religion aus und macht ihn analytisch unscharf und unbrauchbar. Schon deshalb sollte man grundsätzlich auch die Möglichkeit von Religionslosigkeit zugestehen. Überzeugend ist beispielsweise die phänomenologische Beschreibung der nichtreligiösen Rahmung von Erfahrungen, wie sie Charles Taylor vornimmt: Auch nichtreligiöse Menschen könnten sich auf einen Ort der Fülle hin orientieren, aber dieser sei, anders als bei den religiösen Menschen, nichts, was zu ihnen komme, ihnen (wie im jüdischen, christlichen oder islamischen Kontext) „im Rahmen einer Art persönlicher Beziehung zuteil wird“. Für nichtreligiöse Menschen ist nach Taylors Beschreibung die „Kraft, zur Fülle zu gelangen, […] eine innere“ (Taylor, 2009, 24).[6]

Zu Recht macht Benner darauf aufmerksam, dass Schulunterricht den Bezug zu außerschulischen Erfahrungen herstellen muss. Nur: Welche Art von Erfahrungen sind das im Blick auf Religion? Hier differenziert Benner nicht ausreichend zwischen religiösen Erfahrungen und Erfahrungen mit Religion:

> „Die Pflege der Religion in der Sphäre des Umgangs mit einer konkreten, geschichtlich überlieferten Religion gehört darum zu den durch nichts substituierbaren Voraussetzungen religiöser Unterweisung. Wo sie nicht gegeben ist, muss sie auf dem Wege der Erkundung und Exkursion, der Expertenbefragung und Hospitation in der Schule künstlich angebahnt werden. Solche Erkundungen dienen im Bereich des Schulunterrichts dann nicht dem Zweck, Heranwachsende in den Glauben einer bestimmten Religion einzuüben, sondern verfolgen das Ziel, Kenntnisse über religiöse Phänomene und Erfahrungen bezüglich religiöser Praktiken zu vermitteln, an die Unterricht anknüpfen kann“ (Benner, 2008, 140).

In einem nicht-konfessionellen religionskundlichen Unterricht kann es darum gehen, dass im Unterricht in diesem Sinne Erfahrungen mit Religion gemacht und tradiert werden – etwa auf dem Wege von Expertenbefragungen oder Exkursionen. Dazu können auch Erfahrungen mit religiösen Praktiken in dem Sinne gehören, dass religiöse Praktiken beobachtet und gedeutet werden. Nicht dagegen ist es Aufgabe des religionskundlichen Unterrichts, die Schülerinnen und Schüler in religiöse Erfahrungen auf die Art hineinzuführen, dass sie religiöse Praktiken unmittelbar ausprobieren und ausüben würden.

---

6 „Der Ort der Fülle liegt dort, wo es uns schließlich gelingt, dieser Kraft freien Lauf zu lassen und ihr gemäß zu handeln. Wir haben das Gefühl der Rezeptivität, wenn wir im vollen Bewußtsein der uns als Triebwesen eigenen Schwäche und Leidensanfälligkeit mit Bewunderung und Ehrfurcht zur Kraft der Gesetzgebungsfähigkeit aufblicken. Das bedeutet aber nicht, daß hier zu guter Letzt etwas von außen Kommendes entgegengenommen wird. Die Kraft wohnt im Inneren“ (Taylor, 2009, 24f).

Neben diesen beiden Arten der religiösen Erfahrung bzw. Erfahrung mit Religion gibt es nun allerdings noch eine weitere, deren Zulässigkeit innerhalb religionskundlichen Unterrichts strittig sein dürfte: Religionen tradieren spezifische Muster zur Deutung der Welt. In den monotheistischen Religionen ist es konstitutiv für diese Deutungsmuster, dass sie den Deutenden verorten in Beziehung zu Gott und zu einer menschlichen wie nichtmenschlichen Umwelt, die als Gottes Schöpfung gedeutet wird. Daraus ergeben sich Konsequenzen im Blick auf die Haltung zu den Mitmenschen, zur Natur, zu sich selbst – also zur eigenen Lebensgestaltung, zum eigenen Leben und Sterben. Wenn es aber im religionskundlichen Unterricht um Bildung gehen soll und damit um Selbst- und Welterschließung, dann muss den Schülerinnen und Schülern die Möglichkeit zu einer existentiellen Auseinandersetzung mit den Inhalten des Unterrichts und auch mit den Deutungsangeboten der Religionen gegeben werden. Dies bedeutet nicht, dass sie selbst eigene Erfahrungen mit christlichen oder islamischen Selbst- und Weltdeutungsmustern machen, diese also unmittelbar in Gebrauch nehmen müssten. Vielmehr wäre eine entsprechende Aufgabe an die Schülerinnen und Schüler im religionskundlichen Unterricht schon nicht mehr in Einklang zu bringen mit der Garantie von Religionsfreiheit. Um aber mit entsprechenden Selbst- und Weltdeutungsmustern in einen bildenden Austausch treten zu können, ist es nötig, sich der eigenen Überzeugungen und Deutungsmuster bewusst zu werden. Religionskundlicher Unterricht kann erfahrungsgenerierend in dem Sinne sein, dass er Lernenden eine Auseinandersetzung mit existentiellen Fragen zumutet, die ihnen außerhalb des Unterrichts möglicherweise nicht zugemutet werden.

Unterscheidet man mit Jürgen Baumert unterschiedliche Modi der Weltbegegnung, dann bezieht sich religionskundlicher Unterricht auf einen spezifischen Modus der Weltbegegnung, nämlich die „Probleme konstitutiver Rationalität“ (zitiert in Klieme, Blum, Döbrich, Gruber, Prenzel, Reiss, Riquarts, Rost, Tenorth & Vollmer 2003, 68). Man kann diese Formulierung so verstehen, dass in Fächern wie Religion und Philosophie nicht nur Kenntnisse über Religion, Ethik und Philosophie vermittelt werden sollen, sondern dass diese Fächer eine grundlegende Aufgabe für den gesamten Bildungsprozess erfüllen: Überzeugungen zu reflektieren, indem unterschieden wird, im Blick auf welche Fragen, Probleme und Situationen welche fachspezifischen Rationalitätsformen angemessen sein könnten. Während ein Philosophieunterricht diese Aufgabe beispielsweise im Horizont philosophischer Erkenntnistheorie bearbeitet, können religionsbezogene Fächer herausarbeiten, wie Selbst- und Weltdeutungen von theologischen Grundannahmen abhängen und wie sich religiöse Deutungen etwa zu naturwissenschaftlichen Deutungen verhalten.[7]

---

7 Letzteres müsste eigentlich auch die Aufgabe der naturwissenschaftlichen Fächer sein. Darauf wies 2007 die damalige hessische Kultusministerin Karin Wolff (CDU)

4 Religionskundliche Deutungskompetenz als Fähigkeit zur ‚dichten Beschreibung'

Religionen oder bestimmte Strömungen als Untergruppen innerhalb von Religionen beziehen sich in der Regel auf eine Reihe von mündlich tradierten und in vielen Fällen schriftlich fixierten Texten (Erzählungen, Vorschriften, Dogmen …), die in der Vergangenheit entstanden sind und als relevante Bezugspunkte auch der gegenwärtigen religiösen Praxis gelten. Die Kanonizität dieser Texte hat in unterschiedlichen Religionen und religiösen Konfessionen oder Milieus jeweils einen unterschiedlichen Charakter. Hinzu kommt, dass der Status kanonischer Texte sowie die Verfahren zu ihrer Auslegung wiederum durch weitere Texte und Diskurse reguliert werden.

Angesichts dessen sind für jede Art von religionsbezogenem Unterricht einige hermeneutische Fragen grundlegend: Wie gelingt es mir, zeitlich entfernte, kanonisch gewordene religiöse Vorstellungswelten zu erschließen, und wie verhalte ich mich zu deren Anspruch darauf, auch für mein Leben relevant zu sein? Wie gelingt es mir, heutige mir fremde religiöse Vorstellungswelten zu erschließen – und wie erschließe ich mir eigentlich immer wieder die mir tatsächlich oder vermeintlich vertrauten religiösen Vorstellungswelten?

Im Unterricht verdoppeln sich diese Fragen mindestens noch einmal, denn aus den hermeneutischen werden didaktische Fragen: In den Kommunikationsprozess tritt eine Lehrkraft ein, die andere Menschen zur hermeneutischen Arbeit an und mit diesen Fragen befähigen und motivieren soll.

Orientiert sich ein religionskundlicher Unterricht an der Religionswissenschaft, dann übernimmt er nicht eins zu eins die Methoden oder Theorien dieser Bezugswissenschaft. Aber ein Blick auf deren Methoden ist unerlässlich für eine Reflexion auch von Unterrichtsmethoden. Unterrichtsmethoden müssen eine Form der Auseinandersetzung mit Religion ermöglichen, die im Sinne der oben formulierten Kriterien die Schülerinnen und Schüler nicht indoktriniert und sich auf deren Interessenlage bezieht, die ihnen den Erwerb von Wissen und Kompetenzen ermöglicht und zur Klärung existentieller Fragen anregt. Kritiker argwöhnen, ein solcher religionskundlicher Unterricht sei nicht sinnvoll, weil in ihm die Flöte nur angeschaut, nicht gespielt würde. Neben dem eingangs zitierten Politiker argumentieren ähnlich auch einige Religionspädagogen.[8]

---

hin und wurde deshalb von einigen Biologen wie Ulrich Kutschera, dem stellvertretenden Vorsitzenden des Biologenverbandes, scharf kritisiert (vgl. SPIEGEL-ONLINE 2007).

8 Ein Beispiel sind die katholischen Religionspädagogen Albert Biesinger und Joachim Hänle, die (hier mit Blick auf das Fach LER) behaupten, religionskundlicher Unter-

Angesichts der zahlreichen Methoden historischer und sozialwissenschaftlicher Forschung, die in den verschiedenen Zweigen der Religionswissenschaft eine Rolle spielen, erscheint mir für den religionskundlichen Unterricht vor allem ein Blick auf die Religionsethnologie von Bedeutung zu sein, speziell auf den mittlerweile zum Klassiker gewordenen Clifford Geertz. Geertz versteht die Ethnologie bekanntlich als interpretative Sozialwissenschaft, die (mit einem Begriff, den Geertz von Gilbert Ryle übernimmt), dichte Beschreibungen' anstrebt. Geertz erläutert das am Beispiel eines Augenzuckens oder -zwinkerns. Eine bloße Dokumentation des Phänomens wäre eine ‚dünne Beschreibung' und könnte nicht unterscheiden zwischen einem Zucken und einem Zwinkern, mit dem jemand einem anderen etwas mitteilen möchte – oder auch zwischen einem Zwinkern und dessen Parodie oder des Einübens eines parodistischen Nachmachens (vgl. Geertz, 1983, 10–12). Eine dichte Beschreibung dagegen dokumentiert ein Phänomen und analysiert Bedeutungsstrukturen und Interpretationsrahmen (a.a.O., 15). Situationen werden also interpretiert unter Zuhilfenahme jener Deutungen, mit denen die an den Phänomenen beteiligten Personen selbst unserer Kenntnis nach diese Situationen deuten, ohne dass der beschreibende Ethnologe selbst zum ‚Eingeborenen' werden würde:

> „Sie sind ethnologische Beschreibungen, d.h. Teil eines fortschreitenden Systems wissenschaftlicher Untersuchung. Sie müssen im Rahmen der Interpretationen vorgenommen werden, die die Erfahrung von Personen bestimmter Herkunft leiten, weil sie ja eben diese Erfahrung beschreiben wollen. Sie sind ethnologisch, weil es nun einmal Ethnologen sind, die sie liefern wollen." (a.a.O., 22)

Insofern sind dichte Beschreibungen Interpretationen und Deutungen zweiter und dritter Ordnung (a.a.O., 22f).

Übertragen auf die Schule lässt sich mit Geertz die Art des Umgangs mit den Inhalten religionsbezogenen Unterrichts genauer bestimmen: Im konfessio-

---

richt könne Heilige Schriften gar nicht sachgemäß interpretieren. Das sei nämlich nur den Gläubigen der jeweiligen Religion möglich: „Die Bibel versteht sich hermeneutisch nicht als historisches Dokument, sondern als Lebens- und Glaubenszeugnis, das nur innerhalb eines konkreten Lebensentwurfs – nämlich dem Leben in und mit Jesus, dem Christus – Sinn macht und auch nur innerhalb dieses Lebens- und Glaubenszusammenhangs ‚sachgemäß' interpretiert werden kann" (Biesinger & Hänle, 1997, 124). Dies mag stimmen. Aber heutige Interpreten müssen sich ja dieses Selbstverständnis der Bibel – oder besser: diese Erwartung ihrer Verfasser – nicht zu eigen machen. Für die meisten historischen Quellen gilt doch, dass sie sich zum Zeitpunkt ihrer Abfassung nicht als historische Dokumente verstanden haben. Einen mittelalterlichen Rechtskodex kann man ja glücklicherweise heute auch interpretieren, ohne ihn anzuwenden. Dass andererseits der Charakter einer historischen Quelle bei der Interpretation zu berücksichtigen ist, ist wiederum selbstverständlich und gilt nicht nur im Blick auf die Bibel.

nellen Religionsunterricht mag es eine von mehreren Dimensionen sein, die Schülerinnen und Schüler zu Interpretationen und Deutungen erster Ordnung zu bewegen (aber auch das ist in der wissenschaftlichen Religionspädagogik schon umstritten). Ein solches ‚*going native*' wäre mit Sicherheit kein zulässiges Ziel des religionskundlichen Unterrichts. So, wie vom Ethnologen niemand erwarten darf, dass er zum ‚Eingeborenen' wird, darf es im religionskundlichen Unterricht nicht darum gehen, Heranwachsende zu religiösen Menschen zu machen.

Aber auch ein rein dokumentarisches Abbilden religionsbezogener Kenntnisse wäre nicht angemessen, da so Zwinkern nicht von Zucken unterschieden würde. Denn man kann durchaus „Erklärungen der Subjektivität anderer Völker versuchen, ohne dazu übermenschliche Fähigkeiten der Selbstaufgabe und des Einfühlungsvermögens heucheln zu müssen" (Geertz, 1983, 308). In diesem Sinne kommt es darauf an, Fähigkeiten zur Deutung fremder Symbolsysteme auszubilden – und als solchen nähert sich religionskundlicher Unterricht den Religionen auch dann, wenn einigen der am Unterricht Beteiligten diese Symbolsysteme durchaus nicht fremd sind:

> „Das Verstehen dessen, was im Innern von Eingeborenen (um dieses gefährliche Wort noch einmal zu gebrauchen) vor sich geht, gleicht eher dem richtigen Erfassen eines Sprichworts, dem Begreifen einer Anspielung oder eines Witzes oder […] dem Lesen eines Gedichts als einer mystischen Kommunion" (a.a.O., 309).

Ein religionskundlicher Unterricht, der aus Angst vor zu großer Nähe zum Gegenstand beim Dokumentieren und Vermitteln abstrakter Informationen stehen bliebe, wäre deshalb unterkomplex. Eine Orientierung an ethnologischen Methoden des Verstehens als eines Rekonstruierens von fremden Symbolsystemen in unterschiedlichen Perspektiven ermöglicht dagegen eine angemessene Formulierung dessen, was Deutungskompetenz im religionskundlichen Unterricht sein müsste: nämlich die Fähigkeit zur dichten Beschreibung religiöser Phänomene.

5 Fazit: Dimensionen einer religionskundlichen Didaktik

Die bisherigen Überlegungen lassen sich zusammenführen, indem drei Dimensionen religionskundlichen Lehrens und Lernens unterschieden werden. Keine dieser drei Dimensionen lässt sich durch eine andere Dimension ersetzen, gleichzeitig aber sind sie aufeinander bezogen. Anders als etwa der Vorschlag zur Strukturierung des religionskundlichen Anteils von LER, der ausschließlich fachwissenschaftlich (nämlich religionssoziologisch) ausgerichtet ist (vgl. Edelstein et al. 2001, 88–92), nehmen die hier unterschiedenen Dimensionen zugleich bildungstheoretische, pädagogische und didaktische Einsichten auf.

Die zwei ersten Dimensionen sollen in Anlehnung an die im Englischen übliche Terminologie als ‚über Religion(en) lernen' und ‚von Religion(en) lernen' bezeichnet werden, die dritte Dimension als ‚den Umgang mit interreligiösen Begegnungen lernen'.[9]

- *Über Religion(en) lernen* geschieht vorrangig in distanzierter und objektivierender Form, was nicht bedeuten muss, dass kein Bezug zur Lebenswelt der Schülerinnen und Schüler hergestellt werden dürfte. Dies ist schon deshalb unerlässlich, um die Lernenden zur Auseinandersetzung mit den Inhalten zu motivieren. Zur Dimension des Lernens *über* Religionen gehört mehr, als miteinander unverbundene Kenntnisse über Religionen anzuhäufen – also etwa die Zahl ‚fünf' dem Begriff ‚Säulen' zuordnen zu können, ohne zu wissen, was für Muslime unterschiedlicher Milieus die Bedeutung des rituellen Gebets oder des Fastens im Ramadan wäre. Religionskundliches Wissen über Religionen ist, wenn man den Begriff des Wissens nicht banalisieren will, bereits verbunden mit der Fähigkeit, Kenntnisse sachgemäß zueinander ins Verhältnis zu setzen und mit ihnen in verschiedenen Situationen zu operieren, indem diese Situationen in unterschiedlichen Perspektiven gedeutet (also ‚dicht beschrieben') und Handlungsoptionen reflektiert werden.
- *Von Religion(en) lernen* setzt voraus, dass etwas *über* Religion(en) gelernt wurde. Was in dieser Dimension hinzukommt, ist, dass das Wissen über Religion(en) von den Lernenden in Beziehung gesetzt wird mit den je eigenen Weltdeutungen, Überzeugungen und Haltungen. Dabei kann es kein Ziel des religionskundlichen Unterrichts sein, dass die Schülerinnen und Schüler religiös(er) werden. Der Unterricht wäre vielmehr auch dann ‚erfolgreich', wenn Lernende nun aus besseren Gründen Atheisten wären oder sich von ihrer Herkunftsreligion lösen würden. Denn Ziel eines religionskundlichen Lernens von Religion(en) ist es zunächst, sich mit der religiös-weltanschaulichen Dimension des Lebens auseinandersetzen und in Auseinandersetzung mit Deutungsangeboten aus der Religionsgeschichte (bzw., je nach Fach, auch der Philosophiegeschichte) eigene Vorstellungen zu klären, weiterzuentwickeln und zu reflektieren. Man könnte daher von einer Kompetenz zur Lebensdeutung und Lebensgestaltung sprechen. Von Religionen lernen (bzw. lernen, von

9 ‚Religion lernen' in dem Sinne, dass Schülerinnen und Schüler eine spezifische religiöse Praxis lernen oder die damit verbundenen Überzeugungen übernehmen sollten, ist im religionskundlichen Unterricht selbstverständlich keine legitime Dimension. Allerdings kann das eine (wenn auch unbeabsichtigte) Nebenfolge sein, wie auch der Politikunterricht eine Schülerin zum Beitritt in eine Partei motivieren kann, ohne für eine bestimmte Partei Werbung gemacht zu haben. Sein Ziel verfehlt hätte ein solcher Unterricht nicht.

Religionen zu lernen) können auch nichtreligiöse Schülerinnen und Schüler: Ohne muslimisch zu werden, kann man sich durch muslimische Gebetspraxis zur Frage herausfordern lassen, welche Strukturen und Rhythmisierungen der eigene Tag hat – und ob das eher zu viele oder zu wenige sind. Ohne darüber christlich werden zu müssen, kann man sich im Anschluss an die Bergpredigt Gedanken machen über das Sorgen, über Gewaltlosigkeit oder über Partnerschaft.

- *Den angemessenen Umgang mit interreligiösen Begegnungen zu lernen*, ist in einer religiös pluralen Welt unverzichtbar.[10] Die entsprechenden Kompetenzen bauen auf einem Wissen über Religion(en) auf, und zugleich sind interreligiöse Begegnungssituationen Gelegenheiten, um von Religion(en) bzw. deren Anhängern zu lernen. Dabei ist freilich oft umstritten, was in welcher Situation ein angemessener Umgang ist. Immer wieder landen Fälle von interreligiöser Begegnung in der Schule vor Gericht, vor allem dann, wenn sie mit einem institutionellen Machtgefälle verbunden sind: Darf ein muslimischer Schüler in der Schule beten? Muss eine muslimische Schülerin am Schwimmunterricht teilnehmen? Ist eine freikirchliche Schülerin dazu verpflichtet, etwas über die Evolutionstheorie zu lernen? Aber auch im Alltag außerhalb der Schule gibt es häufig keinen normativen Konsens über die Angemessenheit einer Verhaltensweise in oder einer Beurteilung von interreligiösen Begegnungen. Werden deshalb im Unterricht interreligiöse Begegnungssituationen thematisiert, dann ist das Kontroversitätsgebot von besonderer Bedeutung. Zu dieser dritten Dimension gehört die normative Reflexion, die beim Lernen über Religion(en) dadurch vermieden werden kann, dass lediglich normative Entscheidungen anderer rekonstruiert und ‚dicht beschrieben' werden. Außerdem gehört zur dritten Dimension, unterschiedliche der ‚dicht beschriebenen' Perspektiven aufeinander zu beziehen, was kognitiv noch einmal anspruchsvoller ist. Gelernt werden kann das am besten an konkreten und zugleich exemplarischen Fällen interreligiöser Begegnungen, die multiperspektivisch analysiert und reflektiert werden (vgl. dazu näher z.B. Willems, 2011, 210–216).

10 In anderen Publikationen benutze ich an dieser Stelle den Begriff der interreligiösen Überschneidungssituation. Damit wird darauf verwiesen, dass sich in interreligiösen Begegnungen die unterschiedlichen Deutungs- und Aktionsmuster der Beteiligten überlappen, was zu besonderen kommunikativen Herausforderungen führt und diese Situationen konflikthaft machen kann, aber auch attraktiv (vgl. Willems, 2011a; 2011b; 2013).

6 Literatur

Benner, D. (2008) *Bildungstheorie und Bildungsforschung. Grundlagenreflexionen und Anwendungsfelder* (Paderborn, Schöningh).

Berger, P. L. (1979) *The Heretical Imperative: Contemporary Possibilities of Religious Affirmation* (Garden City, New York, Anchor).

Biesinger, A & Hänle, J. (1997) Nivellierte Religiosität – Kritische Auseinandersetzung mit den Unterrichtsvorgaben für die Sekundarstufe I im Fach „Lebensgestaltung-Ethik-Religionskunde“, in: A. Biesinger & J. Hänle (Hrsg.) *Gott – Mehr als Ethik. Der Streit um LER und Religionsunterricht* (Freiburg, Basel, Wien, Herder), 119–132.

Edelstein, W., Oser, F., Lott, J. & Grözinger, K. E. (2001) Inhalt und Struktur des Fachs LER, in: W. Edelstein, K. E. Grözinger, B. Kirsch, A. Leschinsky, J. Lott & F. Oser *Lebensgestaltung – Ethik – Religionskunde. Zur Grundlegung eines neuen Schulfachs. Analysen und Empfehlungen, vorgelegt vom Wissenschaftlichen Beirat LER. Mit Beiträgen von Sabine Gruehn und Imma Hillerich* (Weinheim, Basel, Beltz) 71–142.

EKD (1994) *Identität und Verständigung. Standort und Perspektiven des Religionsunterrichts in der Pluralität. Eine Denkschrift der Evangelischen Kirche in Deutschland* (Gütersloh, Gütersloher).

Geertz, C. (1983) *Dichte Beschreibung. Beiträge zum Verstehen kultureller Systeme* (Frankfurt a. M., Suhrkamp).

Humboldt, W. v. (1997) Theorie der Bildung des Menschen (Bruchstück), in: *Theorie der Bildung des Menschen. Bildung und Sprache* (Paderborn, Schöningh), 24–28.

Klieme, E., Avenarius, H., Blum, W., Döbrich, P., Gruber, H., Prenzel, M., Reiss, K., Riquarts, K., Rost, J., Tenorth, H.-E. & Vollmer, H. J. ([2]2003) *Zur Entwicklung nationaler Bildungsstandards. Eine Expertise* (Bonn, Bundesministerium für Bildung und Forschung).

Koselleck, R. (2006) *Begriffsgeschichten. Studien zur Semantik und Pragmatik der politischen und sozialen Sprache* (Frankfurt a. M., Suhrkamp).

Luckmann, T. ([3]1996) *Die unsichtbare Religion* (Frankfurt a. M., Suhrkamp).

Pollack, D. (2003) *Säkularisierung – ein moderner Mythos? Studien zum religiösen Wandel in Deutschland* (Tübingen, Mohr).

Schäfers, B. (09.09.2013) Neutralität oder konfessioneller Unterricht, in: *Religionspolitische Positionen der Parteien zur Bundestagswahl. Teil 1. Religionsunterricht. Deutschlandfunk, Sendung Tag für Tag.* Verfügbar unter www.dradio.de/dlf/sendungen/tagfuertag/2244405/drucken/ [10.09.2013].

Schiele, S. (1996) Der Beutelsbacher Konsens kommt in die Jahre, in: S. Schiele & H. Schneider (Hrsg.) *Reicht der Beutelsbacher Konsens?* (Schwalbach, Ts, Wochenschau-Verlag), 1–13. Verfügbar unter: www.lpb-bw.de/publikationen/did_reihe/ band16/didakr9c.htm [29.09.2014].

SPIEGEL-ONLINE (2007) Gott und die Wissenschaft: Mit der Bibel in den Biologie-Unterricht?, in: *SPIEGEL-ONLINE*, www.spiegel.de/schulspiegel/wissen/gott-und-die-wissenschaft-mit-der-bibel-in-den-biologie-unterricht-a-491434.html [29.06.2007].

Taylor, C. (2009) *Ein säkulares Zeitalter* (Frankfurt a. M., Suhrkamp).

Willems, J. (2011a) *Interreligiöse Kompetenz. Theoretische Grundlagen – Konzeptualisierungen – Unterrichtsmethoden* (Wiesbaden, Verlag für Sozialwissenschaften).

Willems, J. (2011b) Lernen an interreligiösen Überschneidungssituationen – Überlegungen zu Ausgangspunkten einer lebensweltlich orientierten interreligiösen Didaktik, in: *Theo-Web. Zeitschrift für Religionspädagogik 10* (1), 180–198. Verfügbar unter: www.theo-web.de/zeitschrift/ausgabe-2011-01/13.pdf [29.09.2014].

Willems, J. (2013) Die Bearbeitung interreligiöser Überschneidungssituationen als Aufgabe eines interreligiös orientierten Religionsunterrichts, in: H. Stettberger & M. Bernlocher (Hrsg.) *Interreligiöse Empathie lernen. Impulse für den trialogisch orientierten Religionsunterricht* (Berlin, Münster, LIT), 115–125.

Welche Anforderungen stellt die religiös-weltanschauliche Neutralität an den Unterricht des Faches Lebensgestaltung-Ethik-Religionskunde?

Nicolett Wels

Bei Lehrkräften des Faches Lebensgestaltung-Ethik-Religionskunde (kurz: LER) bestehen nicht selten Unklarheiten darüber, was im religionskundlichen Unterricht erlaubt ist. Diese Unsicherheiten betreffen auch keineswegs nur Lehrkräfte, die keinen religiösen Hintergrund haben, auch wenn bei ihnen vielleicht mehr Berührungsängste gegenüber religiösen Themen vorliegen mögen. Auch religiös geprägte Lehrerinnen und Lehrer sind sich oft unsicher, wie religionskundliche Themen im Unterricht vermittelt werden dürfen. Die Folge davon ist nicht selten, dass man sich auf die Weitergabe von Wissen über Religionen beschränkt. Das ist insofern unbefriedigend, als Einigkeit darüber besteht, dass dies nicht ausreicht, um bei den Schüler/innen eine Lebensgestaltungskompetenz zu entwickeln, die auch den religiös-weltanschaulichen Bereich umfasst.

Meines Erachtens hängt diese Verunsicherung in erster Linie mit der strikten Verpflichtung zur religiös-weltanschaulichen Neutralität zusammen, die das Fach LER maßgeblich prägt. Das Hauptproblem dürfte darin bestehen, dass den meisten Lehrkräften – ebenso wie vielen Eltern und Schüler/innen – nicht klar ist, was genau unter religiös-weltanschaulich neutral zu verstehen ist bzw. welche Anforderungen dies an den Unterricht stellt.[1] Diesbezüglich gilt es mehr Klarheit zu schaffen.

Zunächst bietet sich dazu ein Rückgriff auf die entsprechenden Vorschriften an, wobei als einschlägige Regelungen das Brandenburgische Schulgesetz (SchulG Bbg) sowie der Rahmenlehrplan LER in Betracht kommen. Die explizite Festlegung der religiös-weltanschaulichen Neutralität des Faches LER findet sich in § 11 Abs. 3 SchulG Bbg. Dort heißt es: „Das Fach Lebensgestaltung-Ethik-Religionskunde wird bekenntnisfrei, religiös und weltanschaulich neutral unterrichtet." Weiterhin wird darauf hingewiesen, dass gegenüber der religiösen oder weltanschaulichen Gebundenheit von Schüler/innen Offenheit und Toleranz zu wahren sind. Was genau unter „religiös und weltanschaulich neutral" zu verstehen ist, wird jedoch nicht weiter ausgeführt.

---

1 Oft ist nur bekannt, dass Beten im Unterricht unzulässig ist. Das stimmt zwar, wenn es sich dabei um eine religiöse Pflichtübung gem. Art. 136. Abs. 4 WRV handelt. Dies ist jedoch nicht die einzige Einschränkung, die es gibt.

Auch im Rahmenlehrplan (vgl. Rahmenlehrplan LER, 47) findet sich unter den Prinzipien des LER-Unterrichts der Verweis auf die religiös-weltanschauliche Neutralität des Faches. Zwar enthalten die dortigen Ausführungen Hinweise wie:

- Dem Fach liegt kein bestimmtes religiöses oder weltanschauliches Bekenntnis zugrunde.
- Es tritt weder als Förderer eines solchen auf oder fungiert gar als Stifter.
- Eine einseitige, die Schüler/innen festlegende, aber auch überwältigende Darstellung von Positionen muss unterbleiben.
- Die Lehrkräfte haben mit ihren eigenen Standpunkten und Überzeugungen sensibel und behutsam umzugehen.
- Das Fach LER ist nicht wertneutral, sondern in seinem erzieherischen Bemühen und seinen Bildungsinhalten auf den Wertkonsens der Verfassung des Landes Brandenburg, des Grundgesetzes der Bundesrepublik Deutschland und der Allgemeinen Erklärung der Menschenrechte hin ausgerichtet.

Auch diese Hinweise bleiben jedoch Bruchstücke und erklären nicht, welches Grundverständnis von religiös-weltanschaulicher Neutralität ihnen zugrunde liegt.

Um ein Verständnis dafür zu erlangen, ist es meines Erachtens notwendig sich mit der Neutralität des Staates zu befassen. Dies deshalb, weil die Neutralität des Faches LER auf der umfassenderen Neutralität des Staates gründet.

Explizit hat der Grundsatz der religiös-weltanschaulichen Neutralität des Staates keinen Niederschlag im Grundgesetz gefunden. Er ergibt sich aber aus einer Zusammenschau unterschiedlicher Verfassungsnormen, bei dem Art. 4 GG eine tragende Bedeutung zukommt. Das Bundesverfassungsgericht leitet die religiös-weltanschauliche Neutralität des Staates aus den Bestimmungen der Art. 4 Abs. 1 und 2 GG (Glaubens- u. Gewissensfreiheit), dem Verbot der Benachteiligung aus religiösen Gründen in Art. 3 Abs. 3 und Art. 33 Abs. 3 GG, dem Verbot der Staatskirche in Art. 140 GG i. V. m. Art. 137 Abs. 1 Weimarer Reichsverfassung (WRV) und dem Verbot des Zwangs zur Teilnahme an religiösen Übungen in Art. 140 GG i. V. m. Art. 136 Abs. 1 und 4 Weimarer Reichsverfassung (WRV) ab. (Vgl. BVerfGE 19, 216; 93, 16 f.; 105, 294 st. Rspr.)

1 Das religiös-weltanschauliche Neutralitätsgebot als kooperatives Trennungsgebot von Kirche und Staat

In Deutschland hat sich historisch bedingt eine spezielle Form der staatlichen Neutralität herausgebildet. Ihre Grundlage ist die in den Glaubenskriegen entstandene Trennung von Kirche und Staat, die auch heute noch gilt. Staat und Kirche sind danach jeweils eigenständige, auf unterschiedlichen Grundlagen beruhende und auf unterschiedliche Ziele gerichtete Größen. Zwischen ihnen besteht jedoch keine streng laizistische Trennung, sondern es handelt sich vielmehr um ein „kooperatives Trennungssystem" (Czermak, 2008, 31) bzw. eine offene, wohlwollende oder auch positive Neutralität. (Vgl. Schlaich, 1980, 427ff.) Deutlich wird diese an den verschiedenen Kooperationen zwischen Staat und Religionsgemeinschaften (Verflechtungen gibt es z. B. beim Religionsunterricht, bei theologischen Fakultäten an Universitäten oder bei der Kirchensteuer). Das Bundesverfassungsgericht hat dazu ausgeführt:

> „Die dem Staat gebotene religiös-weltanschauliche Neutralität ist nicht im Sinne einer strikten Trennung von Staat und Kirche, sondern als eine offene und übergreifende, die Glaubensfreiheit für alle Bekenntnisse gleichermaßen fördernde Haltung zu verstehen. Dies gilt insbesondere auch für den Bereich der Pflichtschule."[2]

Das damit geprägte Staatsverständnis bzw. die Konstruktion des Verhältnisses von Staat und Kirche unterscheidet sich insoweit nicht nur deutlich von Staatskirchen in Skandinavien, Großbritannien oder Griechenland, sondern ebenso von der laizistischen Trennung zwischen Kirche und Staat, wie sie beispielsweise in Frankreich oder Portugal zu finden ist, wo die Religion auf den privaten Bereich beschränkt ist.

Für den LER-Unterricht bedeutet dies, dass die Lehrkraft den Schüler/innen diese positive offene Neutralitätshaltung des Staates als grundsätzliche Wertentscheidung des Grundgesetzes zu vermitteln hat, damit die Schüler/innen das Neutralitätsgebot nicht fälschlicherweise als Indifferenzgebot[3] oder sogar als Verpflichtung zum Atheismus missverstehen. Äußerungen, dass Religion Privatsache sei oder Religionsunterricht nicht in die Schule gehöre, dürfen

---

2 Vgl. www.bundesverfassungsgericht.de/pressemitteilungen/bvg71-03.html.
Aus dem Grundsatz der weltanschaulichen Neutralität lässt sich also nicht folgern, dass der Staat einer religiösen Orientierung seiner Bürger oder den religiösen und weltanschaulichen Gruppierungen in prinzipieller Gegnerschaft gegenüberstünde. (Vgl. de Wall, ThLitZ 1994, Sp. 294)

3 Unter „Indifferenzgebot" wird hier eine Haltung verstanden, die den Staat zu einer gleichgültigen Haltung gegenüber Religionen und Weltanschauungen verpflichtet.

zwar als persönliche Einstellung bekundet werden.[4] Es ist jedoch deutlich zu machen, dass sie nicht den Wertungen unserer Verfassung entsprechen.[5] Das gilt auch für Brandenburg, in dem der Religionsunterricht offiziell kein ordentliches Lehrfach ist. Im Gegenteil: Die „Religionsfreundlichkeit" (Czermak, 2008, 29) des Grundgesetzes und damit auch des Staates bzw. der Schule muss auch im Unterricht des Faches LER seinen Niederschlag finden.

2 Die verschiedenen Ausprägungen des religiös-weltanschaulichen Neutralitätsgebotes

Als Verfassungsprinzip hat die religiös-weltanschauliche Neutralität keinen fest umrissenen Bedeutungsgehalt. Das ist schon deshalb so, weil alle Verfassungsprinzipien auf die Zukunft hin angelegt sind und dafür ein bestimmtes Maß an Offenheit und Unbestimmtheit in sich tragen müssen. Durch die Rechtsprechung des Bundesverfassungsgerichts hat das Gebot der religiös-weltanschaulichen Neutralität jedoch eine Reihe von Ausprägungen erfahren, welche einen Großteil seines Bedeutungsgehalts ausmachen.[6] Welche Ge- und Verbote dies sind und welche Auswirkungen sich daraus für den LER-Unterricht ergeben, soll nachfolgend aufgezeigt werden.

2.1 Identifikationsverbot

Das Identifikationsverbot ist aus dem staatlichen Neutralitätsgebot nicht nur vorrangig, sondern auch hauptsächlich herausgelesen worden. (Vgl. Krüper, 2005, 99) Es besagt, dass es dem Staat, der sich nicht mit einer Kirche verbinden oder vermischen darf, verboten ist, sich mit einer Religion, einer Kirche oder einer Religionsgemeinschaft[7] inhaltlich zu identifizieren. (Vgl.

---

4 Wobei es rechtlich und pädagogisch gewiss ist, dass staatliche Neutralität dort verletzt ist, wo der Lehrer offen, also im engeren Sinne kommunikativ, für seine Einschätzung wirbt oder gar missioniert. Wer seine funktionelle Amtsstellung dazu ausnutzt, individuelle Ansichten zu transportieren und zu propagieren, der verwischt die Grenze zwischen Amtsperson und Individuum in einer nicht mehr hinzunehmenden Weise. Denn dann wird eine Zwangslage geschaffen, der sich zu entziehen dem/der einzelnen Schüler/in unmöglich ist. (Vgl. Krüper, 2005, 103 mit Berufung auf das Bundesverfassungsgericht)

5 Art. 4 GG bedeutet keine Abdrängung von Glaube und Weltanschauung in eine staatsfreie Privatsphäre. (Vgl. Preuß in AK, Art. 4, Rdnr. 12)

6 Diese Abhandlung konzentriert sich auf die Rechtsprechung des Bundesverfassungsgerichts, da nur sie für die Schule Verbindlichkeit hat.

7 oder anderen Weltanschauungsgemeinschaften

Jeand'Heur & Korioth, 2000, 130) So auch die ständige Rechtsprechung des Bundesverfassungsgerichts:

> „Der Staat hat ... auf eine am Gleichheitssatz orientierte Behandlung der verschiedenen Religions- und Weltanschauungsgemeinschaften zu achten ... Auch dort, wo er mit ihnen zusammenarbeitet oder sie fördert, darf dies nicht zu einer Identifikation mit bestimmten Religionsgemeinschaften führen." (BVerfGE 93, 17; ähnlich BVerfGE 19, 8; 19, 216; 30, 422)

So nachvollziehbar wie zutreffend dieses Gebot ist, so wenig führt es zu einer Präzisierung des Neutralitätsgrundsatzes, da die Frage wann eine unzulässige „Identifikation" vorliegt, mindestens ebenso schwer zu beantworten ist wie die Frage, ob eine staatliche Maßnahme das Identifikationsverbot verletzt. Entscheidend ist, was unter „Identifikation" zu verstehen ist. Da dies allgemein aber kaum zu beantworten ist, kann nur auf Einzelfälle abgestellt werden.

Meines Erachtens ist eine (unzulässige) Identifikation im LER-Unterricht jedenfalls dann sehr nahe liegend, wenn die Lehrkraft sich eine religiöse oder weltanschauliche Position „zu eigen macht" und diese dann (wenn auch nur indirekt) als staatliche Position vermittelt.[8] Ein solches Vorgehen ist z. B. wahrscheinlich, wenn im Unterricht von der Bundesrepublik Deutschland als einem christlichen, atheistischen oder liberalen Staat gesprochen wird. Allen Bezeichnungen gemein ist die Identifikation des Staates mit einer Ideologie. Gerade diese Bezeichnungen sind aber nicht mehr neutral (im eigentlichen Wortsinne).[9] Mag die Bundesrepublik Deutschland aufgrund ihrer historischen Entwicklung christlich geprägt sein, mag sie wegen des Verbots einer Staatskirche atheistisch erscheinen oder mag die Bundesrepublik Deutschland aufgrund ihrer Neutralität tatsächlich von einem liberalen Staat kaum zu unterscheiden sein.[10] Fest steht, dass sie staatsrechtlich (und nur darauf kommt es an) keins von allem ist (und solange das Neutralitätsgebot besteht auch nicht sein kann). Zwar werden immer wieder Versuche unternommen, dem Grundgesetz und seinen zentralen Festlegungen ein bestimmtes ideologisches Fundament zu unterlegen. Diese wurden aber alle unter Hinweis auf das Neutralitätsgebot zurückgewiesen, denn sie müssen sich entgegenhalten lassen, mit dem Gebot einer weltanschaulich neutralen, gerade jeden fundamentalistischen „-ismus" vermeidenden Ordnung nicht vereinbar zu sein.[11] Das Grundgesetz schreibt dem Bürger gerade keine Staatsideologie vor. Insofern unterscheidet es sich fundamental von der Verfassung der DDR.

---

8 LER als Atheismusunterricht zu bezeichnen, wie leider schon geschehen, ist somit keine angemessene Einstellung zum Unterrichtsfach.

9 Das Wort „neutral" oder „Neutralität" von lateinisch „ne utrum" bedeutet wörtlich „keines von beiden".

10 Das Bundesverfassungsgericht spricht von der Bundesrepublik Deutschland als einem freiheitlichen Staat. (Vgl. BVerfGE 2, 12)

11 Huster, 2002, 15/16. So wenig es dem Staat erlaubt ist, aktiv auf eine bestimmte Religion oder Weltanschauung hinzuwirken, so sehr ist es ihm auch verwehrt, die Weltanschauungslosigkeit seiner Bürger zu favorisieren. (Vgl. de Wall, ThLitZ 1994, Sp. 295)

2.2 Bewertungsverbot

Eine weitere Ausprägung hat die religiös-weltanschauliche Neutralität des Staates in einem sog. Bewertungsverbot gefunden. (Vgl. Czermak, 2008, 90) Es steht in engem Zusammenhang mit dem Identifikationsverbot, wie überhaupt alle Ausprägungen des staatlichen Neutralitätsgebotes nicht isoliert voneinander zu verstehen sind. Grundlage des Bewertungsverbotes ist eine Entscheidung des Bundesverfassungsgerichts, in der festgestellt wird, dass es dem weltanschaulich neutralen Staat verwehrt ist, den Glauben oder Unglauben seiner Bürger zu bewerten. (Vgl. BVerfGE 12, 4, danach st. Rspr. vgl. BVerfGE 41, 50; 41, 84; 102, 386; 102, 394) Dem liegt die grundsätzliche Einsicht zugrunde, dass sich der „säkularisierte", später „weltanschaulich neutrale Staat", auf die Ordnung des „Weltlichen" beschränkt und „keine Kompetenz mehr in Anspruch [nimmt] zur Entscheidung in Angelegenheiten der Religion und der Seelen". (Vgl. BVerfGE 42, 330)

Dass sich eine neutrale Haltung der Bewertung enthält, ist einsichtig. Auch hier bleibt aber wieder offen, wann von einer (derartigen) Bewertung ausgegangen werden muss bzw. ob dieses Verbot schrankenlos gilt. Unstreitig wird man wohl noch annehmen können, dass das Bewertungsverbot einer LER-Lehrkraft untersagt, eine religiöse oder weltanschauliche Position im Unterricht zu diffamieren oder zu versuchen, ihren Wahrheits- und Verbindlichkeitsanspruch zu relativieren. Meines Erachtens beschränkt sich das Verbot aber nicht darauf, sondern erlaubt auch nicht die Gleichwertigkeit unterschiedlicher Überzeugungen zu propagieren, weil auch darin bereits eine ethische Wertung liegt. (Vgl. auch Huster, 2002, 344) Aus der rechtlichen Gleichstellung von Religionen und Weltanschauungen (im Grundgesetz), kann nicht auf ihre ethische Gleichwertigkeit geschlossen werden. Eine Bemerkung in der Art, dass alle Religionen nur „verschiedene Wege zum selben Ziel" seien, kann in dem Sinne also nicht mehr als neutral bezeichnet werden.

Dass das Bewertungsverbot selbstverständlich auch die privilegierende Darstellung einer Religion oder Weltanschauung verbietet, sei nur erwähnt, da es sich aus dem oben Beschriebenen bereits ergibt. „So wenig es dem Staat erlaubt ist, aktiv auf eine bestimmte Religion oder Weltanschauung hinzuwirken, so sehr ist es ihm aber auch verwehrt, die Weltanschauungslosigkeit seiner Bürger zu favorisieren." (Vgl. de Wall, ThLitZ, 1994, Sp. 295)

Darüber hinaus gilt es jedoch noch eine Abgrenzung vorzunehmen: Ein Unterricht, der jede Wertung und Stellungnahme ablehnt, würde den Anschein erwecken, dass alle sittlichen Auffassungen unterschiedslos gleichberechtigt nebeneinander gültig seien. Damit stellt sich ein solcher Unterricht aber auf die Seite einer bestimmten ethischen Auffassung, nämlich der des radikalen Relativismus.[12] Wenn Neutralität aber ein Identifikationsverbot beinhaltet, so muss es dem Staat auch verwehrt sein, sich auf die Seite des Skeptizismus oder Relativismus zu stellen.

Im Ergebnis kann das Bewertungsverbot damit nicht uneingeschränkt gelten. Vielmehr muss es dem Staat – und damit der Lehrkraft – erlaubt sein (in einem eng begrenzten Rahmen) Position zu beziehen. In welchem Maße dies geschehen darf, wird später noch gezeigt.

2.3 Paritätsgebot

Als weitere Einzelverbürgung ergibt sich aus dem Neutralitätsgrundsatz das Gebot der Parität. (Vgl. Mückl in Bonner Kommentar (BK), Art. 4, Rdnr. 154 m.w.N.) Danach ist der Staat gehalten alle Religionen und Weltanschauungen gleich zu behandeln, d. h. der Staat darf kein Bekenntnis (aber auch kein Nichtbekenntnis) benachteiligen oder privilegieren. In dem Sinne ist das Paritätsgebot auch oft als „staatskirchenrechtlicher Gleichheitssatz“ Mückl in BK, Art. 4, Rdnr. 154) bezeichnet worden. Wie generell im Staatsrecht, meint Parität allerdings nur die rechtliche, nicht eine schematisch-nivellierende Gleichbehandlung. (Vgl. Mückl in BK, Art 4, Rdnr. 154) Das Bundesverfassungsgericht hat dazu ausgeführt:

> „Nach dem staatskirchenrechtlichen System des Grundgesetzes steht der Staat den verschiedenen Religionen und Weltanschauungen im Interesse der Glaubens- und Bekenntnisfreiheit aller Bürger grundsätzlich neutral gegenüber. Allerdings gebietet das Grundgesetz nicht, dass der Staat alle Religionsgesellschaften schematisch gleichbehandelt. ... Vielmehr sind Differenzierungen zulässig, die durch tatsächliche Verschiedenheiten der einzelnen Religionsgesellschaften bedingt sind.“ (BVerfGE 19, 6 f.)

Für den LER-Unterricht lässt sich daraus Folgendes ableiten: Prinzipiell sind alle Religionen bzw. Weltanschauungen, die im LER-Unterricht vorkommen[13], gleich zu behandeln. Allerdings verlangt das Gebot der Parität weder eine gleichartige, noch eine gleichrangige unterrichtliche Behandlung. Eine gleichartige Behandlung kommt schon deshalb nicht in Betracht, weil sie nicht immer möglich sein wird, abgesehen davon wäre sie auch eine zu große Einschränkung der pädagogischen Freiheit der Lehrkraft.

Soweit es um die prinzipielle Gleichrangigkeit geht, bedarf es nach dem Paritätsgebot eines sachlichen Grundes für eine Ungleichbehandlung im

---

12 Eine solche Haltung begünstigt sittliche Indifferenz und einen ethischen Relativismus. (Vgl. Höffe, 1979, 469)

13 Im Laufe der Sekundarstufe I sind das Christentum und drei weitere Religionen bzw. Weltanschauungen im Unterricht zu behandeln. Dabei kann die Lehrkraft zwischen Judentum, Islam, Buddhismus und der humanistischen Weltanschauung wählen. (Vgl. RLP LER, 40f.)

Unterricht. Das bedeutet, dass die Ungleichbehandlung sich aus der Verschiedenheit der Sache bzw. des Sachverhalts selbst ergeben muss. Persönliche Präferenzen der Lehrkraft für oder gegen eine bestimmte Religion stellen damit keinen sachlichen Grund dar.

Eine bevorzugte Behandlung des Christentums im Unterricht ist dagegen deshalb gerechtfertigt, weil die christliche Religion unerlässliche Voraussetzung für das Verständnis unserer Kultur ist. Auch das Bundesverfassungsgericht betont die tragende Bedeutung des Christentums für unsere Kultur: „Über die Jahrhunderte [*sind*] zahlreiche christliche Traditionen in die allgemeinen kulturellen Grundlagen der Gesellschaft eingegangen, denen sich auch Gegner des Christentums und Kritiker seines historischen Erbes nicht entziehen können." (BVerfGE 93, 19) Entsprechend konstatiert Loschelder:

> „So weitgehend das Bewusstsein der Zusammenhänge abgesunken ist, so sehr sich die Substanz verdünnt hat, behält doch die Feststellung, dass es um ein, vom Christentum geprägtes Land' geht, seine Gültigkeit. … Und wenn auch gerade Religion und Kirchen als Unterrichtsmaterie von der öffentlichen Schule in besonderem Maße Neutralität und Zurückhaltung fordern, so kann dies doch … nicht heißen, dass den Schüler/innen deswegen undifferenziert und indifferent eine Palette der Religionen, Kirchen und Religionsgemeinschaften der Welt vorgeführt werden müsste. Vielmehr bedarf es der Gewichtung, eben weil es vor allem – sicher nicht nur – um zentrale Aspekte der eigenen Kultur geht. Entsprechend ist in erster Linie vom Christentum zu reden, sind die christlichen Konfessionen in ihren übereinstimmenden und divergierenden Aspekten darzustellen, ist das tiefe Unwissen selbst über die großen christlichen Kirchen zu beheben. Erst danach ist Raum für die Vielfalt der übrigen Religionen und Weltanschauungen." (Loschelder, Zeitschrift f. Beamtenrecht, 2001, 11f.)

Eine vorrangige Behandlung des Christentums im LER-Unterricht ist danach nicht nur gerechtfertigt, sondern auch geboten, denn alles andere wäre eine Verzerrung.[14]

Im Ergebnis ist damit festzuhalten, dass der Grundsatz der Parität im LER-Unterricht keine starr nivellierende Darstellung der verschiedenen Religionen und Weltanschauungen fordert, sondern eine den konkreten Umständen gerecht werdende gleiche Behandlung.

2.4 Indoktrinationsverbot

Eine Figur, die zur Konkretisierung des Neutralitätsgebotes ebenfalls oft herangezogen wird, ist das Verbot der Indoktrination. „Aus der Neutralität des Staates in der pluralistischen Demokratie folgt, dass die Schule die

---

14 Vgl. de Wall, ThLitZ, 1994, Sp. 298. Die Tatsache, dass das Christentum als einzige Religion nicht der Wahlpflicht der Lehrkraft unterliegt, also im LER-Unterricht verpflichtend ist (vgl. RLP LER, 40), lässt auf eine ähnliche Gewichtung durch den Verordnungsgeber schließen.

Schüler/innen nicht durch ihre institutionelle Übermacht einseitig im Sinne einer bestimmten partikularen Wertordnung überwältigen darf." (Richter, 1999, 55) In einer Entscheidung des Bundesverfassungsgerichts heißt es dazu: „Die Schule muss den Versuch einer Indoktrinierung der Schüler/innen mit dem Ziel unterlassen, ein bestimmtes … Verhalten zu befürworten oder abzulehnen." (BVerfGE 47, 77) Auch das Bundesverwaltungsgericht hat sich dahingehend geäußert:

> „Das Gebot staatlicher Neutralität und Toleranz in der Erziehung lässt Indoktrination unabhängig von ihren Zielen und Zwecken nicht zu. … das Verbot der Indoktrination als eines Missbrauchs staatlicher Erziehungsgewalt [*gilt*] für alle Bereiche der Schulerziehung". (BVerwG, DÖV, 1989, 314)

Sowohl in der Rechtsprechung als auch in der Literatur besteht damit weitgehend Einigkeit darüber, dass die Schule ein Indoktrinationsverbot trifft. Unklar ist aber auch hier wieder, was darunter zu verstehen ist. Zwei Deutungsmöglichkeiten kommen in Betracht: Einerseits könnte sich das Verbot auf die Art und Weise der schulischen Erziehungstätigkeit beziehen, andererseits könnte es aber auch eine inhaltliche Tendenz der Schulerziehung meinen. Das Bundesverfassungsgericht erläutert:

> „Der Begriff der Indoktrination darf nicht dahin missdeutet werden, dass darunter schon jede Erziehung und Beeinflussung zu einem bestimmten Verhalten verstanden wird. Es ist im Gegenteil … Aufgabe der Schule, bestimmte verfassungsrechtlich und gesetzlich vorgegebene Werte und damit Haltungen zu vermitteln. Verboten ist nur eine darüber hinausgehende gezielte Beeinflussung oder gar Agitation im Dienste einer bestimmten politischen, ideologischen oder weltanschaulichen Richtung. Nur eine solche Indoktrination verletzt die verfassungsrechtlich gebotene Rücksichtnahme gegenüber dem Recht der Eltern aus Art. 6 Abs. 2 Satz 1 GG und dem des Schülers aus Art. 2 Abs. 1 i. V. m. Art. 1 Abs. 1 GG." (BVerfG, NVwZ, 1990, 55)

Danach ist das „Indoktrinationsverbot" in erster Linie ein (inhaltlich) einseitiges Beeinflussungsverbot, welches alle Bereiche betrifft, die über „bestimmte verfassungsrechtlich vorgegebene Werte und Haltungen"[15] hinausgehen. Daneben beinhaltet es aber auch ein methodisches „Überwältigungsverbot", wie der Begriff „Agitation" verdeutlicht.

Für den LER-Unterricht bedeutet das zum einen, dass die Lehrkraft jegliche Form der suggestiven Beeinflussung, die den Schüler/innen keinen eigenen Reflexions- und Entscheidungsspielraum mehr belässt, mithin jede aggressive, missionarische oder kämpferische Einwirkung auf die Schüler/innen zu unterlassen hat. Zum anderen verbietet es aber auch eine schulische Erziehung, die den Schüler/innen dezidiert – über bestimmte verfassungsrechtlich vorgegebene Werte und Haltungen hinaus – mit einer bestimmten Tendenz beeinflusst. Darunter fällt beispielsweise eine „ausschließliche Vorstellung

15 Welche Werte (und Haltungen) damit im Einzelnen gemeint sind, wird später ausgeführt.

von der Entstehung der Welt". Allgemein ausgedrückt: Eine einseitige Beeinflussung liegt immer dann vor, wenn den Schüler/innen „mit einem Absolutheitsanspruch entgegengetreten wird". (BVerfG, NVwZ, 1990, 55) Inhaltlich entspricht das negative Indoktrinationsverbot insoweit dem positiven Kontroversitätsgebot. Dieses verpflichtet die Lehrkräfte, ein Thema kontrovers darzustellen und zu diskutieren, wenn es auch in der Öffentlichkeit kontrovers erscheint.[16] Es zielt damit ebenfalls darauf ab, den Schüler/innen eine freie Meinungsbildung zu ermöglichen, denn „wenn unterschiedliche Standpunkte unter den Tisch fallen, Optionen unterschlagen werden, Alternativen unerörtert bleiben, ist der Weg zur Indoktrination beschritten" (Scherb, 2007, 32). Auf den LER-Unterricht übertragen bedeutet dies, dass die Lehrkraft verpflichtet ist, die in der Gesellschaft bestehende religiös-weltanschauliche Pluralität auch im Unterricht abzubilden, um die Schüler/innen nicht einseitig zu beeinflussen, sondern ihnen eine freie Entscheidung zu ermöglichen.[17]

2.5 *Mäßigungsgebot*

Als letzte Ausprägung der religiös-weltanschaulichen Neutralitätspflicht des Staates soll das Gebot der Mäßigung Erwähnung finden. Dass das Neutralitäts- und Mäßigungsgebot eng miteinander verbunden sind, hat bereits das Bundesverfassungsgericht bekräftigt. Dort heißt es in der sog. „Kopftuch-Entscheidung": „Das ... Neutralitäts- und Mäßigungsgebot der Beamten ... korrespondiert mit der grundsätzlichen Neutralitätspflicht des Staates auch für den religiösen und weltanschaulichen Bereich".[18] Dass dieses Gebot insbesondere auch für Lehrer gilt, wird ebenfalls in dieser Entscheidung betont: „Die allgemeine Neutralitätspflicht gilt in besonderem Maße für Beamte, die das Amt des Lehrers an öffentlichen Schulen ausüben." (BVerfGE 108, 324)

Kann man also insoweit von einem religiös-weltanschaulichen (Neutralitäts- und) Mäßigungsgebot für Lehrer ausgehen, so steht auch hier wieder nicht fest, welches Maß an Zurückhaltung von der einzelnen Lehrkraft im konkreten Fall verlangt werden kann.

---

16 Im Rahmenlehrplan LER hat der Kontroversitätsgrundsatz sowohl durch das Unterrichtsprinzip der Pluralität, als auch durch das Unterrichtsprinzip der Kontroversität seinen Niederschlag gefunden. (Vgl. RLP LER, 46)

17 So gesehen ist das Kontroversitätsgebot Voraussetzung für das (oben bereits behandelte) Paritätsgebot.
Vom Identifikationsverbot unterscheidet es sich insoweit, als dies der Lehrkraft eine Ideologisierung des Staates in welche Richtung auch immer verbietet, während das Indoktrinationsverbot die Verabsolutierung jeder Meinung untersagt.

18 Vgl. BVerfGE 108, 308. Dass das Bundesverfassungsgericht von einem einheitlichen „Neutralitäts- und Mäßigungsgebot" der Beamten spricht, macht deutlich, dass es einen engen (zwingenden) Zusammenhang zwischen beiden sieht.

Das Bundesverfassungsgericht hat dazu festgestellt, dass sich dies nicht nur „aus den allgemeinen [Beamten-]Grundsätzen" ergibt, sondern auch „aus den konkreten und wechselnden Anforderungen des Amtes". (Vgl. BVerfGE 108, 324) Welche Amtspflichten (zur Mäßigung) speziell Lehrer (im religiös-weltanschaulichen Bereich) obliegen, hat das Bundesverfassungsgericht insbesondere in seiner sog. „Kopftuch-Entscheidung" ausgeführt. Danach gilt Folgendes:

- Das Mäßigungsgebot bezieht sich nicht nur auf das (unterrichtliche) Verhalten der Lehrkraft, sondern auch auf ihr äußeres Erscheinungsbild. Danach zählt es zu den Anforderungen eines Lehrers bzw. einer Lehrerin, objektiv ausdrucksstarke politische, weltanschauliche oder religiöse Symbole für die eigene Person zu vermeiden: „Im Schuldienst hat der Lehrer die Verwendung solcher signifikanten Symbole zu unterlassen, die geeignet sind, Zweifel an seiner Neutralität und professionellen Distanz in politisch, religiös oder kulturell umstrittenen Themen zu wecken." (BVerfGE 108, 328) Zur Begründung hat das Bundesverfassungsgericht ausgeführt, dass gerade das Tragen eines Kleidungsstücks, das eindeutig auf eine bestimmte religiöse oder weltanschauliche Überzeugung eines Lehrers an öffentlichen Schulen hinweist, auf Unverständnis oder Ablehnung bei andersdenkenden Schüler/innen oder deren Erziehungsberechtigten stoßen kann. Da sich die Schüler/innen einer solchen Demonstration religiöser Überzeugung aber nicht entziehen können, werden sie insoweit in ihrem Grundrecht auf negative Bekenntnisfreiheit verletzt.[19]
- Daneben ist selbstverständlich auch das allgemeine Verhalten der Lehrperson vom Mäßigungsgebot umfasst. Das Bundesverfassungsgericht hat diesbezüglich ausgeführt, dass Beamte grundsätzlich „die persönliche Gewähr für ein neutrales, nicht provozierendes oder herausforderndes Verhalten" (BVerfGE 108, 324) im Rahmen ihrer Amtsführung bieten müssen. Auf die konkreten Anforderungen des LER-Lehramtes bezogen bedeutet dies, dass LER-Lehrkräfte sowohl in Bezug auf ihre eigene Position, als auch sonst Zurückhaltung zu üben haben.
- Zurückhaltung im Hinblick auf die eigene Person
- Wegen ihres Vorbildcharakters[20] wäre es nicht gut, wenn sie ihre eigene Ansicht zu ausführlich, zu vehement oder zu vorschnell vertreten würden. Zwar haben Schüler/innen ein Recht darauf zu erfahren, mit wem

19 Vgl. BVerfGE 108, 329. Es soll nicht verschwiegen werden, dass diese Entscheidung bzw. ihre Gründe höchst umstritten sind. Hier geht es jedoch nicht darum zu klären, ob das Tragen eines religiös motivierten Kopftuches einen Verstoß gegen das Neutralitäts- und Mäßigungsgebot darstellt, sondern nur darum, ein (im Übrigen unstrittiges) allgemeines Mäßigungsgebot für Lehrer auch im Hinblick auf das äußere Erscheinungsbild zu konstatieren.

20 Den Vorbildcharakter von Lehrkräften hat auch das Bundesverfassungsgericht herausgestrichen. (Vgl. BVerfGE 108, 330)

sie es zu tun haben[21], aber nicht die Position der Lehrkraft steht im Vordergrund des Unterrichts, sondern der Prozess der Auseinandersetzung der Schüler/innen mit verschiedenen Ansichten, zu dem die Lehrkraft einen Beitrag leisten soll, damit die Schüler/innen zu einer eigenen Meinung finden.[22]

- Zurückhaltung im Umgang mit den Ansichten der Schüler/innen
- Schließlich obliegt der LER-Lehrkraft auch eine Mäßigungs- bzw. Zurückhaltungspflicht im Umgang mit den Ansichten der Schüler/innen. Danach dürfen LER-Lehrkräfte ihre Schüler/innen weder dazu verpflichten, ihre eigenen Einstellungen und Werthaltungen im Unterricht offen mitzuteilen, noch sie zwingen eine eigene Position zu entwickeln.

Zwar schreibt der Rahmenlehrplan LER vor, dass die Schüler/innen ihre persönlichen Überzeugungen und Werthaltungen klar mitteilen und nicht verbergen sollen. (Vgl. Rahmenlehrplan LER, 46) Allerdings gewährt Art. 4 GG (in seiner Ausprägung als negative Glaubensfreiheit) nicht nur das Recht, keine Überzeugung zu haben, sondern auch die eigenen Werthaltungen nicht äußern zu müssen. Das Bundesverfassungsgericht hat mehrfach erklärt, Art. 4 GG umfasse die „Freiheit, zu glauben oder nicht zu glauben“. (BVerfGE 24, 245; 33, 28; 41, 49; vgl. auch 52, 240) Damit ist nicht nur die Freiheit zu einer glaubens- und weltanschauungsskeptischen Überzeugung oder Haltung gemeint, sondern auch die Freiheit, überhaupt keine Überzeugung zu haben, d. h. die Freiheit zur Indifferenz in diesem Bereich. (Vgl. Preuß in AK, Art. 4, Rdnr. 18) Des Weiteren umfasst die negative Bekenntnisfreiheit, die eigenen religiösen oder weltanschaulichen Überzeugungen zu verschweigen, was für die religiöse Überzeugung durch Art. 136 Abs. 3 WRV i. V. m. Art. 140 GG ausdrücklich konstitutionalisiert ist. (Vgl. Preuß in AK, Art. 4, Rdnr. 23) Es kann auch keinen Zweifel geben, dass diese Gewährleistungen bereits Schüler/innen zustehen. (Vgl. BVerfGE 93, 12) Damit gebieten diese verfassungsrechtlichen Festlegungen der Lehrkraft, auch im Zusammenhang mit den persönlichen Ansichten der Schüler/innen Zurückhaltung zu üben. Der Umgang mit den Überzeugungen der Schüler/innen wird im Rahmenlehrplan deshalb sehr viel zutreffender durch die Beschreibung charakterisiert, dass „eigene Meinungen ... unter strikter Wahrung von *Freiwilligkeit* einen wichtigen Platz im Unterricht“ (Rahmenlehrplan LER, 46) haben, mit der Konsequenz, dass die Lehrkraft die Schüler/innen nicht zu einer Offenlegung ihrer Überzeugungen drängen darf.

---

21 Aus dem Grund gibt es wohl auch die im Rahmenlehrplan zu findende Verpflichtung der Lehrkräfte, ihre persönlichen Überzeugungen und Werthaltungen klar mitzuteilen und nicht zu verbergen. (Vgl. Rahmenlehrplan LER, 46)

22 In dem Sinne ist wohl auch die Formulierung im Rahmenlehrplan zu verstehen, dass die Lehrkräfte mit ihren eigenen Standpunkten und Überzeugungen sensibel und behutsam umgehen sollen. (Vgl. Rahmenlehrplan LER, 47)

3 Grenzen der religiös-weltanschaulichen Neutralität des Staates

Haben die obigen Ausführungen gezeigt, dass den Teilgehalten der religiös-weltanschaulichen Neutralität des Staates ein nicht unbedeutender Einfluss auf die Unterrichtung des Faches LER zukommt, so gelten die Ausprägungen des Neutralitätsgebotes doch nicht schrankenlos. Würde sich der Staat lediglich auf eine Position der „Nichteinmischung" zurückziehen, so liefe er Gefahr, seine eigene Neutralität abzuschaffen. Denn dann könnte sich eine Weltanschauung durchsetzen, die den Staat und seine Bürger zu einem intoleranten Bekenntnis verpflichtet und damit wäre nicht nur die (Glaubens-)Freiheit der Bürger in Gefahr, sondern auch die Neutralität des Staates hinfällig. Aus diesem Grund muss es dem Staat möglich sein, sich aktiv für die Werte einzusetzen, die die Ausübung der (Glaubens-)Freiheit für alle seine Bürger sichert (und damit mittelbar auch die eigene neutrale Haltung).[23]

Als Erstes gehören dazu jene Werte, die als Minimalkonsens den Bestand der Verfassung überhaupt sichern. Hierzu zählen der Rechtsgehorsam, die Friedenspflicht und das Toleranzgebot:

- Jede Verfassung geht davon aus, dass Gesetze zu beachten sind. Da dieses Prinzip selbst nicht wiederum gesetzlich geregelt sein kann – denn wer schrieb vor, nun dieses Gesetz zu achten? – muss es aus dem vorstaatlichen, dem sittlichen Bereich stammen. (Vgl. Isensee, 1983, 26) Der Rechtsgehorsam gehört damit zum ethischen Minimum, ohne das eine Gesellschaft überhaupt nicht existieren kann.
- Das Grundgesetz erwartet weiterhin von jedem Bürger den Verzicht auf Gewalt, also den Verzicht auf das eigenmächtige Durchsetzen seiner Rechte. „Jedes Freiheitsgrundrecht steht [*insoweit*] unter dem stillschweigenden Vorbehalt der Friedlichkeit" (a.a.O., 24), denn „Verfassung ist nur möglich im befriedeten Gemeinwesen." (a.a.O., 26)
- Schließlich erwartet das Grundgesetz von seinen Bürgern Toleranz. Dies deshalb, weil die freiheitliche Verfassung auf die Grundrechtsaktivität seiner Bürger angewiesen ist. Sie erst füllt das Grundgesetz mit Leben. Da dies aber nie ohne Beeinträchtigung anderer geschehen kann,[24] muss der Staat von seinen Bürgern Toleranz erwarten. Dieses Toleranzgebot ergibt sich bereits aus der Anerkennung der Menschenwürde, denn Toleranz bedeutet die moralische Achtung vor der *Person*, die ein

23 Ähnlich wie bei der Freiheit oder der Toleranz gilt auch hier das Paradox, dass uneingeschränkte Neutralität das Gegenteil von Neutralität zur Folge hat.

24 Die Freiheit der Meinungsäußerung endet schließlich nicht dort, wo Andersdenkende schon Anstoß nehmen könnten.

> Grundrecht ausübt um ihrer Menschenwürde willen.[25] Sie fordert, dass jeder dem anderen die Freiheit zubilligen muss, die er auch für sich selbst in Anspruch nimmt. (Vgl. Isensee in HStR V, 479)

Rechtsgehorsam, Friedenspflicht und Toleranz sind demnach für den modernen freiheitlichen Staat unverzichtbar. Allerdings ist zu beachten, dass der freiheitliche Staat nicht nach der inneren Gesinnung fragt, sondern ihm das äußere Verhalten genügt.[26]

Weiterhin zählen zu den Freiheitsvoraussetzungen die Werte, die die Verfassungsessenz sichern. Gem. Art. 79 Abs. 3 GG gehören dazu die Achtung der Menschenwürde sowie die zentralen Strukturprinzipien der politischen Ordnung. Dass der Staat sich für seine eigenen verfassungsrechtlichen Grundwerte und Grundstrukturen aktiv einsetzen darf, ist nicht nur einsichtig (Stichwort „wehrhafte Demokratie"), sondern auch allgemein akzeptiert.[27] Religiös-weltanschauliche Neutralität bedeutet also keine Wertneutralität, bei der alles „gleich gültig" ist, Toleranz wie Intoleranz, Achtung der Menschenwürde wie ihr Missbrauch.

In wertender Hinsicht ist der Staat jedoch nicht nur auf die „Verfassungsessenz" bzw. die – damit gemeinte – freiheitlich demokratische Grundordnung[28] festgelegt, sondern auch auf sie beschränkt. Das heißt alle vorgenannten Grundwerte sind für ihn nicht nur Legitimation seines Handelns (in der Schule), sondern zugleich auch seine Grenze. Die Schule darf in normativer Hinsicht nämlich nur das vermitteln, was das Grundgesetz selbst

---

25 Toleranz fordert nicht die Achtung vor der Grundrechts*ausübung* des anderen, etwa vor einer bestimmten Meinung. Die Meinung kann falsch, dumm, bösartig sein. Toleranz hindert nicht, die grundrechtliche Freiheit zu Kritik und Widerspruch zu gebrauchen und in den geistigen Wettstreit einzutreten, wie sie auch nicht hindert, nachsichtig oder gleichgültig über eine Meinung hinwegzugehen. Das heißt, der Umstand, dass eine Meinung grundrechtlich legitimiert ist, gibt ihr keine humane, intellektuelle oder moralische Qualität, genauso wenig wie im staatlichen Bereich die demokratische Legitimation ein entsprechendes „Gütesiegel" ist. Nicht der Gebrauch der Grundrechte als solcher fordert moralische Achtung, sondern die *Person*, die ihr Grundrecht ausübt, um ihrer Menschenwürde willen. (Vgl. Isensee in HStR V, 479)

26 Vgl. Kunig, 1996, 303: „Der Grundrechtsstaat darf nur äußeres Verhalten erzwingen, nicht aber die Moralität seiner Rechtssubjekte."

27 In dem Sinne muss die Verfassung zunächst einmal „zu sich selbst erziehen", vgl. Häberle, 1981, 221. Der Staat tut dies in erster Linie durch Bildung und Erziehung, genauer durch die Festlegung von Bildungs- bzw. Erziehungszielen. Dies wird auch in den einschlägigen Rechtsbestimmungen klar, vgl. etwa Rahmenlehrplan LER, 47: „Das Fach LER gründet sich auf den Wertekonsens der Verfassung des Landes Brandenburg, des Grundgesetzes der Bundesrepublik Deutschland und der Allgemeinen Erklärung der Menschenrechte und ist in seinem erzieherischen Bemühen und seinen Bildungsinhalten an diesem Wertekonsens ausgerichtet."

28 Der Inhalt der freiheitlich demokratischen Grundordnung deckt sich weitgehend mit dem unabänderlichen Kerngehalt der Verfassung. (Vvgl. Herdegen in Maunz/Dürig, Art. 79, Rdnr. 85)

dem Streit der Meinungen definitiv entzieht. (Vgl. Huster, 2002, 287) Dabei handelt es sich nicht um das gesamte Grundgesetz[29] und ebenfalls nicht um die Grundrechte[30], sondern lediglich um die Gehalte des Art. 79 Abs. 3 GG. Der „bekennende" Erziehungsauftrag der öffentlichen Schule reduziert sich damit auf den „ewigen" Bestand des Grundgesetzes.[31] Darüber hinaus ist eine weltanschauliche Dimension des staatlichen Erziehungsrechts zu verneinen. Für den LER-Unterricht lässt sich daraus folgendes ableiten:

- Da die Tradierung der verfassungsrechtlichen Grundwerte und Grundstrukturen zu den legitimen und notwendigen Erziehungszielen der Schule gehört, wird man keine Einwände erheben können, wenn die Lehrkraft die verfassungsrechtlichen Kernaussagen nicht nur in einem positiven Licht darstellt, sondern auch darauf abzielt, dass die künftigen Aktivbürger die Grundlagen des politischen Gemeinwesens bejahen. Zwar kann die Schule kein „Bekenntnis" der Schüler/innen verlangen, wenn die Überzeugungsbildung auch in diesem Bereich frei sein soll, aber die Lehrkraft kann den Schüler/innen die Unverzichtbarkeit dieser Entscheidungen für unser Gemeinwesen aufzeigen und auf deren Anerkennung hinwirken. (Vgl. Erwin, 2001, 82)
- Damit ist den Schüler/innen nicht jede Kritik an den Entscheidungen des Grundgesetzes verboten. Abwehrmaßnahmen werden aber erst erforder-

29 Das Grundgesetz als Erziehungsziel scheitert schon daran, dass es keinen ethischen Standard im Sinne eines Bestandes von bestimmten weltanschaulichen Prinzipien festlegt. Der ethnische Standard des Grundgesetzes ist vielmehr die Offenheit gegenüber dem Pluralismus weltanschaulich-religiöser Anschauungen angesichts eines Menschenbildes, das von der Würde des Menschen und der freien Entfaltung der Persönlichkeit, der Selbstbestimmung und Eigenverantwortung geprägt ist. (Vgl. BVerfGE 41, 50) Zwar wird immer wieder davon gesprochen, dass das Grundgesetz (auch) eine objektive Wertordnung enthält. Diese missverständliche Bezeichnung (die das Bundesverfassungsgericht inzwischen auch aufgegeben hat) meint aber nur, dass es um die Summe einzelner, für das Gemeinschaftsleben grundlegender Normen geht, mehr nicht. (Vgl. Werner, 1998, 134)

30 Der Grund dafür, dass die Grundrechte nicht zu pädagogischen Erziehungszielen taugen, liegt darin, dass diese Rechte Abwehrrechte sind, die die Entscheidungs- und Handlungsfreiheit der Bürger vor staatlichen Eingriffen schützen. Sie enthalten in diesem negativen Freiheitsverständnis kein Modell positiver menschlicher Entfaltung, sondern überlassen die Entscheidung gerade dem einzelnen Grundrechtsträger. Grundrechtsartikel sind keine Glaubensartikel. Sie bieten keinen Lebenssinn, sondern nur seine Ermöglichung. Der Einzelne findet seine Sinnerfüllung nicht im Grundrecht, sondern in dessen persongemäßer Aktualisierung: also nicht in der Berufsfreiheit, sondern in der Arbeit; nicht in der Gewissenfreiheit, sondern im moralischen Handeln; nicht in der Religionsfreiheit, sondern im Glauben. (Vgl. dazu Huster, 2002, 290 m.w.N.)

31 Dass damit nicht das ganze Erziehungsrecht des Staates beschrieben ist, versteht sich von selbst. Hier geht es jedoch nicht darum, den umfassenden Erziehungsauftrag des Staates zu beschreiben, sondern die Grenzen der staatlichen Wertevermittlung aufzuzeigen.

lich, wenn aus den so gewonnenen Erkenntnissen die Grundlage auch für Handlungen wird.[32]

- Weiterhin ist es der Lehrkraft zwar verboten, den Wertekonsens auf ein bestimmtes religiös-weltanschauliches Fundament zu gründen, dies bedeutet aber nicht, dass keine Anschlussmöglichkeiten und historischen Beziehungen zwischen der Verfassungsessenz und den unterschiedlichen religiös-weltanschaulichen Überzeugungen aufgezeigt werden dürfen. Neutralitätswidrig – und in einer pluralistischen Gesellschaft wohl auch politisch unklug – wäre es dagegen, eine bestimmte Überzeugung zur alleinigen oder vorrangigen Grundlage der freiheitlich demokratischen Grundordnung zu erklären. (Vgl. Huster, 2002, 310) Es muss den Schüler/innen selbst überlassen bleiben, ob und auf welcher religiös-weltanschaulichen Grundlage sie zu einer Akzeptanz dieser Verfassungsessenz gelangen. Anders ausgedrückt: Eine Übereinstimmung in diesen Werten bedeutet nicht, dass es eine Übereinstimmung in den Begründungen der Werte gibt. „Der Konsens besteht in den ‚vorletzten', nicht in den letzten Dingen." (Sutor, 1991, 161)
- Da die Schule hinsichtlich der Grundwerte nicht neutral zu sein braucht, darf die Lehrkraft vor Religionen oder Weltanschauungen warnen, die die Würde des Menschen oder sein Recht auf Leben und körperliche Unversehrtheit verletzen. (Vgl. de Wall, ThLitZ, 1994, Sp. 298; BVerfG NJW 1989, 3269) Insoweit gilt das Bewertungsverbot nicht.
- Schließlich muss die Lehrkraft klar machen, dass die Grundwerte des staatlichen Zusammenlebens, wie sie in der Verfassungsessenz zusammengefasst sind, nicht unbedingt und in gleichem Maße auch ethischer Maßstab für die Orientierung individueller oder gesellschaftlicher Lebensgestaltung sind. Beispielsweise ist die Achtung vor der Mehrheitsentscheidung notwendige Voraussetzung für das Funktionieren unserer Demokratie und darf insoweit als verbindlicher Wert vermittelt werden. Die Kirchen oder auch die Familien sind aber nicht an das Demokratieprinzip gebunden. Inwieweit sie Raum für Mehrheitsentscheidungen lassen, ist ihre Sache. Die Grundwerte des staatlichen Zusammenlebens können damit also nur Geltung im staatlichen, nicht aber auch automatisch im privaten oder gesellschaftlichen Bereich beanspruchen. (Vgl. de Wall, ThLitZ, 1994, Sp. 297)

---

32 Vgl. BVerfGE 5, 141. Solange es also beim Reden bleibt, ist gegen eine solche Haltung nichts einzuwenden, sie darf jedoch nicht handelnd umgesetzt werden. In dem Sinne ist wohl auch die Formulierung im Rahmenlehrplan zu verstehen: „Sollte er [*der Wertekonsens*] im konkreten Unterricht verbal in Frage gestellt oder durch Handlungen verletzt werden, so sind vor allem die Lehrkräfte zu argumentativem und schützendem Eingreifen verpflichtet." (RLP LER, 47)

4 Fazit

Auch wenn mit Hilfe des Grundsatzes der religiös-weltanschaulichen Neutralität die Frage, was im LER-Unterricht erlaubt ist, weder umfassend noch abschließend beantwortet werden konnte[33], so ist hoffentlich doch deutlich geworden, welche Anforderungen der grundgesetzliche Neutralitätsanspruch an die Unterrichtung des Faches LER stellt. Dass darüber hinaus manche Erörterung abstrakter bleiben musste, als vielleicht erhofft, ist dem Umstand geschuldet, dass das Grundgesetz in erster Linie „Anregung und Schranke"[34] ist und nicht Festlegung. Vielleicht ist aber zumindest ansatzweise das Verhältnis des Faches LER zur religiös-weltanschaulichen Neutralität deutlich geworden, so dass (zukünftige) Lehrkräfte eine Ahnung davon bekommen können, in welchem Sinne bzw. mit welcher Haltung das Fach LER zu unterrichten ist.

5 Literatur

Czermak, G. (2008) *Religions- und Weltanschauungsrecht: Eine Einführung* (Berlin, Heidelberg, Springer).

Erwin, C. (2001) *Verfassungsrechtliche Anforderungen an das Schulfach Ethik/Philosophie* (Berlin, Duncker & Humblot).

Häberle, P. (1981) Verfassungsprinzipien als Erziehungsziele, in: P. Badura (Hrsg.) *Recht als Prozess und Gefüge: Festschrift für Hans Huber zum 80. Geburtstag* (Bern, Staempfli), 211–239.

Herdegen, M. (2013) Kommentierung zu Art. 79 GG, in: T. Maunz & G. Dürig (Hrsg.) *Grundgesetzkommentar* (München, C.H. Beck), Loseblattsammlung, Stand: 69. Ergänzungslieferung.

Höffe, O. (1979) *Ethik und Politik: Grundmodelle und -probleme der praktischen Philosophie* (Frankfurt a. M., Suhrkamp).

Huster, S. (2002) *Die ethische Neutralität des Staates. Eine liberale Interpretation der Verfassung* (Tübingen, J. B. C. Mohr).

Isensee, J. (1983) *Freiheit ohne Pflichten? Zum verfassungsrechtlichen Status des Bürgers im Staat des Grundgesetzes* (Münster, Freiherr-vom-Stein-Gesellschaft).

Isensee, J. (^{2}2000) Grundrechtsvoraussetzungen und Verfassungserwartungen an die Grundrechtsausübung, in: J. Isensee & P. Kirchhof (Hrsg.) *Handbuch des Staatsrechts Bd. V* (Heidelberg, C. F. Müller), § 115.

33 Zwar steht das Fach unter der besonderen Maßgabe der religiös-weltanschaulichen Neutralität, darüber hinaus ergeben sich jedoch weitere Einschränkungen sowohl durch die Glaubensfreiheit der Schüler/innen gem. Art. 4 GG, als auch durch das elterliche Erziehungsrecht gem. Art. 6 Abs. 2 GG sowie durch den staatlichen Erziehungsauftrag gem. Art. 7 Abs. 1 GG.

34 In Anlehnung an einen schon vor Jahren geprägten Satz des Verfassungsrechtlers Rudolf Smend: „Das Grundgesetz ist Anregung und Schranke."

Jeand'Heur, B. & Korioth, S. (2000) *Grundzüge des Staatskirchenrechts* (Stuttgart, Boorberg).

Kunig, P. (1996) Rechtsfragen ethischer und religiöser Erziehung in der Schule, in: G. Adam & F. Schweitzer (Hrsg.) *Ethisch erziehen in der Schule* (Göttingen, V&R), 301–312.

Ministerium für Bildung, Jugend und Sport Land Brandenburg (Hrsg.) (2008) *Rahmenlehrplan für die Sekundarstufe I, Jahrgangsstufen 7-10, Lebensgestaltung–Ethik–Religionskunde* (Brandenburg). Verfügbar unter: http://bildungsserver.berlin-brandenburg.de/fileadmin/bbb/unterricht/rahmenlehrplaene_und_curriculare_materialien/sekundarstufe_I/2008/Lebensgestaltung%20Ethik%20Religionskunde-RLP_Sek.I_2008_B.pdf [23.09.2014].

Mitglieder des Bundesverfassungsgerichts (Hrsg.) (1951-2013) *Entscheidungen des Bundesverfassungsgerichts* (BVerfGE), Band 1–133 (Tübingen, J.B.C. Mohr).

Mückl, S. (2013) Kommentierung zu Art. 4 GG, in: W. Kahl, C. Waldhoff & C. Walter (Hrsg.) *Bonner Kommentar zum Grundgesetz* (Heidelberg, C.F. Müller), Loseblattsammlung, Stand: 163. Ergänzungslieferung.

Preuß, U. (2001) Kommentierung zu Art. 4 GG, in: E. Denninger, W. Hoffmann-Riem, H.-P. Schneider & E. Stein (Hrsg.) Kommentar zum Grundgesetz. Alternativkommentar (Neuwied, Hermann Luchterhand), Loseblattsammlung, Stand: 3. Neuauflage.

Richter, I. (1999) Verfassungsfragen einer Werteerziehung – Die doppelte Ohnmacht, in: Ch. Scheilke & F. Schweitzer (Hrsg.) *Religion, Ethik, Schule. Bildungspolitische Perspektiven in der pluralen Gesellschaft* (Münster, New York, München, Berlin, Waxmann).

Scherb, A. (2007) Der Beutelsbacher Konsens, in: D. Lange (Hrsg.) *Strategien der Politischen Bildung* (Baltmannsweiler, Schneider Hohengehren).

Schlaich, K. (1972) *Neutralität als verfassungsrechtliches Prinzip: vornehmlich im Kulturverfassungs- und Staatskirchenrecht* (Tübingen, J. C. B. Mohr).

Sutor, B. (1991) *Politische Ethik. Gesamtdarstellung auf der Basis der Christlichen Gesellschaftslehre* (Paderborn, Ferdinand Schöningh).

de Wall, H. (1994) Verfassungsfragen des Ethikunterrichts öffentlicher Schulen, in: *Theologische Literaturzeitung Band 4*, Sp. 291–302.

Werner, G. (1998) *Verfassungsrechtliche Fragen des Ersatzunterrichts zum Religionsunterricht* (Bonn, Universitätsverlag).

Von der Grundlagenforschung zur Anwendung. Eckdaten einer empirisch gegründeten Religionskunde-Didaktik

Katharina Frank

Der folgende Beitrag befasst sich mit der Frage, wie der „Religionsunterricht für alle Schülerinnen und Schüler" derzeit erteilt wird und wie ein solcher Unterricht angelegt sein sollte, damit er die rechtlichen und politischen Rahmenbedingungen einer säkularisierten, religiös und weltanschaulich pluralen Gesellschaft berücksichtigen kann. Um die verschiedenen heute praktizierten Formen eines „Religionsunterrichts für alle" zu diskutieren, greife ich im ersten Teil auf die Resultate meines qualitativ-empirischen Forschungsprojektes (vgl. Frank, 2010) zurück, in dem ich anhand systematischer Unterrichtsbeobachtungen in Schweizer und deutschen Schulklassen Kategorien solcher Unterrichtformen entwickelte.[1] Auf der Basis dessen, was in dieser Untersuchung auf empirischer Grundlage als „religionskundlich" identifiziert wurde, wende ich mich im zweiten Teil der pädagogisch normativen Frage zu, wie eine entsprechende Fachdidaktik aussehen könnte. Wie ich zu zeigen versuche, impliziert der religionskundliche Unterricht gegenüber den herkömmlichen Formen eines konfessionellen oder konfessionell-kooperativen Religionsunterrichts einen grundsätzlichen Paradigmenwechsel im Bereich der Unterrichtstheorie und der Fachdidaktik. Während der bekenntnisgebundene Unterricht an den Bedürfnissen der betreffenden Religionsgemeinschaft(en) ausgerichtet ist, die eigene Tradition an die nächste Generation weiterzugeben, zielt der religionskundliche Unterricht nicht auf eine religiöse Erziehung, sondern trägt zur allgemeinen Sozialisation in die Gesellschaft bei. Eine entsprechende Fachdidaktik geht daher nicht von den Lehren der „Weltreligionen" aus, sondern von der empirischen Präsenz von „Religion" in der Gesellschaft, so wie sie von den Schülerinnen und Schülern im Alltag wahrgenommen wird. Den inhaltlichen Ausgangspunkt für diese Didaktik bilden deshalb nicht die Theologien, sondern die Forschungsresultate empirischer Religionsstudien.

---

1 Teile des vorliegenden Beitrags wurden bereits in der elektronischen Publikation „Religionspädagogik zwischen religionswissenschaftlichen Ansprüchen und pädagogischen Erwartungen", hrsg. v. Institut für Religionswissenschaft und Religionspädagogik der Universität Bremen, unter elib.suub.uni-bremen.de/edocs/00103350-1.pdf [27.08.2014] veröffentlicht. (Vgl. Frank, 2013) Ich danke dem Herausgeber für die Genehmigung zur Verwendung im vorliegenden Beitrag. Ebenso danke ich Christoph Bochinger, Universität Bayreuth, für zahlreiche wichtige Hinweise.

1 Eine empirische Untersuchung des schulischen Religionsunterrichts für alle Schülerinnen und Schüler[2]

Bisherige Konzeptionen eines „Religionsunterrichts für alle Schülerinnen und Schüler“ basieren meist auf programmatischen, religions- und bildungspolitisch begründeten Überlegungen ohne empirische Fundierung; so der „Hamburger Religionsunterricht für alle“ (vgl. etwa Doedens & Weiße, 1997), das englische Modell des „learning from religion“ (vgl. Grimmit, Grove, Hull & Spencer, 1991) oder die von der American Academy of Religion herausgegebenen Richtlinien für ein „teaching about religion“ in den USA (vgl. American Academy of Religion, 2010). Für die solide Konzeption eines Religionsunterrichts für alle Schülerinnen und Schüler sind die Erkenntnisse qualitativ-empirischer Untersuchungen bisheriger Unterrichtspraxis jedoch unerlässlich, weil nur so überprüft werden kann, wie der Unterricht tatsächlich durchgeführt wird und bei den Schülerinnen und Schülern „ankommt“. Für diesen Zweck ziehe ich eine eigene Untersuchung heran, in der analytisch eine Typologie verschiedener Formen von Religionsunterricht für alle Schülerinnen und Schüler entwickelt wurde. In dieser Studie gelang es, auf der Basis systematischer Unterrichtsbeobachtungen entsprechende Dimensionen und Kategorien zu generieren. Sie beantworten die Frage, ob es der Lehrkraft eher um eine Identifikation mit der thematisierten Religion oder um eine distanzierte Haltung zum Unterrichtsgegenstand geht. Diese Frage hat weittragende Folgen: Liegt die Lehrabsicht darin, Religiosität beim Schüler/bei der Schülerin hervorzurufen und religiöse Identifikationen zu schaffen, kann der Unterricht wegen der in allen europäischen Ländern garantierten negativen Religionsfreiheit[3] nur fakultativ sein – die Schülerinnen und Schüler dürfen nicht gezwungen werden, einem solchen Unterricht zu folgen.

---

2 Im Unterschied zu der in Deutschland häufig zu findenden Beschränkung des Begriffs „Religionsunterricht“ auf einen konfessionsgebundenen, von den Religionsgemeinschaften verantworteten Unterricht gemäß Art. 7.3 des Grundgesetzes werde ich im Folgenden jede Art von schulischem Unterricht, in dem „Religion“ vorkommt, als „Religionsunterricht“ bezeichnen, unabhängig davon, ob er vom Staat oder von einer Religionsgemeinschaft verantwortet wird, ob er für alle Schülerinnen und Schüler in der Klasse oder nur für eine konfessionelle Gruppe erteilt wird, ob er obligatorisch oder mit Abmeldemöglichkeit versehen ist. Dementsprechend definiere ich auch „Religionskunde“ nicht primär – wie v. a. bei Juristen zu finden – nach dem Kriterium der staatlichen Verantwortlichkeit, sondern nach inhaltlichen Kriterien und bestimme ihn daher nicht als Alternative zum „Religionsunterricht“, sondern als einen Typus desselben. Dies werde ich im Folgenden darlegen.

3 Diese lautet für die Schweiz: „Niemand darf gezwungen werden, einer Religionsgemeinschaft beizutreten oder anzugehören oder religiösem Unterricht zu folgen“ (Art. 15 Abs. 4 der Bundesverfassung der Schweizerischen Eidgenossenschaft).

Bewahrt die Lehrkraft in ihrem Unterricht dagegen eine Distanz zu den Religionen, handelt es sich nicht um „religiösen“ Unterricht, sondern einen Unterricht *über* Religion, der keine religiöse Identifikation beabsichtigt und damit der verfassungsrechtlich garantierten negativen Religionsfreiheit nicht widerspricht.

Bei der Untersuchung wählte ich ein Vorgehen, wie es die *Grounded Theory* (vgl. Strauss & Corbin, 1996) vorschlägt: Ich beobachtete so lange Unterrichtsstunden, bis die Analyse keine neuen Dimensionen und Kategorien mehr hervorbrachte und damit eine theoretische Sättigung erreicht war (*Theoretical Sampling*). Schließlich hatte ich 15 Primarschulklassen (vor allem 4. bis 6. Klasse der Primarstufe) in der Deutschschweiz und drei Grundschulklassen in Deutschland („Hamburger Modell“ und LER in Brandenburg) untersucht und eine empirisch gegründete Theorie bezüglich obiger Frage entwickelt.

1.1 Die Basiskonzepte „Thema, Figur“ und „Rahmung“

Die qualitative Analyse der Religionsunterrichts-Sequenzen ließ ein bestimmtes Muster erkennen: Zuerst präsentieren die Lehrkräfte ein *Thema*, dem sie einen bestimmten Aspekt entnehmen. Diesen Aspekt habe ich als *Figur* bezeichnet. Nach der Darlegung von Thema und Figur machen die Lehrerinnen und Lehrer in der Regel etwas mit dieser Figur, sie bearbeiten sie. Die *Bearbeitung* ist den Lehrkräften – im Unterschied zur *Wahl* des Themas – meist nicht sehr bewusst, wie sich in den Interviews nach der Unterrichtsbeobachtung herausstellte. Die Art des Umgangs mit Thema und Figur oder, zusammengefasst, dem „Unterrichtsgegenstand“, zeigt jedoch, was die Absicht der Lehrkraft ist. Aus diesem Grund habe ich den Umgang mit dem Gegenstand gemäß Erving Goffman *Rahmung* genannt (vgl. Goffman, 1980): Wie wir im Alltag einen Gegenstand „rahmen“, ist uns meist nicht präsent; ebenso geht es der Lehrkraft im Unterricht. Die Rahmung sagt aber etwas aus über die *Absichten,* die wir mit dem Gegenstand in der Kommunikation mit anderen verfolgen.

Bei der Analyse stellt sich zunächst die Frage, worum es sich beim *Gegenstand* bzw. bei dem *Thema* und der *Figur* handelt. Geht es überhaupt um „Religion“ oder um etwas anderes? Nicht bei allen beobachteten Unterrichtsstunden thematisierten die Lehrkräfte „Religion“. So sind Gegenstände wie z. B. „Unterschiede zwischen Jungen und Mädchen“, „Helfen, wenn ein Mensch in Not ist“, Freundschaft“ usw. nicht von vorneherein als „religiös“ qualifiziert. Sie könnten auch im Fach Sozialkunde o. ä. thematisiert werden und setzen keinen Bezug zu Religion voraus. Das bedeutet nicht, dass die Lehrkraft nicht in vielen Fällen am Ende doch noch einen „Religionsunterricht“ daraus gemacht hätte, jedoch geschah dies erst durch die Rahmung (s. u., Abschnitt 1.2).

Um „Religion“ – so die Bestimmung, die ich auf der Grundlage von Unterrichtsmedien entwickelt habe – handelt es sich dann, wenn der Gegenstand auf ein religiöses Symbolsystem[4] verweist. Ein religiöses Symbolsystem ist ein System, das sowohl einen Transzendenzbezug (vgl. z. B. Luckmann, 1991) als auch einen kollektiven Geltungsanspruch (vgl. Gladigow, 2005) aufweist.

Die Art der *Rahmung* beantwortet die Frage, welches Ziel die Lehrkraft mit der religiösen oder nichtreligiösen Figur beabsichtigt. Ausschlaggebend waren bei der Rahmung drei *Dimensionen* mit den jeweiligen Kategorien:

- *Komplexität der Figuren:* Während sich die Rahmung in manchen Unterrichtssequenzen auf eine Figur zentrierte (monofigurale Gestaltung), ging es in anderen um mehrere Figuren, die gemeinsam gerahmt wurden (polyfigurale Gestaltung).
- *Explizität der Rahmung:* Zwischen Figur und Rahmung gab es teils eine eindeutige Zäsur, teils nur eine schwache Zäsur; in manchen Fällen war keinerlei Rahmung zu erkennen.
- *Trägerreferenz:* In manchen Unterrichtssequenzen wurde in der ersten Person kommuniziert („wir“- und „man“-Formulierungen, z. B. „Jesus hat uns das Licht gebracht“), in anderen in der zweiten („Du“ oder „Ihr“, die Lernenden ansprechend, z. B. „zeichne Dein persönliches Bild von Gott“), in weiteren Sequenzen in der dritten Person („er/sie“ oder „sie“-Formulierungen, z. B. „die Christen feiern an Ostern die Auferstehung von Jesus“). Neben dieser Adressierung der Schülerinnen und Schüler war die Redeweise wichtig: In manchen Fällen war sie objektsprachlich, in einem religiös-dogmatischen oder auf die Schülerinnen und Schüler bezogenen lebensweltlichen Sinn, in manchen Fällen war sie metasprachlich, d. h. kulturkundlich.

Mittels dieser Dimensionen und Kategorien konnten folgende Fälle näher bestimmt werden (vgl. Tabelle 1 in Abschnitt 1.2.):

a) eine oder mehrere Figuren werden ohne Rahmung präsentiert,
b) eine oder mehrere Figuren werden dogmatisch gerahmt,
c) eine oder mehrere Figuren werden lebensweltlich gerahmt,
d) eine oder mehrere Figuren werden kulturkundlich gerahmt.

Diese Rahmungen und deren Varianten möchte ich im Folgenden näher erläutern:

Zu a): Es gab einige Unterrichtssequenzen, in denen die Lehrkraft *nur den Gegenstand* präsentierte und diesen *nicht rahmte*. Der Gegenstand kann von der Lehrkraft auf verschiedene Weisen dargestellt werden – er kann erzählt,

4 Dieser Begriff wurde in der Religionswissenschaft von Fritz Stolz (2001, 1988) geprägt und lehnt sich an den Begriff „kulturelles Symbolsystem“ von Clifford Geertz (vgl. Geertz, 1987, 44–95) an.

abgebildet, inszeniert usw. werden, aber es findet keine Rahmung statt; es bleibt bei *religiösen Narrativen.*

Zu b): Als *dogmatische Rahmung* habe ich ein Vorgehen bezeichnet, bei dem der Unterrichtsgegenstand in einer vorgegebenen, dogmatisch-reflektierten Weise bearbeitet wird. „Dogmatisch“ meint hier nicht den negativ konnotierten Begriff „Dogmatismus“, wie er umgangssprachlich gebraucht wird, sondern eine reflektierte religiöse Normativität, wie sie z. B. von christlichen, jüdischen oder islamischen Theologien bereitgestellt wird (vgl. Assel & Mildenberger, 1995). Bei der dogmatischen Rahmung sind zwei Varianten zu erkennen: die *kippfigurale* und die *territoriale.* Während bei der kippfigural-dogmatischen Variante nur eine schwache Zäsur zwischen Figur und Rahmung auszumachen ist und der Unterricht fast unmerklich hin- und herkippt zwischen narrativem Gegenstand und Lehraussage, ist diese Zäsur bei der territorial-dogmatischen Rahmung stärker ausgeprägt; sie wird von der Lehrkraft durch eine entsprechende Frage oder ein gut wahrnehmbares Absetzen eingeführt.

Zu c): Bei der *lebensweltlichen Rahmung* leitet die Lehrkraft die Schülerinnen und Schüler dazu an, die aus dem Thema rezipierte Figur auf ihre Lebenswelt zu beziehen. Den „Lebenswelt“-Begriff, den ich hier verwende, übernehme ich in dem von Alfred Schütz und Thomas Luckmann (2003) geprägten Sinne. „Lebenswelt“ bedeutet in diesem Sinne nicht einfach Alltagswelt, wie das oft in der pädagogischen Literatur verstanden wird, sondern denjenigen Ausschnitt aus der Alltagswelt, der für einen Menschen *bedeutsam* ist, eine bestimmte Relevanz hat. Diese Unterscheidung ist äußerst wichtig für eine zeitgemäße Religionsdidaktik: In der religionspluralen Kultur der Gegenwart stoßen Schülerinnen und Schüler im Alltag häufig auf religiös konnotierte Phänomene, z. B. im öffentlichen Raum oder vermittelt durch die Medien; ob das für sie persönlich relevant ist, ist eine ganz andere Frage. Bei der lebensweltlichen Rahmung setzen die Lehrkräfte voraus, dass die eingeführte religiöse Figur für die Schülerinnen und Schüler subjektiv relevant sei bzw. relevant gemacht werden könne. Es gibt diese Form der Rahmung ebenfalls in zwei Varianten: die *individualisierende* und die *universalisierende.* Während die lebensweltlich-individualisierende Rahmung die Schülerinnen und Schüler anleitet, eine Figur auf ihre je eigene individuelle Lebenswelt abzubilden, wird bei der lebensweltlich-universalisierenden Rahmung eine allen Menschen gemeinsame Lebenswelt postuliert, deren Relevanzen für die gesamte Menschheit von Bedeutung sind; der Mensch (in diesem Fall: der Schüler) wird als *homo religiosus* gesehen. Er wird aufgefordert, mehrere religiöse Figuren religionsübergreifend lebensweltlich zu rahmen. Dieser polyfigurale Typus entspricht einem Zugang zu Religion, wie ihn die Religionsphänomenologie pflegte (vgl. etwa „Epilegomina“ von van der Leeuw, 1977).

Zu d): Bei der *kulturkundlichen Rahmung* wird die aus dem Thema rezipierte Figur in einen geschichts- oder sozialkundlichen Kontext gestellt und anhand systematischer Kriterien verglichen. Der Begriff „Kulturkunde“ leitet sich von „Kulturwissenschaft“ ab und umfasst sowohl eine geschichtswissenschaftliche als auch eine sozialwissenschaftliche Zugangsweise, wie sie – transponiert auf verschiedene Schulstufen – im Unterricht praktiziert wird.[5] Bei der kulturkundlichen Rahmung konnten ebenfalls zwei Varianten herausgearbeitet werden: die *kontextuelle* und die *systematische*. Während die Figur bei der kulturkundlich-kontextuellen Rahmung geschichts- oder sozialkundlich erschlossen wird, kommen bei der kulturkundlich-systematischen Rahmung zusätzlich metasprachliche Vergleichskriterien ins Spiel.

1.2 Eine empirisch fundierte Bestimmung von „Religionsunterricht“ und unterschiedlichen Typen der Religionsvermittlung

Mit Hilfe der aus der Unterrichtsanalyse generierten Dimensionen und Kategorien konnte ich verschiedene theoretisch relevante Befunde herausarbeiten:

Erstens kann auf diese Weise trennscharf bestimmt werden, was ein „Religionsunterricht“ ist und was nicht:[6] Um Religionsunterricht handelt es sich immer dann, *wenn der Gegenstand und/oder die Rahmung als „religiös“ bezeichnet werden kann.* Dabei gibt es folgende Fälle, die ich alle empirisch belegen konnte:

- ein religiöser Gegenstand wird eingeführt, aber nicht gerahmt (z. B. das Erzählen einer Geschichte aus dem Mahabharata),
- ein religiöser Gegenstand wird religiös-dogmatisch gerahmt (z. B. die christlich-dogmatische Auslegung der neutestamentlichen Geschichte vom Verlorenen Sohn soll von den Schülerinnen und Schülern so übernommen werden, dass sie sich mit dem theologischen Gehalt – Gott als „unser“ liebender Vater – identifizieren können),
- ein nichtreligiöser Gegenstand wird religiös-dogmatisch gerahmt (z. B. die Bearbeitung des Themas „Freundschaft“ mittels der Geschichte von David und Jonathan aus der hebräischen Bibel),
- ein religiöser Gegenstand wird lebensweltlich gerahmt (z. B. die Schülerinnen und Schüler sollen ihren eigenen Schutzengel zeichnen),

5 „Religions-Kunde“ meint eine auf die jeweilige primäre oder sekundäre Schulstufe transponierte „Religions-Wissenschaft“. „Kunde“ oder das „Sich-kundig-Machen“ (vgl. Pfeifer, 1995, 744f.) speist sich aus den neuesten Forschungserkenntnissen der wissenschaftlichen Bezugsdisziplinen und bleibt diesen daher nicht nur durch den methodologischen Gleichschritt, sondern auch durch die Rezeption der inhaltlichen Erkenntnisfortschritte verbunden. (Vgl. auch Abschnitt 2.2)

6 Diese inhaltliche Bestimmung, um die es hier geht, ist selbstverständlich zu unterscheiden von der organisatorischen Bedeutung des Wortes „Religionsunterricht“ (s. Anmerkung 2).

- ein religiöser Gegenstand wird kulturkundlich gerahmt (z. B. das Fasten im Monat Ramadan wird empirisch erörtert; es wird gesagt, wie Musliminnen und Muslime fasten, wie sie diese Zeit erleben, dass manche Muslime nicht fasten usw.).

Nicht um Religionsunterricht handelt es sich hingegen, wenn ein nichtreligiöser Gegenstand ohne Rahmung präsentiert oder anders als dogmatisch gerahmt wird (z. B. das Lied von „Elli" wird gesungen, einem Mädchen, das zusammen mit seiner Familie als Flüchtling in die Schweiz kam und nun ausgewiesen werden soll; das Leid von Opfern einer Naturkatastrophe wird thematisiert, und die Schülerinnen und Schüler sollen persönlich etwas dazu sagen; das Thema „Gleichstellung der Geschlechter" wird behandelt und kulturkundlich im Blick auf verschiedene Gesellschaften oder Epochen gerahmt). Es gibt kein Kriterium, einen solchen Unterricht inhaltlich von einem Sozialkunde-, Ethik-, Lebenskunde- oder Geschichtsunterricht zu unterscheiden.

Eine solche eindeutige Bestimmung von „Religionsunterricht" ist von zentraler Bedeutung, denn jeder Unterricht, in dem Religion vorkommt, unterliegt den Schranken der negativen Religionsfreiheit. Mit anderen Worten: Bei jedem Religionsunterricht muss geprüft werden, ob er ein Hervorrufen bzw. eine Konstruktion von Religiosität bei den Schülerinnen und Schülern intendiert oder nicht. Wenn Ersteres der Fall ist, kann der Unterricht aus grundrechtlichen und pädagogischen Gründen nicht obligatorisch sein.

Zweites Ergebnis der Analyse ist die zentrale Kategorie der *Partizipation*, mit deren Hilfe sich die verschiedenen Formen des Religionsunterrichts genauer bestimmen lassen (vgl. Tabelle 2 und 3). Während sich meine ursprüngliche Forschungsfrage auf die „Identifikation mit Religion" oder „Distanzierung von Religion" richtete, stellte sich bei der theoriegenerierenden Arbeit am Material heraus, dass es bei den unterschiedlichen Formen der Thematisierung und Rahmung von Religion *um je verschiedene Arten von Partizipation der Schülerinnen und Schüler an Religion* geht: Beim narrativen Unterricht bleibt die Partizipation *offen bis einladend*; der Tendenz nach lädt sie zu einer Perspektiven*induktion* ein. Beim religiös-dogmatischen und beim lebensweltlichen Unterricht wird eine *aktive* Partizipation der Schülerinnen und Schüler gefordert; beim dogmatischen eine Perspektiven*übernahme,* beim lebensweltlichen eine Perspektiven*induktion.* Beim kulturkundlichen Unterricht ist die Partizipation dagegen als *passiv, beobachtend und nachfragend* zu beschreiben; es wird die Fähigkeit zum Perspektiven*wechsel* gefordert bzw. trainiert.

Aus der Kombination der skizzierten Dimensionen und Kategorien auf Figuren- und Rahmungsseite konnten schließlich *sieben Typen der Religionsvermittlung* herausgearbeitet werden. Sie unterscheiden sich bezüglich der in Abschnitt 1.1 genannten Dimensionen (Komplexität der Figuren,

Explizität der Rahmung, Trägerreferenz) und Kategorien (keine Rahmung, religiös-dogmatische, lebensweltliche und kulturkundliche Rahmung):

Tabelle 1: Die sieben Vermittlungstypen

	1.Ebene: Monofigural zentriert	*2. Ebene: Polyfigural komparativ*
Religion ohne Rahmung	**Narrativer Typus**	-
Religiös-dogmatische Rahmung von Religion oder Nicht-Religion	**Kippfigural-dogmatischer Typus**	-
	Territorial-dogmatischer Typus	-
Lebensweltliche Rahmung von Religion	**Lebensweltlich-individualisierender Typus**	**Lebensweltlich-universalisierender Typus**
Kulturkundliche Rahmung von Religion	**Kulturkundlich-kontextueller Typus**	**Kulturkundlich-systematischer Typus**

Die beiden dogmatischen, lebensweltlichen sowie kulturkundlichen Typen können jeweils zusammengefasst werden, sodass sich in vereinfachter Form vier Haupttypen ergeben. Sie zeichnen sich durch die oben genannten unterschiedlichen Partizipationsformen aus:

Tabelle 2: Zusammenfassung der sieben Typen zu vier Haupttypen

Typus:	**Narrativer Typus**	**Dogmatischer Typus**	**Lebensweltlicher Typus**	**Kulturkundlicher Typus**
Absicht: Partizipation	– Partizipation offen-einladend – In der Tendenz Perspektiveninduktion	– Vorgegebene Partizipation, aktiv – Perspektivenübernahme	– Subjektive Partizipation, aktiv – Perspektiveninduktion	– Partizipation als Beobachter, passiv – Perspektivenwechsel

Ich möchte dies nun an einigen konkreten Beispielen veranschaulichen und im gleichen Schritt aufzeigen, wie sich die Zielbestimmungen des Unterrichts in der Rahmung widerspiegeln:

Der narrative Typus: Die Lehrkraft erzählt eine biblische oder koranische Geschichte, eine Geschichte aus dem Mahabharata oder Ramayana, sie zeigt in einem Film ein religiöses Ritual ohne Kommentar, lässt das Vaterunser abschreiben usw., ohne die betreffenden Figuren zu rahmen. Es handelt sich um eine Unterrichtsform, wie sie von den Religionsgemeinschaften, insbesondere in der christlichen Tradition (z. B. im früheren Zürcher Primarschulfach „Biblische Geschichte“) empfohlen wird: Man erzählt oder liest – möglichst entlang des biblischen Originaltextes – eine Geschichte und macht nichts weiter damit. Es bleibt den Schülerinnen und Schülern überlassen, wie sie die Geschichte rahmen wollen. Der Gegenstand wird rein narrativ dargelegt. *Die Partizipation bleibt offen.* Der Tendenz nach wird zu einer Perspektiveninduktion eingeladen.[7] Ich konnte solche Unterrichtssequenzen ohne Rahmung zwar beobachten, aber in der Regel fügte die Lehrkraft in derselben Lektion auch Sequenzen mit dogmatischen oder lebensweltlichen Rahmungen hinzu. In kulturkundlich ausgerichteten Lektionen waren hingegen keine rein narrativen Sequenzen zu beobachten.

Der dogmatische Typus: Eine Lehrerin thematisiert die Passions- und Ostergeschichte, d. h. den Einzug von Jesus in Jerusalem, sein letztes Mahl mit den Jüngern, die Kreuzigung, den Tod und die Auferstehung Jesu. Zuerst müssen die Schülerinnen und Schüler die Geschichte, wie sie geschrieben steht und tradiert wird, nacherzählen und auf verschiedenste Weisen reproduzieren: Sie inszenieren sie als Theater, zeichnen sie und hängen Erzählteile in der richtigen Reihenfolge an die Wand – eine insoweit rein narrative Unterrichtsform. Nach dieser Darlegung des Themas entnimmt die Lehrerin dem Gegenstand die Figur „Tod und Auferstehung Jesu“. Sie stellt den Schülerinnen und Schülern die Frage (Beginn der Rahmung): „Wieso ist Jesus gekreuzigt worden? Was hat er uns damit zeigen wollen?“ Sie fragt also, was Jesus *uns* hat zeigen wollen, und als niemand reagiert, macht sie darauf aufmerksam, dass die „richtige“ Antwort auf diese Frage schon in der vergangenen Stunde von einem bestimmten Schüler gegeben worden sei. Der Schüler erinnert sich wieder und sagt, stellvertretend für die ganze Klasse: „Das hat Jesus uns zeigen wollen, dass das Leben, wenn man gestorben ist, weitergeht ..., dass wir auch auferstehen.“ Mit dieser Rahmung, die die Lehrerin ausdrücklich begrüßt und aufgreift, leitet sie die Lernenden dazu an, ein christliches Dogma zu übernehmen. In der betreffenden Klasse gibt es auch einen muslimischen Schüler sowie konfessionslose Kinder. Im Gespräch hinterher meint die Lehrerin, sie denke, dass auch die nichtchristlichen Kinder in der Klasse das Christentum kennenlernen sollen. Ihre Rahmung, zu der sie die Schüler im Unterricht anleitet, geht aber über das Kennenlernen hinaus: Sie verlangt von ihnen eine *aktive Partizipation* an der christlichen Tradition, und zwar in einer von ihr vorgegebenen Weise. Dass

7 Beobachtungen von Schülerinnen und Schülern in solchen Unterrichtssequenzen und erste Schülerinterviews zu solchen Unterrichtssequenzen (laufendes Forschungsprojekt der Autorin) zeigen, dass sich die Lernenden mit Protagonisten aus den Geschichten, Liedern oder präsentierten Ritualen, die ohne Rahmung stattfinden, identifizieren.

Jesus bzw. Isa im Islam ebenfalls eine wichtige Figur darstellt und dass die Geschichte in der islamischen Version anders ausgeht und auch völlig anders gedeutet wird, zieht sie offenbar gar nicht in Betracht. Die Lehrerin beabsichtigt mit ihrer Rahmung also, dass die Schülerinnen und Schüler die christlich-dogmatische Sichtweise des Todes und der Auferstehung Jesu übernehmen. Sie verlangt daher *eine Perspektivenübernahme.*

Ein Beispiel für eine *lebensweltliche Rahmung* ist die Lektion einer Lehrerin zum Thema „Gott". In der beobachteten Stunde geht es darum, welche Bilder sich die Schülerinnen und Schüler von „Gott" machen. Sie sollen ein Gottesbild auf ein Blatt Papier zeichnen. Zwar gibt die Lehrerin nicht vor, wie sich die Schüler „Gott" vorzustellen haben – das wäre eine dogmatische Rahmung wie im vorangegangenen Fall –, aber sie lässt die Schülerinnen und Schüler ganz individuell ein solches Bild gestalten. Am Ende haben alle, auch ein Mädchen, das nicht religiös sozialisiert ist, ein solches Bild gezeichnet. Der Unterrichtsgegenstand „Gott" wird hier unter Anleitung der Lehrerin an die Lebenswelten der Schülerinnen und Schüler angebunden. Es soll von diesen in ihrer jeweiligen subjektiven Bedeutung gerahmt werden. Dieses Beispiel zeigt, dass selbst dann, wenn die Lehrerin keine dogmatische Rahmung vorgibt, sondern eine lebensweltliche Rahmung von den Schülerinnen und Schülern erfragt, eine religiöse Sprache beibehalten wird und auch von jenen Lernenden übernommen werden muss, die gar nicht religiös sind oder sein wollen, für die das Thema also keine lebensweltliche Bedeutung hat. Die lebensweltliche Rahmung verlangt von den Schülerinnen und Schülern, dass sie ihre je eigene Perspektive in das Thema „Gott" induzieren. Ich spreche deswegen von *Perspektiveninduktion.* Die Schülerinnen und Schüler sollen *aktiv an Religion partizipieren,* wenn auch in einer subjektiven Weise, nicht in einer dogmatisch vorgegebenen Art wie im vorhergehenden Beispiel.

Um eine *kulturkundliche Rahmung* geht es beim letzten Typus: Eine Lehrerin nimmt mit den Schülerinnen und Schülern das Schwitzhüttenritual der lakotaindianischen Religion durch. Sie arbeitet heraus, dass die Indianer dieses Ritual als „reinigend" empfinden. Daraufhin fragt sie die Lernenden, ob sie ein vergleichbares Ritual aus dem Christentum kennen, und sie kommen auf das Beichten im Katholizismus zu sprechen. Auffällig ist hier zweierlei: Zum einen spricht die Lehrerin, auch wenn es um das Christentum geht, in der dritten Person. Sie sowie die Schülerinnen und Schüler sprechen nicht von „wir" oder „bei uns", sondern sie reden *von den Christen* bzw. *Katholiken.* Zum anderen macht die Lehrerin einen polyfiguralen Vergleich zwischen einem Ritual der lakotaindianischen und einem Ritual der katholischen Religion, und zwar anhand des Vergleichskriteriums „Reinigungsritual", das eine metasprachliche kulturkundliche Kategorie darstellt. Die Schülerinnen und Schüler bleiben bei einer solchen kulturkundlichen Rahmung in einer gewissen Distanz zu den thematisierten Religionen. *Sie parti-*

zipieren zwar auch an einer Religion, aber rein passiv; sie bleiben *Beobachter*, fragen nach, machen einen *Perspektivenwechsel,* aber immer im Bewusstsein, dass „der andere der andere ist" und „ich ich bin". Sie induzieren also nicht ihre eigene Perspektive in eine Geschichte, einen Begriff, eine religiöse Person oder ein religiöses Ritual, sondern sie fragen nach. Im vorliegenden Fall befragen sie den Text, wie das Schwitzhüttenritual von den Lakota wahrgenommen wird, was es für die Lakota bedeutet und was das Beichten für die Katholiken bedeutet.

In der folgenden Tabelle ziehe ich den narrativen, dogmatischen und den lebensweltlichen Typus zusammen zum *Religiösen Unterricht*; den kulturkundlichen Typus bezeichne ich als *Religionskundlichen Unterricht:*

Tabelle 3: Religiöser Unterricht und Religionskundlicher Unterricht

Typus:	**Narrativer Typus**	**Dogmatischer Typus**	**Lebenswelt-licher Typus**	**Kulturkund-licher Typus**
Absicht: Partizi-pation	– Partizipation offen-einladend – In der Tendenz Perspektiven-induktion	– Vorgegebene Partizipation, aktiv – Perspektiven-übernahme	– Subjektive Partizipation, aktiv – Perspektiven-induktion	– Partizipation als Beobachter, passiv – Perspektiven-wechsel
	RELIGIÖSER UNTERRICHT			RELIGIONS-KUNDLICHER UNTERRICHT

Hinter dieser Sortierung stecken folgende Überlegungen: Die ersten drei Typen (narrativ, dogmatisch und lebensweltlich) verlangen durch das Rahmungshandeln der Lehrkraft eine *Partizipation, die offen-einladend* bzw. *aktiv* genannt werden kann. Lehrende wie Lernende sprechen in einer narrativen, einer eher dogmatisch vorgegebenen oder lebensweltlichen, subjektiv bedeutsamen, auf alle Fälle aber *in einer religiösen Sprache*. Nicht nur beim dogmatischen, sondern auch beim narrativen und beim lebensweltlichen Typus werden religiöse Wahrheiten vorausgesetzt; Schülerinnen und Schüler wie Lehrkräfte reden ganz selbstverständlich so, als ob es „Gott", „Propheten", „Engel", das „Paradies" usw. gäbe. Ob und gegebenenfalls für wen es diese religiösen Vorstellungen gibt, wird nicht thematisiert. Die Schülerinnen und Schüler werden hier – systemtheoretisch ausgedrückt – ins *Religionssystem* inkludiert (vgl. Luhmann, 2002).

Beim kulturkundlichen Typus hingegen spielen die kontextualisierenden Fragen sowie die Beobachtung aus einer empirischen Außensicht eine wichtige Rolle. Damit bleibt die *Partizipation passiv-beobachtend,* mental und zeitlich beschränkt. Lehrende wie Lernende kommunizieren in einer schulischen, kulturkundlichen, d. h. *in einer wissenschaftlich und sozial validierten Sprache*. Systemtheoretisch ließe sich sagen, dass die Schüler *ins Erziehungssystem* inkludiert werden (vgl. a.a.O.).

Der schulische Religionsunterricht lässt sich daher auf der Basis der empirisch entwickelten Typologie folgendermaßen zweiteilen:

Tabelle 4: Zwei prinzipielle Unterrichtsformen

Schulischer Religionsunterricht					
Religiöser Unterricht			***Religionskundlicher Unterricht***		
Narrativer Religions-unterricht	Dogmatik-bezogener Religions-unterricht	Lebenswelt-bezogener Religions-unterricht	Geschichts-kundlicher Religions-unterricht	Sozial-kundlicher Religions-unterricht	Systematisch-vergleichender Religions-unterricht

Im Blick auf die eingangs diskutierten verfassungsrechtlichen Fragen (negative Religionsfreiheit) kommt für einen Unterricht, an dem Schülerinnen und Schüler unterschiedlicher religiöser und weltanschaulicher Herkunft teilnehmen, nur die religionskundliche Variante in Frage. Organisatorisch betrachtet, kann sie als eigenständiges schulisches Fach für alle Schülerinnen und Schüler oder als Teilbereich in einem anderen Fach wie Ethik, Geographie oder Geschichte gelehrt werden. Sie kann auch im Rahmen eines bekenntnisgebundenen Religionsunterrichts dort eingesetzt werden, wo es um andere als die „eigene" Religion geht.[8] Der religionskundliche Unterricht beinhaltet einen geschichtskundlichen, einen sozialkundlichen sowie einen systematisch-vergleichenden Zugang.

2 Zur Konzeption einer religionskundlichen Fachdidaktik[9]

Im vorigen Abschnitt wurde herausgearbeitet, wie religiöse Themen in einem Unterricht für alle Schülerinnen und Schüler bearbeitet und angegangen werden sollen. Gesagt ist damit aber noch nicht, welche konkreten Inhalte

8 Zahlreiche Beispiele hierfür finden sich im Islamischen Lehrmittel Saphir 5/6 (2008) sowie Saphir 7/8 (2011).

9 Die folgenden Ausführungen bilden die Basis einer Fachdidaktik Religionskunde, die ich derzeit erstelle und in Seminaren an der Universität Zürich mit angehenden Lehrerinnen und Lehrern erprobe.

ein solcher Unterricht thematisieren soll, auf welche Bezugswissenschaften er sich stützen und wie eine entsprechende Fachdidaktik ausgerichtet werden kann. Dazu werden in diesem zweiten Teil grundlegende Schritte aufgezeigt. Mitlaufen soll dabei immer die Überlegung, inwiefern sich ein religionskundlicher Unterricht von einem religiösen Unterricht unterscheidet, denn nur so kann es gelingen, eine profilierte religionskundliche Didaktik zu entwerfen, die Religion konsequent mit einem säkularen Ansatz erschließt und etwas ganz anderes ist als die Weiterentwicklung eines christlichen Unterrichts.

2.1 Themenfelder und Inhalte eines religionskundlichen Unterrichts

Der anstehende Paradigmenwechsel setzt voraus, dass ein säkulares Wissen *über* Religion nicht nur auf dem Papier, sondern auch im tatsächlichen Unterricht die Grundlage bildet. Dabei ist zunächst die Frage zu stellen, welche Themen und Inhalte überhaupt vermittelt werden sollen. Wie in anderen nichtreligiösen Schulfächern sollte auch im religionskundlichen Unterricht im Sinne Wolfgang Klafkis (2006) nach der *Gegenwartsbedeutung, Zukunftsbedeutung sowie exemplarischen Bedeutung des Unterrichts für sämtliche Schülerinnen und Schüler* gefragt werden – ob sie nun zu Hause oder in Religionsgemeinschaften religiös erzogen werden oder nicht, ob sie religiös sein wollen oder nicht. Das impliziert, dass sich die Bedeutung des Unterrichts aus seiner gesellschaftlichen Relevanz ergibt. Religiös-persönliche Bedeutungen für Schülerinnen und Schüler bleiben ausgeschlossen und werden den Eltern sowie dem bekenntnisgebundenen Unterricht in den Religionsgemeinschaften überlassen[10].

Das Relevanzkriterium bei der Auswahl dieser Themen ist daher nicht dasselbe wie in einem religiösen Unterricht, in dem es darum geht, Wissen zu kanonischen Texten, Lehren und Praktiken der jeweiligen Religionsgemeinschaft(en) an die nächste Generation weiterzugeben und einzuüben. Vielmehr sollte das Kriterium im religionskundlichen Unterricht die Relevanz für das Zusammenleben der Menschen in einer bestimmten Gesellschaft sein. Ziel ist dabei letztlich, wie z. B. im Beschluss des Zürcher Bildungsrats von 2006 formuliert, die friedliche Koexistenz unterschiedlicher religiöser und nichtreligiöser Gruppen und Individuen in der betreffenden Gesellschaft.

10 Denkbar und in etlichen Kantonen der Schweiz realisiert ist das schulische Nebeneinander sowohl eines religionskundlichen Unterrichts für alle Schülerinnen und Schüler nach den obigen Kriterien als auch eines bekenntnisgebundenen Unterrichts für die Religiösen unter ihnen zu unterschiedlichen Unterrichtszeiten.

Um diese Forderung umzusetzen, muss die Relevanz der zu behandelnden Themen aus dem alltäglichen Kontext der Schülerinnen und Schüler erst rekonstruiert werden. Anders als in den üblichen Einführungen in die „fünf Weltreligionen“ mit ihrem standardisierten Wissenskanon aus den betreffenden religiösen Symbolsystemen muss herausgefunden werden, was den Schülerinnen und Schülern (auch denen unter ihnen, die nicht religiös sozialisiert sind) im Alltag als „Religion“ begegnet. Das können die Weihnachtslieder im Supermarkt sein, eine Prozession tamilischer Hindus in der Stadt, Buddhastatuen im Gartencenter, Bibelverse auf Plakaten an der Straße, Auseinandersetzungen um den Islam auf dem Schulhof, Hochzeitsrituale im Film, die Medienberichterstattung über Religionen usw. Um dies leisten zu können, muss sich die religionskundliche Fachdidaktik auf Fragestellungen und Forschungserkenntnisse empirischer religionsbezogener Wissenschaften stützen, die aktuelle Auseinandersetzungen und Probleme, die Wahrnehmung der Religionsthematik in der Öffentlichkeit, das Verhältnis zwischen Religionen und Staat, aber auch den Umgang der Individuen mit Religion erforschen. Für die Schweiz können als Grundlage dafür u. a. die Ergebnisse des Nationalen Forschungsprogramms 58 des Schweizerischen Nationalfonds über Religionsgemeinschaften, Staat und Gesellschaft (NFP 58) dienen[11]. In den anderen Ländern des deutschen Sprachraums gibt es bislang keine vergleichbar umfassenden Studien zur gegenwärtigen Situation der Religion in der Gesellschaft. Vieles kann aber in entsprechender Anpassung auch auf diese übertragen werden.

In Anlehnung an die genannten Religionsstudien in der Schweiz ergeben sich aus diesen Überlegungen folgende Themenfelder:

- Selbstdarstellungen von Religionsgemeinschaften und religiösen Individuen (vgl. Baumann, 2012; Stolz, 2012),
- Fremddarstellungen von Religionen in Medien, im öffentlichen Raum, in der Politik, in weiteren Institutionen und bei Individuen (vgl. Mader & Schinzel, 2012),
- Interaktionen von Religion und anderen Gesellschaftsbereichen wie Recht, Erziehung, Kunst, Politik, Wirtschaft usw. (vgl. verschiedene Beiträge in Baumann & Stolz, 2007; Pahud de Mortanges, 2012; Becci, 2012),
- Religionstheorie, d. h. Religionsverständnis in verschiedenen gegenwärtigen und vergangenen Gesellschaften sowie Religionswissenschaftstheorie bzw. verschiedene Zugänge zu Religion (vgl. dazu verschiedene Beiträge in Baumann & Stolz, 2007; Bochinger, 2012; Stausberg, 2012).

11 Vgl. www.nfp58.ch [30.11.2013], zusammenfassend Bochinger (2012) sowie Bochinger und Frank (2013). Vgl. auch die Literaturhinweise bei den einzelnen Themen.

2.2 Bezugsdisziplinen und Religionsverständnis

An dieser Stelle muss auch genauer geklärt werden, welche Referenzwissenschaften bzw. Bezugsdisziplinen einer religionskundlichen Fachdidaktik zugrunde liegen sollen. Es legt sich nahe, für einen Unterricht *über* Religion auch einen wissenschaftlichen Zugang vorzusehen, der selbst nicht religiös, sondern säkular ist. Die wichtigste Bezugswissenschaft einer religionskundlichen Fachdidaktik ist daher die *Religionswissenschaft,* weil sie

- einen säkularen wissenschaftlichen Ansatz verfolgt,
- in ihrem Erkenntnisinteresse ausschließlich auf die Religionsthematik ausgerichtet ist,
- Religionen im Plural und zugleich auch die nichtreligiöse Gegenseite thematisiert (vgl. z. B. Antes & Führding, 2013).

Eine religionskundliche Fachdidaktik sollte daher den erkenntnisleitenden Prämissen, Fragestellungen und Herangehensweisen an den Gegenstand folgen, wie sie im Fachdiskurs der Religionswissenschaft verhandelt werden (vgl. Frank & Bochinger, 2008; Alberts, 2012). Neben der Religionswissenschaft können auch weitere Bezugsdisziplinen herangezogen werden. Auf einer systematischen Ebene gehören dazu die Geschichtswissenschaft und die Sozialwissenschaften (Soziologie, Ethnologie, Psychologie); auf einer inhaltlichen Ebene sind es Kulturwissenschaften wie Islamwissenschaft, Indologie, Judaistik usw. Bezogen auf das Christentum bräuchte es entsprechend eine „Kulturwissenschaft des Christentums", die bislang allerdings, zumindest im deutschen Sprachraum, nicht als eigene Fachdisziplin existiert.[12] Für Religion in Verbindung mit anderen gesellschaftlichen Themenfeldern sind auch Politikwissenschaft, Medienwissenschaft, Rechtswissenschaft und Kunstwissenschaft von Bedeutung.

Für die Zwecke der Anwendung im schulischen Kontext sind dabei allerdings spezifische Kriterien zu berücksichtigen, die bestimmte, im heutigen Fachdiskurs der Religionswissenschaft verbreitete Herangehensweisen nahelegen und andere ausschließen:

---

12 Anders als etwa in der Erziehungswissenschaft, in der es seit Langem einen Diskurs der Unterscheidung zwischen ‚normativer' Pädagogik und ‚deskriptiver' Erziehungswissenschaft gibt, ähnlich auch in der Rechtswissenschaft und in der Wirtschaftswissenschaft, ist eine entsprechende Unterscheidung in den christlichen Theologien bisher nicht in einer praktisch handhabbaren Form entwickelt worden. Zwar gibt es Theologen, die faktisch eine „Kulturwissenschaft des Christentums" machen, aber die akademische Theologie selbst bietet kein unmissverständliches, für Außenstehende – wie z. B. eine Schulbehörde – nachvollziehbares Kriterium, um zwischen normativer „Theologie" und deskriptiv-empirischer „Kulturwissenschaft des Christentums" zu unterscheiden, vergleichbar der Islamwissenschaft, Judaistik oder Indologie.

- Wie die Religionswissenschaft selbst muss auch die religionskundliche Didaktik den *Religionsbegriff immer mitreflektieren.* Eine religionskundliche Fachdidaktik sollte sich dabei an einem Alltagsverständnis von Religion orientieren, wie es in den betreffenden europäischen Gesellschaften zu finden ist. Die Schülerinnen und Schüler sollen ein Verständnis dafür erlangen, dass Religion ein Bestandteil von Kultur ist, der zumindest in ihrer Gesellschaft für manche Menschen sehr wichtig, für andere wenig oder gar nicht relevant ist. Das verbietet es z. B., einen religionsphänomenologischen Religionsbegriff zu wählen, der die Vielfalt der Religionen auf das eine „Wesen" reduziert und gleichzeitig Religion als Grundanlage jedes Menschen versteht (*homo religiosus,* siehe dazu oben, Abschnitt 1.1). Es widerspräche den oben umrissenen Zielen aber ebenfalls, auf eine Definition von Religion vollständig zu verzichten (wie z. B. Kippenberg & Stuckrad, 2003) oder einen zu weiten Begriff von „Religion" zu wählen, der diese als eine anthropologische Konstante versteht und die Schülerinnen und Schüler dadurch auf seine Weise ebenfalls zu *homines religiosi* macht (z. B. in einer bestimmten Lesart von Luckmann, 1991). Zwar lassen sich beide letztgenannten Zugänge – im Gegensatz zum Ersteren – durchaus kultur- bzw. sozialwissenschaftlich begründen; aber sie sind für die Zielsetzungen einer religionskundlichen Didaktik eher verwirrend, weil sie nicht dem hiesigen Alltagsgebrauch des Terminus „Religion" entsprechen.
- Weiterhin erscheint es in einem religionskundlichen Unterricht wichtig, davon auszugehen, dass „Religion" auch in unserer gegenwärtigen Gesellschaft für sehr viele Menschen, insbesondere für Kinder und Jugendliche, nicht frei wählbar ist. Trotz aller festgestellten „Synkretismen", „Entgrenzungen", „Fluidität" oder „Hybriditäten" in Forschungen über „spirituelle Wanderer" (Bochinger, Engelbrecht & Gebhardt, 2009), „Populäre Religion" (Knoblauch, 2009), „Fluide Religion" (Lüddeckens & Walthert, 2010) oder „Religionshybridität" (Berger, Hock & Klie, 2013) schließen sich Religionszugehörigkeiten im kulturellen Kontext Europas in der Regel gegenseitig aus: Man kann nicht gleichzeitig jüdisch und hinduistisch, muslimisch und christlich sein. Da den meisten Schülerinnen und Schülern Mehrfachzugehörigkeiten nicht offenstehen, sollten sie auch nicht als didaktisches Konzept verwendet werden.[13]

---

13 Diese Anforderung richtet sich gegen die besonders in christlichen religionspädagogischen Konzepten eines „Religionsunterrichts für alle" verbreitete Strategie, Religion in modernen Gesellschaften als ein frei wählbares Gut zu präsentieren, um so den Schülerinnen und Schülern die Ressourcen aller Religionen zugänglich zu machen. Es ist m. E. ein Fehlschluss, aus den religionstheoretischen Überlegungen etwa von P. L. Berger, wie sie in seinem Buchtitel „Der Zwang zur Häresie" (Berger, 1992) zum Ausdruck kommen, auf eine tatsächliche Wahlmöglichkeit bei Schülerinnen und Schülern zu schließen. Insbesondere bei Migrantengruppen hat die „eigene" Religion nicht selten eine starke und exklusive identitätssichernde Funktion. Sie kann

2.3 Wertorientierung und Kompetenzmodell

Neben der Wahl der Bezugsdisziplinen und dem Umgang mit dem Religionsbegriff ist auch die Verankerung in der Allgemeinen Pädagogik und in der Integrationsforschung zu berücksichtigen. Für eine religionskundliche Fachdidaktik sollte pädagogischen Modellen und Werthaltungen der Vorzug gegeben werden, die *die Akzeptanz der kulturellen und religiösen Vielfalt der betreffenden Gesellschaft* betonen und gleiche Chancen für sämtliche, religiöse wie nichtreligiöse Schülerinnen und Schüler fördern (vgl. Allemann-Ghionda, 1999). Auch in der Religionswissenschaft selbst gibt es entsprechende Ansätze (vgl. Bochinger, 2013). Im Paradigma der Akzeptanz religiöser Vielfalt geht es weder um einen normativ verstandenen religiösen Pluralismus, der Multi- oder Interreligiosität zu fördern versucht, noch um Assimilation im Sinne religiöser Anpassung und der Ablehnung religiöser Vielfalt, sondern um die Gleichbehandlung der in der Gesellschaft vorfindbaren Religionen und Weltanschauungen.

Weiterhin sollte sich eine religionskundliche Didaktik an dem in der deutschsprachigen Erziehungswissenschaft vorherrschenden Kompetenzmodell und an der von Franz Weinert formulierten Bestimmung von Kompetenz orientieren:

> „[Kompetenzen sind] die bei Individuen verfügbaren oder durch sie erlernbaren kognitiven Fähigkeiten und Fertigkeiten, um bestimmte Probleme zu lösen, sowie die damit verbundenen motivationalen, volitionalen und sozialen Bereitschaften und Fähigkeiten, um die Problemlösungen in variablen Situationen erfolgreich und verantwortungsvoll nutzen zu können." (Weinert, 2001, 27f.)

Die religionswissenschaftliche Ausformulierung solcher Kompetenzen stellt das Fach Religionskunde in eine Reihe mit anderen säkularen Fächern, wodurch ein gegenseitiger Austausch stattfinden kann.

Zur Konkretisierung der Kompetenzen ziehe ich die Handlungsaspekte aus der Grobstruktur des neuen Deutschschweizer Lehrplans 21 heran (vgl. Erziehungsdirektoren-Konferenz, 2011). Da sie dort auf den Kompetenzbereich „Natur, Mensch, Gesellschaft" allgemein und nicht auch spezifisch auf „Religion" ausgerichtet sind, modifiziere ich sie entsprechend den bisherigen Erkenntnissen der religionswissenschaftlichen Unterrichtsforschung (s. Abschnitt 1). Es ergeben sich folgende religionskundliche Handlungsaspekte:

– *Die Welt wahrnehmen:* Die Schülerinnen und Schüler beobachten und beschreiben differenziert Gegenstände und Personen, bei denen Religion vorkommt (Intersubjektivität).

---

nicht einfach gegen eine andere ausgetauscht oder mit ihr kombiniert werden (vgl. dazu auch Bochinger, 2013). Dass das so ist, sollte im Unterricht nicht übergangen, sondern thematisiert werden.

- *Sich die Welt erschließen:* Die Schülerinnen und Schüler kontextualisieren Beobachtetes und Beschriebenes kulturell und sozial auf empirischer Grundlage. Sie zeigen Empathie im Sinne eines mentalen Perspektivenwechsels (nicht einer Perspektivenübernahme oder -induktion).
- *Sich in der Welt orientieren:* Die Schülerinnen und Schüler kontextualisieren Beobachtungen, vergleichen diese systematisch und verwenden metasprachliche Begriffe. Sie unterscheiden religiöse und religionskundliche Wissensformen und Redeweisen.
- *In der Welt handeln:* Die Schülerinnen und Schüler setzen religionskundliche Kenntnisse in entsprechenden Situationen ein (Transfer). Sie reflektieren kontextualisierte Beobachtungen im Sinne expliziter Kriterien (Akzeptanz von Pluralität usw.) und handeln entsprechend.

Dieses Kompetenzmodell muss für eine religionskundliche Fachdidaktik mit den oben beschriebenen Themenfeldern in Verbindung gebracht werden. Anders als im genannten Lehrplan 21 sollten m. E. die Kompetenzen auch unter Berücksichtigung der Sekundarstufe I und II der schweizerischen Maturitätsschulen und der Berufsschulen formuliert werden. Damit wäre die gesamte Bandbreite schulischer Erziehung von der Primarstufe bis zur Sekundarstufe II abgedeckt. Im Sinne der Konzeption einer Gesamtbildung sollten die übergeordneten Kompetenzen für alle Unterrichtszyklen in gleicher Weise formuliert werden. Zyklenspezifisch sind die konkreten Inhalte, die sich wiederum danach richten, in welchen Kontexten Schülerinnen und Schüler einer bestimmten Altersgruppe in der Gesellschaft auf Religion treffen. Orientieren sich die Kompetenzen konsequent an solchen gesellschaftlichen und zwischenmenschlichen Erfordernissen, kann es gelingen, eine Fachdidaktik Religionskunde zu entwerfen, die sich von religiösen Didaktiken grundlegend unterscheidet und für diese auch keine Konkurrenz darstellt, sondern sie sinnvoll ergänzt.

3 Literatur

Alberts, W. (2012) Religionswissenschaft und Religionsunterricht, in: M. Stausberg (Hrsg.) *Religionswissenschaft* (Berlin, Boston, de Gruyter), 299–312.

American Academy of Religion (2010) *Guidelines of Teaching About Religion in K-12 Public Schools of the United States.* Verfügbar unter: www.aarweb.org/sites/default/files/pdfs/Publications/epublications/AARK-12CurriculumGuidelines.pdf [27.08.2014].

Antes, P. & Führding, S. (2003) *Säkularität in religionswissenschaftlicher Perspektive* (Göttingen, V&R unipress).

Assel, H. & Mildenberger, F. (^{4}1995) *Grundwissen der Dogmatik. Ein Arbeitsbuch* (Stuttgart, Kohlhammer).

Allemann-Ghionda, C. (1999) *Schule, Bildung und Pluralität. Sechs Fallstudien im europäischen Vergleich* (Bern, Berlin, Bruxelles, Frankfurt a. M., New York, Oxford, Wien, Peter Lang).

Baumann, M. & Stolz, J. (Hrsg.) (2012) *Eine Schweiz – viele Religionen. Risiken und Chancen des Zusammenlebens* (Bielefeld, transcript). Im Französischen erschienen: Baumann, M. & Stolz, J. (Hrsg.) (2009) *La nouvelle Suisse religieuse. Risques et chances de sa diversité* (Genève, Labor et fides).

Baumann, M. (2012) Religionsgemeinschaften im Wandel – Strukturen, Identitäten, Interreligiöse Beziehungen, in: C. Bochinger (Hrsg.) *Religionen, Staat und Gesellschaft. Die Schweiz zwischen Säkularisierung und religiöser Vielfalt* (Zürich, NZZ Libro), 21–75.

Becci, I. (2012) Religion und Sozialisation. Bildungspolitische Herausforderungen, in: C. Bochinger (Hrsg.) *Religionen, Staat und Gesellschaft. Die Schweiz zwischen Säkularisierung und religiöser Vielfalt* (Zürich, NZZ Libro), 175–208.

Berger, P. A., Hock, K. & Klie, T. (2013) *Religionshybride. Religion in posttraditionalen Kontexten* (Wiesbaden, Springer VS).

Berger, P. L. (1992) *Zwang zur Häresie. Religion in einer pluralistischen Gesellschaft* (Freiburg i. B., Herder).

Bochinger, C. (2013) Ist religiöse Vielfalt etwas Gutes? Pluralismus und Pluralität in der Religionswissenschaft, in: A. Adogame, M. Echtler & O. Freiberger (Hrsg.) *Alternative Voices. A Plurality Approach for Religious Studies* (Göttingen, V&R), 285–307.

Bochinger, C. (Hrsg.) (2012) *Religionen, Staat und Gesellschaft. Die Schweiz zwischen Säkularisierung und religiöser Vielfalt* (Zürich, NZZ Libro).

Bochinger, C., Engelbrecht, M., & Gebhardt, W. (2009) *Die unsichtbare Religion in der sichtbaren Religion – Formen spiritueller Orientierung in der religiösen Gegenwartskultur* (Stuttgart, Kohlhammer).

Bochinger, C. & Frank, K. (2013) Religion, Spiritualität und Säkularität in der Schweiz, in: P. Benz Bartoletta, M. Meier Kressig, A. M. Riedi & M. Zwilling (Hrsg.) *Handbuch Sozialwesen Schweiz* (Bern, Haupt), 201–213.

Doedens, F. & Weiße, W. (Hrsg.) (1997) *Religionsunterricht für alle. Hamburger Perspektiven zur Religionsdidaktik* (Münster, Waxmann).

Erziehungsdirektoren-Konferenz (2011) *Deutschschweizer Lehrplan 21. Grobstruktur.* Verfügbar unter: lehrplan.ch/sites/default/files/grobstruktur_lp21.pdf [30.11.2013].

Frank, K. (2010) *Schulischer Religionsunterricht. Eine religionswissenschaftlich-soziologische Untersuchung* (Stuttgart, Kohlhammer).

Frank, K. (2013) Wie implementiert man einen religionskundlichen Unterricht? Analysen und Entwicklungen, in: Institut für Religionswissenschaft und Religionspädagogik (Hrsg.) *Religionspädagogik zwischen religionswissenschaftlichen Ansprüchen und pädagogischen Erwartungen* (Bremen, Universität Bremen), 61–103. Verfügbar unter: elib.suub.uni-bremen.de/edocs/00103350-1.pdf [27.08.2014].

Frank, K. & Bochinger, C. (2008) Religious Education in Switzerland as a Field of Work for the Study of Religions: Empirical Results and Theoretical Reflections, in: *Numen 55,* 183–217.

Geertz, C. (1987) Religion als kulturelles System, in: C. Geertz (Hrsg.) *Dichte Beschreibung. Beiträge zum Verstehen kultureller Systeme* (Frankfurt a. M., Suhrkamp), 44–95.

Gladigow, B. (2005) *Religionswissenschaft als Kulturwissenschaft,* hrsg. v. C. Auffarth und J. Rüpke (Stuttgart, Kohlhammer), 23–61.

Goffman, E. (1980) *Rahmen-Analyse. Ein Versuch über die Organisation von Alltagserfahrungen* (Frankfurt a. M., Suhrkamp).

Grimmit, M., Grove, J., Hull, J. M. & Spencer, L. (1991) *A Gift to the Child. Religious Education in the Primary School, Teachers' Source Book,* (London, Simon and Schuster).
Kaddor, L., Müller, R. & Behr, H. H. (2008) *Saphir 5/6* (München, Kösel).
Kaddor, L., Müller, R. & Behr, H. H. (2011) *Saphir 7/8* (München, Kösel).
Klafki, W. ([12]2006) Die bildungstheoretische Didaktik im Rahmen kritisch-konstruktiver Erziehungswissenschaft, in: H. Gudjons & R. Winkel (Hrsg.) *Didaktische Theorien* (Hamburg, Bergmann+Helbig), 13–34.
Kippenberg, H. G. & Stuckrad, K. von (2003) *Einführung in die Religionswissenschaft* (München, C. H. Beck).
Knoblauch, H. (2005) *Wissenssoziologie* (Konstanz, UVK, UTB).
Knoblauch, H. (2009) *Populäre Religion. Auf dem Weg in eine spirituelle Gesellschaft* (Frankfurt a. M., Campus).
Leeuw, G. van der ([4]1977, 1924) *Phänomenologie der Religion* (Tübingen, J. C. B. Mohr), 768–798.
Luckmann, T. (1991, 1967). *Die unsichtbare Religion* (Frankfurt a. M., Suhrkamp).
Lüddeckens, D. & Walthert, R. (Hrsg.) (2010) *Fluide Religion. Neue religiöse Bewegungen im Wandel. Theoretische und empirische Systematisierungen* (Bielefeld, transcript).
Luhmann, N. (2002, 1993) *Das Erziehungssystem der Gesellschaft,* hrsg. v. D. Lenzen (Frankfurt a. M., Suhrkamp), 48–81.
Mader, L. & Schinzel, M. (2012) Religion in der Öffentlichkeit, in: C. Bochinger (Hrsg.) *Religionen, Staat und Gesellschaft. Die Schweiz zwischen Säkularisierung und religiöser Vielfalt* (Zürich, NZZ Libro), 109–143.
Nationales Forschungsprogramm 58 (nfp58). Webauftritt verfügbar unter: www.nfp58.ch [30.11.2013].
Pahud de Mortanges, R. (2012) Die Auswirkung der religiösen Pluralisierung auf die staatliche Rechtsordnung in: C. Bochinger (Hrsg.) *Religionen, Staat und Gesellschaft. Die Schweiz zwischen Säkularisierung und religiöser Vielfalt* (Zürich, NZZ Libro), 145–173.
Pfeifer, W. (1995) Art. „Kunde", in: W. Pfeifer (Hrsg.) *Etymologisches Wörterbuch des Deutschen* (Frankfurt a. M., dtv), 744–745.
Schütz, A. & Luckmann, T. (2003) *Strukturen der Lebenswelt* (Konstanz, UVK, UTB).
Stausberg, M. (Hrsg.) (2012) *Religionswissenschaft* (Berlin, Boston, de Gruyter).
Stolz, F. (2001, 1988) *Grundzüge der Religionswissenschaft* (Göttingen, V&R).
Stolz, J. (2012) Religion und Individuum unter dem Vorzeichen religiöser Pluralisierung, in: C. Bochinger (Hrsg.) *Religionen, Staat und Gesellschaft. Die Schweiz zwischen Säkularisierung und religiöser Vielfalt* (Zürich, NZZ Libro), 77–104.
Stolz, J. & Baumann, M. (Hrsg.) (2007) *Eine Schweiz – viele Religionen. Risiken und Chancen des Zusammenlebens* (Bielefeld, transcript).
Strauss, A. & Corbin, J. (1996) *Grounded Theory: Grundlagen qualitativer Sozialforschung* (Weinheim, Beltz, Psychologie Verlags Union).
Weinert, F. E. (2001) Leistungsmessung in Schulen – Eine umstrittene Selbstverständlichkeit, in: F. E. Weinert (Hrsg.) *Leistungsmessung in Schulen* (Weinheim, Basel, Beltz), 17–32.
Zürcher Bildungsrat (2006) *Beschluss „Volksschule Religion und Kultur an der Sekundarstufe I. Einführung".* Verfügbar unter: www.bi.zh.ch/internet/bildungs direktion/de/unsere_direktion/bildungsrat/beschlussarchiv/beschluesse_2006.html#a-content [30.11.2013].

III. Übersicht und Bilanz

Es bleibt spannend! Bilanz und Rückblick auf die Diskussion

Rudolf Englert/Thorsten Knauth

1 Anlass und Fragestellung

Der vorliegende Band ist aus einer Veranstaltungsreihe hervorgegangen, deren Anlass die Frage war: Wie geht es weiter mit dem Religionsunterricht in Bremen? Welche der in Deutschland und anderswo mittlerweile anzutreffenden Organisationsformen von Religionsunterricht könnten als Orientierungsrahmen für die Bremer Situation am ehesten in Frage kommen? Sollte man in Anbetracht der unübersehbaren Schwierigkeiten, die es bei der Realisation des Bremer Modells gibt (vgl. Kenngott, 10: „kaum erteilt", „häufig fachfremd")[1], einen kompletten Neuanfang wagen? Oder sollte man behutsamer vorgehen und eher überlegen, welches der anderswo etablierten Organisationsmodelle am ehesten in der Lage wäre, die für das Bremer Modell bislang bestimmend gewesenen religionspolitischen und religionspädagogischen Intentionen produktiv aufzunehmen und weiterzuführen? Aber auch über diesen konkreten Anlass hinaus ist die im Band thematisierte Frage nach Organisationsformen des Religionsunterrichts von Bedeutung. In der Einleitung zu diesem Buch verdeutlicht Eva-Maria Kenngott, dass sich der Religionsunterricht in einer Situation des Umbruchs befindet, die mit tiefgreifenden und bereits länger andauernden gesellschaftlichen Veränderungsprozessen zusammenhängt. Angesichts dieser Entwicklungen erscheint es angebracht, einen neuen Blick auf die Landschaft des Religionsunterrichts zu werfen und die Pluralität von Organisationsformen als Chance für eine offene Diskussion über zukunftsfähige Formen religiöser Bildung in der Schule zu nutzen.

Nicht alle Beiträge dieses Bandes gehen direkt auf die Frage ein, welches Modell von Religionsunterricht sich unter den heute und speziell unter den in Bremen gegebenen Bedingungen am nachdrücklichsten empfiehlt. Vielleicht ist in derlei evaluativer Zurückhaltung aber sogar eine Stärke der hier vorgelegten Zusammenstellung zu sehen: Die Beiträge entfalten jeweils unterschiedliche Sichtweisen auf die gegenwärtig anzutreffenden Herausforderungen, Aufgaben und Schwierigkeiten religiösen Lernens in der Schule und zielen damit nicht einfach strikt darauf ab, die Überlegenheit eines bestimm-

1 Alle Verweise beziehen sich auf Texte dieses Bandes.

ten Konzeptes gegenüber anderen in den Vordergrund zu stellen (dazu, wie wenig weiterführend dies sein kann: Schreiner, 119–121.). Dementsprechend kommt es hier nicht zu einem bloßen Überbietungswettbewerb, dessen hauptsächliche Funktion darin besteht, die jeweils eigene Position ins glänzendste Licht zu rücken, sondern zu teilweise sehr grundlegenden bildungstheoretischen, religionspolitischen, juristischen und didaktischen Überlegungen.

2 Unterscheidungen

In ihren Ausführungen zum geschichtlichen Entstehungskontext von LER weist Eva-Maria Kenngott darauf hin, dass dieses neue Fach in Brandenburg auch deshalb entwickelt worden sei, weil man nach einer angemessenen Reaktion auf die veränderten religionsstatistischen Verhältnisse Ausschau gehalten habe (nur 20 % der Bevölkerung gehörten zum Zeitpunkt der Einführung von LER einer Religionsgemeinschaft an, vgl. Kenngott, 100). Dies wirft die grundsätzliche Frage auf, inwieweit die Präferenz für eine bestimmte religionsunterrichtliche Organisationsform von der Frage der Religionszugehörigkeit der jeweiligen regionalen Bevölkerung abhängig gemacht werden sollte. Immer wieder war in der Diskussion der vergangenen Jahre von dem Erfordernis die Rede, sich für flexible Lösungen zu öffnen, die eben im konfessionell immer noch relativ homogen katholischen Niederbayern anders auszusehen hätten als in einem hochgradig multireligiösen Stadtstaat wie Hamburg. Kommt man also unter den Bedingungen Hamburgs, wo über 100 Religionsgemeinschaften anzutreffen sind (vgl. Knauth, 71) nicht zwangsläufig an die Grenze einer konfessionellen Lösung, selbst wenn man sich deren Realisation weit über den evangelischen und katholischen Religionsunterricht hinaus ausgeweitet denkt (und also etwa auch jüdischen, islamischen oder alevitischen Religionsunterricht mit einbezogen sieht)? Oder gibt es hier keinerlei Zwangsläufigkeiten, so dass man sagen könnte: *Wenn* sich zum Beispiel das spezifische didaktische Potential des konfessionellen Religionsunterrichts auch dann entfalten kann, wenn die Schülerschaft nur noch zu kleinen Teilen der entsprechenden Konfession selbst angehört, *wenn* also z.B. auch konfessionslose oder anderen Religionsgemeinschaften angehörende Schüler/innen von diesem Potential profitieren können, wäre der Verweis auf die jeweiligen religionsstatistischen Verhältnisse gerade kein entscheidender Grund für oder gegen eine bestimmte Lösung? Umgekehrt könnte man dann aber auch sagen, dass eine nur mäßig religiös heterogen zusammengesetzte Schülerschaft kein Grund gegen die Einrichtung eines interreligiösen Lernangebotes ist, wenn interreligiöses Lernen als eine wichtige Dimension schulischer Bildung gilt. Vielleicht geht es hier letztlich um das relative Gewicht einerseits religionspolitischer und andererseits didaktischer bzw. auch bildungstheoretischer Argumente; beide Perspektiven haben zweifellos ihre Berechtigung.

Wenn man auf Europa im Ganzen schaut, so ist der Religionsunterricht hier sehr unterschiedlich organisiert (vgl. dazu vor allem Schreiner, 119–134). Die Differenzen betreffen

e) die *Zuständigkeit* für den Religionsunterricht (sie kann bei den Religionsgemeinschaften oder beim Staat liegen oder in unterschiedlichen Formen der Kooperation zwischen Religionsgemeinschaften und Staat wahrgenommen werden); sie betreffen
f) die mit dem Religionsunterricht verbundenen *Zielsetzungen* (bei denen Schreiner neben den in der bisherigen Diskussion vielfach gebrauchten drei – *learning in religion, learning about religion* und *learning from religion* – noch eine vierte anspricht, nämlich *learning through religion*). Damit ist eine Zielsetzung gemeint, bei der auch die religionskundliche Information *(learning about)* mit dem Bemühen um einen lebenspraktischen Orientierungsgewinn *(learning from religion)* verbunden ist (vgl. Schreiner, 123). Vertreter/innen von Konzepten wie LER (vgl. Kenngott, 87–103) oder dem Schweizerischen Lehrplan 21 (vgl. Helbling, 105–117) dürften ihre Intentionen durch ein solches *„learning through religion"* recht gut repräsentiert sehen.
g) die *unterrichtliche Praxis* der Religionsvermittlung (vgl. dazu Frank, 197–208). Frank hat Religionsunterricht in der deutschsprachigen Schweiz untersucht und sieben unterschiedliche „Typen der Religionsvermittlung" erhoben (vgl. Frank, 202–208), die sie zu vier Haupttypen zusammenfasst: drei verschiedenen Formen „religiösen Unterrichts" („narrativ", „dogmatisch", „lebensweltlich") und einer Form kultur- bzw. religionskundlichen Unterrichts.

Schreiner macht allerdings deutlich, dass bei derlei Unterscheidungen und Abgrenzungen häufig gebrauchte Bezeichnungen wie zum Beispiel „konfessionell" oder „religionskundlich" nur von begrenzter Tauglichkeit sind, da sie in Abhängigkeit vom jeweiligen soziokulturellen Kontext sehr verschieden konnotiert sein können (vgl. Schreiner, 122f.).

Interessant ist, dass sich die meisten der in diesem Band präsentierten Konzepte in der Zielsetzung eines „learning from religion(s)" zu treffen vermögen, auch wenn diese Formel im Einzelnen vielleicht etwas unterschiedlich interpretiert wird. Jedenfalls sind Konvergenzen zu konstatieren, die dazu nötigen, an manchen überkommenen Unterscheidungen – insbesondere der vermeintlich klarsten zwischen konfessionellem und religionskundlichem Religionsunterricht – das eine oder andere Fragezeichen anzubringen.

3 Konvergenzen

Sehr deutlich ist, dass die (meisten) Vertreter/innen solcher Ansätze, die gelegentlich („Hamburger Weg") oder mehrheitlich (LER) als religionskundliche Konzepte betrachtet werden, sich keineswegs auf eine neutrale Information über Religion beschränken wollen. Thorsten Knauth bezeichnet diese Sicht, bezogen auf den Hamburger Weg, gleich in mehrfacher Hinsicht als falsch (vgl. Knauth, 74), und stellt anhand zweier für dieses Modell programmatischer Texte heraus, dass, was im Hamburger Religionsunterricht geschieht, „mit neutraler Information und distanzierter Betrachtung von Religionen ... wenig zu tun" (vgl. 76) habe. Es geht vielmehr um einen an lebensweltlich relevanten Fragen ansetzenden interreligiösen Dialog mit alltagspraktischen Klärungs- und individuellem Orientierungswert, der aber auch religiöse Traditionen exemplarisch zu erschließen hilft. Auch Eva-Maria Kenngott plädiert vor dem Hintergrund ihrer Erfahrungen mit der Ausbildung von LER-Lehrer/innen für eine Form religiösen Lernens, bei der es nicht lediglich darum gehe, etwas *über* Religion(en) zu lernen, sondern *von* Religionen zu lernen und dabei die eigene Identität im Hinblick auf das Leben als Ganzes reflektieren zu lernen.

Auch in Beobachtungen konfessionellen Religionsunterrichts erzielte Befunde belegen, wie Rudolf Englert in seinem Artikel ausführt, dass die in konzeptionellen Kontroversen vergangener Tage anzutreffende Gegenüberstellung zwischen einem monoreligiös-beheimatendem konfessionellen Konzept einerseits und einem religionskundlich-informativen andererseits der unterrichtlichen Realität nicht mehr entspricht. Und der Beitrag von Lothar Kuld zu Ergebnissen der Begleitforschung des Modellversuches zum konfessionell-kooperativen Religionsunterricht in Baden-Württemberg verdeutlicht, dass die Präferenzen von Eltern und Schülern für die eine oder die andere Organisationsform oft mehr durch pädagogische und soziale Argumente (Erhalt der Klassengemeinschaft; Konstanz der Bezugspersonen) als durch konzeptionelle Gründe geleitet sind.

Der Einblick in derartige Konvergenzen ist unseres Erachtens der interessanteste Aufschluss, der sich aus der Lektüre dieses Buches gewinnen lässt: dass die Realität pädagogischen Bemühens puristische Ausprägungen theoretisch wie gut auch immer begründeter Konzepte zu Korrekturen zwingt, ja, mehr noch: die Grenzen „ausgedachter" Lösungen in der Auseinandersetzung mit den real gegebenen Bedingungen aufdeckt. Für die hier diskutierten Organisationsmodelle religiösen Lernens in der öffentlichen Schule heißt das zum Beispiel konkret, dass sich sowohl der konfessionelle Religionsunterricht als auch das als „Religionsunterricht für alle" verstandene Konzept von LER ein erhebliches Stück in Richtung ihres jeweiligen Konterparts entwickelt haben. Der konfessionelle Religionsunterricht ist ein gehöriges Maß kundlicher und LER ein deutliches Maß religionssensibler geworden – jedenfalls nach Ausweis der in diesem Band zu Wort kommenden Vertreter/innen (vgl. dazu a. Schluß, 158f.).

Ein Grund für die beobachtete Annäherung ist sicherlich auch, dass es eine Reihe von Herausforderungen gibt, denen sich durchweg alle Formen religiöser Bildung in Europa auf die eine oder andere Weise zu stellen haben (vgl. Schreiner, 130–132):

- auf die Phänomene einer globalisierten Religion und religiöser Pluralität zu reagieren;
- die Auseinandersetzung mit Relativismus und Fundamentalismus zu führen;
- nach dem zu fragen, was genau im Bereich religiöser Bildung als „Kompetenz" zu bezeichnen ist;
- auf Religion nicht nur als Überzeugungssystem, sondern auch als Teil einer Lebenspraxis zu reflektieren; sowie
- sich bewusst zu sein, dass Religion und auch Religionsunterricht stets dem Zugriff gesellschaftlicher Mächte und Interessen ausgesetzt sein werden.

Auch wenn sich auf diese Herausforderungen natürlich durchaus unterschiedlich reagieren lässt, macht allein die Tatsache, dass *alle* Organisationsformen mit ihnen konfrontiert sind, schon für sich genommen gewisse Konvergenzen verständlich.

So finden sich in den verschiedenen Formen heute antreffbaren Religionsunterrichts gewiss unterschiedliche Formen des Umgangs mit religiöser Pluralität. Entscheidender noch als diese Differenzen ist aber wohl, dass eben keine Form diese Pluralität einfach ignorieren kann. Dies ließe sich in ähnlicher Weise auch für die anderen von Schreiner genannten Herausforderungen sagen. Das heißt: Sowohl die inhaltliche Agenda des Religionsunterrichts als auch die Form des Umgangs mit religiösen Fragen sind in einer die verschiedenen Organisationsformen übergreifenden Weise durch kontextuelle Herausforderungen mitbestimmt. Nach Henning Schluß ist es gerade der für alle Modelle schulischen Religionsunterrichts gleichermaßen geltende Zwang zur Wissenschaftsbezogenheit, der die bis heute konzeptionell teilweise strikt gegeneinander abgegrenzten Formen insbesondere eines konfessionellen und eines religionskundlichen Religionsunterrichts sich annähern lässt. Der Zwang zur Rationalität (vgl. Schluß, 152), das Gebot der Kontroversität (vgl. 159) und das Verbot der Indoktrination (vgl. ebd.) hätten im einen wie im anderen Falle zu gelten. Ob die Bezugswissenschaft des Religionsunterrichts nun die Theologie oder die Religionswissenschaft sei, mache in Anbetracht dessen keinen großen Unterschied mehr aus (vgl. 158f.): eine wissenschaftsbezogene Objektivierung des Gegenstandes „Religion" finde in jedem Falle statt.

Sehr salopp könnte man sagen: Auch die in der Vergangenheit häufig mit „Neutralität“, „Information“ und „Unbetroffenheit“ assoziierten religionskundlichen Modelle betonen das Moment der Lebensrelevanz und scheuen nicht mehr davor zurück, im Lernen nicht nur *über*, sondern auch *von* Religion(en) ein Stück lebenspraktischen Orientierungsgewinn zu versprechen. Und die früher häufig mit „Voreingenommenheit“, „positioneller Festlegung“, und „religiöser Vereinnahmung“ assoziierten Formen konfessionellen Religionsunterrichts unterstreichen ebenfalls ihre Lebensnähe und haben inzwischen kein Problem mehr damit, religiöses Lernen für multireligiöse Perspektiven zu öffnen und Zielperspektiven religiöser Bildung zu formulieren, die unabhängig von der persönlichen Positionierung der Schüler/innen mit kundigem Wissen über Religionen ausstatten wollen. Es hat den Eindruck, als seien diese Annäherungen Ergebnis einer Reaktion auf Herausforderungen und Rahmenbedingungen, mit denen sich alle Organisationsformen gleichermaßen auseinanderzusetzen haben.

4 Begründungen

Auch bei der *Begründung des Religionsunterricht* im Ganzen von Schule bzw. bei der Bestimmung der spezifischen Bildungsaufgabe des Religionsunterrichts werden Argumente vorgetragen, die für ganz verschiedene Organisationsformen gleichermaßen Geltung beanspruchen (vgl. Knauth, 75f.; Helbling, 110f.; Schreiner, 123):

- Demnach finden im Religionsunterricht *Fragen* einen Ort, die im Leben eines jeden Menschen eine große Rolle spielen: „die Frage nach dem, was Leben trägt; wie Leben gelingen kann; was Halt und Hoffnung gegen alle Hoffnungslosigkeit geben kann; was zu einer gerechten Gemeinschaft gehört; welche friedensstiftenden Antworten man auf Gewaltverhältnisse finden kann; wie ich meinen Ängsten, Hoffnungen und Sehnsüchten eine Sprache geben kann“ (Knauth, 79);
- im Umgang mit diesen Erfahrungen und den aus ihnen hervorgehenden Fragen ist ein eigener Modus des Umgangs mit der Welt bzw. eine *eigene Form von Rationalität* gefordert (vgl. Dressler, 41);
- Religion bietet eine spezifische *Sprache* an, die Potentiale der Selbst- und Welterschließung beinhaltet, über die andere, meist eher funktionale Sprachen, nicht verfügen (vgl. Englert, 22; Knauth, 75f.).

Natürlich spielt, wenn es darum geht, den Religionsunterricht zu begründen, auch die Fähigkeit zum Umgang mit religiöser Pluralität eine wichtige Rolle. In der genaueren Entfaltung dessen, was man sich unter einer solchen „Pluralitätskompetenz“ vorstellt, zeigen sich allerdings deutliche Unterschiede. So denkt etwa Henning Schluß bei dieser Kompetenz in erster Linie an die Fähigkeit zum sachgerechten Umgang mit der Religiosität *Anderer* – der Religiosität von Muslimen, denen ein Bundeswehrsoldat im Auslandseinsatz begegnet, der Religiosität von alten Menschen, denen eine Altenpflegerin bei ihrer Arbeit begegnet, kulturellen Ausdrucksformen des Christentums, denen buddhistische Zuwanderer in Deutschland begegnen (vgl. Schluß, 157). Hier kann der Eindruck entstehen, als sei Religion lediglich so etwas wie eine kulturelle Tatsache, der gegenüber man nicht einfach ganz ignorant bleiben könne (weil es dann eben zu Missverständnissen dessen kommen kann, was *Anderen* - noch? - wichtig ist). Dass Religion etwas ist, das auch für Menschen heute relevant zu sein beansprucht (bezogen auf deren Vorstellungen von „Heil", „Wahrheit", „Ethos" usw.), und dass es lohnend sein kann, sich mit diesem Relevanzanspruch auseinanderzusetzen, selbst für „nicht-religiöse" Menschen, das kommt so kaum in den Blick. Religion ist aus dieser Sicht tendenziell die Religion von Anderen.

Eine beliebte Argumentation sieht den Religionsunterricht von der gesellschaftlichen Aufgabe der „Wertevermittlung" her begründet. Diese vermeintlich so plausible Legitimationsstrategie wird von Dressler sehr grundsätzlich problematisiert und entschieden zurückgewiesen. Dressler vertritt demgegenüber die These, dass ein konfessioneller und insbesondere der evangelische Religionsunterricht dezidiert kein Werteunterricht sei. Religiöse Bildung müsse sich vielmehr, „in welcher Form auch immer gegen die Erwartung verwahren ..., der Wertevermittlung dienen zu sollen" (Dressler, 31). Werte seien, anders als man dies oft voraussetze, eben nicht sachhaft vorhanden, sondern stets kommunikative Konstruktionen (vgl. 34); sie seien auch nicht zu „vermitteln", sondern „immer nur in der Form von Wertekonflikten zu haben" (33). Sofern sich ihre Entdeckung „Erfahrungen in sozialen Handlungszusammenhängen" (36) verdanke, ließen sie sich nicht einfach zum Gegenstand von Belehrungen machen. Vor allem aber verkenne, wer den Religionsunterricht vor allem für die Vermittlung von Werten in Anspruch nehme, dass Religion von ihrem Wesen her etwas völlig anderes als Moral sei (Schleiermacher: „eine eigene Provinz im Gemüth", vgl. 40f.); im Prozess religiöser Bildung sei Religion daher nicht als Moralverstärker, sondern als „eigenständige und eigensinnige kulturelle Praxis" (41) zu erschließen.

Ebenfalls unbestritten scheint zu sein, dass Religionsunterricht als bildender Unterricht zu verstehen ist. Dass dieses Verständnis des Faches aber stets neu begründet und immer wieder gegen Rekatechetisierungsversuche verteidigt werden muss, verdeutlicht der Artikel von Amin Rochdi über das Spannungsverhältnis zwischen einer an Bewahrung orientierten traditionellen islamischen Theologie und einem Verständnis von Fachdidaktik, die Reflexionsprozessen und Suchbewegungen von Schülern Raum gibt. Die Lehrgestalt von Religion lässt sich nicht einfach aus einer theologischen Interpretation von Tradition übernehmen. (Islamischer) Religionsunterricht im Raum von Schule soll – wie Rochdi ausführt – eine neue Diskurskultur ermöglichen, in der nicht fertige, aus Tradition übernommene Antworten präsentiert werden, sondern Schüler in eigenen hermeneutischen Bemühungen in Reflexionsprozesse hineingenommen werden. Deutlich wird, dass die mit der Einführung des islamischen Religionsunterrichts verbundenen theologischen, religionspädagogischen, aber auch bildungspolitischen Diskussionen grundsätzlichen Charakter aufweisen und nicht nur Vertreter und Vertreterinnen islamischer Religionspädagogik betreffen.

5 Probleme

Ein zentrales Problem heutigen Religionsunterrichts und auch einer der maßgeblichen Gründe dafür, dass heute verstärkt nach neuen Organisationsformen schulischen Religionsunterrichts gesucht wird (vgl. Kenngott, 101), ist die zunehmende Zahl von nicht mehr religiös sozialisierten bzw. von konfessionslosen Schüler/innen. Man wird fragen müssen, inwieweit das in Deutschland bestimmende Modell konfessionellen Religionsunterrichts diesen Kindern und Jugendlichen angemessen Rechnung zu tragen vermag.

In Anbetracht dieser Schülerschaft ist auch zu prüfen, ob manche derzeit propagierten anspruchsvollen Zielsetzungen religionsunterrichtlicher Arbeit wirklich (noch) realistisch sind. Peter Schreiner macht am Beispiel Schwedens deutlich, dass es zwischen den Zielsetzungen des offiziellen Curriculums und den Erwartungen der Schüler/innen an den Religionsunterricht erhebliche Differenzen geben kann (vgl. Schreiner, 126). Diese Differenz hat damit zu tun, dass schon der Stellenwert und die mögliche Rolle von Religion im gesellschaftlichen und persönlichen Leben offensichtlich sehr unterschiedlich und von Seiten jedenfalls der schwedischen Schüler/innen mehrheitlich sehr kritisch eingeschätzt werden. Dass Religion in *jedweder* Gestalt als Ausdruck einer im Grunde nicht mehr zeitgemäßen Geisteshaltung betrachtet wird, wie es sich bei Schwedens Jugend abzuzeichnen scheint, muss eigentlich alle für irgendeine Form religiöser Bildung engagierten Akteure beunruhigen. Denn es liegt auf der Hand, dass Schüler/innen mit einem solchen Religionsverständnis nur schwer vom Sinn eines schulischen Religionsunterrichts zu überzeugen sein werden. So wird man die Einstellungen von Kindern und Jugendlichen gegenüber Religion und Religionen sorgfältig im Auge behalten müssen, wenn man nicht Gefahr laufen will, dem Religionsunterricht völlig unrealistische Zielsetzungen aufzuerlegen.

Auch ein sich gerade von der Zunahme konfessionsloser Schüler/innen her nahelegender staatlicher Religionskundeunterricht wirft allerdings Fragen auf, zum Beispiel: Auf welcher Grundlage soll hier darüber entschieden werden, was es im weiten Feld des Religiösen verdient, zum Thema gemacht zu werden bzw. was es möglicherweise sogar verdient, in seinem Geltungsanspruch besonders hervorgehoben zu werden? Im Grunde stellt sich diese Frage analog auch schon im Bereich des Ethischen. Denn: Als wertegenerierend kann ja nicht der Staat selbst, sondern müssen seine verschiedenen gesellschaftlichen Gruppierungen gelten (vgl. dazu die bekannte Sentenz von Böckenförde). In einer ethisch und weltanschaulich pluralen Gesellschaft, in der Werte, soziologischer Expertise zufolge, nicht durch naturwüchsigen Konsens (als kleinster gemeinsamer Nenner), sondern durch prozedural geregelten Konflikt als bestimmend oder eben nicht bestimmend ins öffentliche Bewusstsein treten, ist es keineswegs so, dass sich bestimmte Werte sozusagen von sich aus empfehlen würden. Muss der Staat in Gestalt seiner Schulbehörden dann also nicht auf eine Weise regulativ und bestimmend in einen durch Pluralität geprägten Diskurs eingreifen, der seine Kompetenz deutlich überschreitet und ihn zwangsläufig in die Nähe eines Weltanschauungsstaates rückt? Auch wenn diese Befürchtung sicherlich vielen übertrieben erscheinen mag, zeigen doch die Entwicklungen in verschiedenen Weltgegenden, wie schnell manche Staaten im Feld von Ethik und Religion ungeniert „erzieherisch“ aktiv werden, wenn man ihrer Übergriffigkeit in dieser sensiblen Materie nicht frühzeitig entschieden entgegentritt. Nicolett Wels zeigt in ihrem Beitrag, was es beim Verständnis des religiös-weltanschaulichen Neutralitätsgebots des Staates alles zu beachten gilt (Identifikationsverbot, Bewertungsverbot, Paritätsverbot, Indoktrinationsverbot, Mäßigungsgebot, vgl. Wels, 182–190; s.a. Willems, 166–168).

Verbunden mit dieser schwierigen Materie ist eine andere Frage, nämlich: Soll man sich von einem staatlich angebotenen Religionsunterricht abmelden dürfen? Ist die Problematik hier dieselbe wie bei einem für alle verpflichtenden Ethikunterricht oder liegt sie noch einmal etwas anders? Und mit welcher Begründung sollte eine solche Abmeldemöglichkeit geschaffen werden? Beziehungsweise: Mit welchen Gründen könnte sie verweigert werden? Die Rechtslage ist hier regional verschieden. In Brandenburg melden sich zunehmend mehr Schüler/innen von LER ab und wählen den konfessionellen Religionsunterricht (vgl. Kenngott, 99). In Berlin hingegen wurde ein verbindliches Fach „Ethik“ eingerichtet, von dem eine Abmeldung nicht möglich ist. Es besteht allenfalls die Möglichkeit, ergänzend zum Ethikunterricht, freiwillig an einem meist am Rande des Stundenplans angebotenen konfessionellen Religionsunterricht teilzunehmen (an dem, wohl auch wegen eines ohnehin als sehr voll empfundenen Stundenplans, immer weniger Schüler/innen teilnehmen). In dem in der deutschsprachigen Schweiz realisierten (oder vor der Realisation stehenden) Modell „Lehrplan 21“ ist von einer in das Fach „Sachkunde“ integrierten Religionskunde ebenfalls keine Abmeldemöglichkeit gegeben. Vermutlich gibt es eine Tendenz, ein vom Staat verantwortetes weltanschaulich sensibles Fach in dem Maße, wie „Religion“ darin thematisch nur marginal vorkommt, als obligatorisches Fach ohne Abmeldemöglichkeit einzurichten. Im Schweizerischen „Lehrplan 21“ etwa kommen religiöse Fragen und Themen nur noch randständig vor (lediglich in einer von zwölf Kompetenzen werden sie explizit angesprochen).

6 Didaktik

Quer durch die verschiedenen Organisationsmodelle und die ihnen entsprechenden Konzepte hindurch ist festzustellen, dass die Thematisierung von Religion ihren Ausgangspunkt von den lebensweltlichen Erfahrungen und den damit verbundenen Fragen und Klärungsbedürfnissen der Schüler nehmen soll. Die gilt vielleicht mit der größten programmatischen Entschiedenheit für den Hamburger „Religionsunterricht für alle“, im Grunde aber auch für alle anderen Modelle. Wobei sich der konfessionelle und der religionskundliche Ansatz aus unterschiedlichen Gründen und vor dem Hintergrund unterschiedlicher konzeptioneller Entwicklungsgeschichten nicht leicht tun, in eine so entschieden schülerorientierte Sichtweise einzustimmen. Der konfessionelle Religionsunterricht deshalb nicht, weil er, etwa im Sinne der Korrelationsdidaktik, die Begegnung zwischen Schüler/in und Sache als eine wechselseitige Herausforderung konzipiert, bei der nicht nur der/die Schüler/in Fragen an die Sache (hier: eine bestimmte religiöse Tradition) stellt, sondern umgekehrt auch die religiöse Tradition so geltend gemacht werden soll, dass sich die Schüler/innen ihrerseits in Frage gestellt sehen oder doch gestellt sehen können (sei es in diesem oder jenem Punkt oder grundsätzlicher noch: in ihrem Daseinsverständnis überhaupt). Dass auch ein kundlicher Religionsunterricht mit einem konsequent lebenswelt-, schüler- und fragenorientierten Ansatz gewisse Schwierigkeiten hat bzw. haben kann, macht Helbling deutlich (vgl. Helbling, 114f.). Er zeigt aber gleichzeitig, dass Religionskunde keineswegs auf eine „Information über Religion“ beschränkt sein muss, sondern dass sie, wenn sie über die Vermittlung trägen Wissens hinauskommen will, Themen in Fragen transformieren muss – und zwar in Fragen, die für die lebensweltliche Situation der Schüler/innen wirklich relevant sind (vgl. 115). Also nicht: „Der Friedhof“, sondern: „Wie sähe ein idealer Friedhof für eine Stadt aus, in der Menschen mit unterschiedlichen Religionen wohnen?“ (Vgl. ebd.) Auch in diesem Punkt lässt sich eine deutliche Annäherung zwischen dem feststellen, was in den verschiedenen Organisationsmodellen an unterrichtlicher Praxis und didaktischer Kultur tatsächlich anzutreffen ist.

Jene Weiterentwicklung einer religionskundlichen Fachdidaktik, die wohl am deutlichsten über eine bloße „Information über Religion“ hinausgeht, findet sich im Beitrag von Joachim Willems. Die Frage ist: Wenn sich ein religionskundlicher Religionsunterricht nicht auf eine distanzierte Information über Religion beschränken, sondern auch Anlässe zu einem „Lernen von Religion(en)“ bieten will, wie kann er Religion dann zum Gegenstand machen, ohne sich dem konfessionellen Modell fast bis zur Ununterscheidbarkeit zu nähern? Willems schlägt in Anlehnung an das aus der Ethnologie bekannte Modell der „dichten Beschreibung“ (Clifford Geertz) einen Modus der Annäherung an religiöse Traditionen vor, der von einem hohen Maß an Sorgfalt, Genauigkeit, Respekt und Kompetenz gekennzeichnet ist. Auf diese Weise soll auch das Verstehen religiöser Tiefenstrukturen möglich sein, und zwar eben ohne dass der sich auf diese Weise einer Tradition Nähernde dabei selbst zu deren Adepten werden müsste. Es geht hier also nicht primär darum, szientifische Erklärungen (z. B. religionsgeschichtlicher, religionssoziologischer, religionspsychologischer Natur usw.) auf religiöse Phänomene zu applizieren, sondern religiöse Perspektiven und Traditionen in ihren kanonischen und lebensweltlichen Bedeutungen zu rekonstruieren. Man könnte auch sagen: auf Religion eben nicht nur eine Außensicht einzunehmen, sondern den Versuch zu machen, auch den Innenansichten von deren Partizipant/innen auf die Spur zu kommen. Eine derartige Interpretation des religionskundlichen Modells stellt eine interessante Entwicklung dar, weil sie den religionskundlichen Ansatz auf ein Verständnis des didaktischen Umgangs mit Religion zuführt, das auch dem Hamburger Weg eines Religionsunterrichts für alle zu Grunde liegt. Mit einem auf religionskundliche Information beschränkten Ansatz hat diese Position jedenfalls nicht mehr viel zu tun, weil sie unterstreicht, dass auch eine religionskundliche Fachdidaktik die Schüler/innen involvieren, engagieren und im Blick auf die Probleme gesellschaftlichen und individuellen Lebens hin orientierungsfähig machen will.

Auch Katharina Frank skizziert eine religionskundliche Fachdidaktik. Sie setzt dabei allerdings deutlich andere Akzente als Willems. Während Willems Konzept im Anschluss an Geertz‘ Verständnis einer „dichten Beschreibung“ darauf angelegt ist, religiöse Traditionen in ihrer Vielschichtigkeit und inneren Komplexität zu rekonstruieren, so dass religiöse Überzeugungen, Haltungen und Einstellungen so verstanden werden können, wie sie aus der Sicht der Partizipanten verstanden werden wollen, zielt Frank ausschließlich auf analytische Außensichten. In einem Religionsunterricht für alle kommen für sie nur analytisch-beobachtende (z. B. historische, soziologische, psychologische und natürlich religionswissenschaftliche) Perspektiven auf Religion in Frage, und zwar dezidiert nur auf in der Lebenswelt der Schüler/innen empirisch tatsächlich auch antreffbare Ausdrucksformen von Religion. Die Auseinandersetzung mit dem Eigenanspruch der Religionen gehört nach Franks Verständnis ausschließlich in den Kontext dessen, was sie im Unterschied zu einem religionskundlichen einen „religiösen“ Unterricht nennt (vgl. Frank, 207). Aus dieser Sicht sind religionskundlicher und „religiöser“ Unterricht zwei sowohl in ihrer Intention als auch in ihrer Verfahrensweise ganz klar voneinander unterscheidbare Alternativen. Religiöser Unterricht, wie er nach Franks Auffassung im konfessionellen Rahmen die Norm ist, sei ein Unterricht, dessen Lehrabsicht darin bestehe, „Religiosität beim Schüler/bei der Schülerin hervorzurufen“ (198); die Schüler/innen würden dabei veranlasst, eine ihnen möglicherweise fremde religiöse Sprache zu gebrauchen und Perspektiven zu übernehmen, die sie möglicherweise gar nicht überzeugten (vgl. 207). Bei alledem werde mit problematischen und nicht in Zweifel zu ziehenden Unterstellungen gearbeitet („so, als ob es ‚Gott‘, ‚Propheten‘, ‚Engel‘, ‚das Paradies‘ usw. gäbe“, vgl. ebd.). In einem religionskundlichen Unterricht dagegen werde „in einer wissenschaftlich und sozial validierten Sprache“ (208) vorangeschritten.

Man wird kritisch fragen müssen, inwieweit diese Darstellung konfessionellen Religionsunterrichts mit der Eigensicht der Vertreter/innen dieses Modells korrespondiert. Es scheint jedenfalls, als gelange Frank nicht nur hinsichtlich des religionskundlichen, sondern auch hinsichtlich des konfessionellen Religionsunterrichts zu einem Sondervotum (jedenfalls, wenn man ihre Auffassung mit den übrigen Beiträgen in diesem Band vergleicht). Ähnliches gilt dann natürlich auch für ihre Sicht des Zueinanders dieser beiden Formen von Religionsunterricht, wonach das Verhältnis zwischen konfessionellem und religionskundlichem Modell nach wie durch eine Art Diastase gekennzeichnet ist.

7 Alternativen

Keine zukunftsfähige Option ist offensichtlich der „Biblische Geschichtsunterricht/Religionskunde“ (BGU) in Bremen; das wird gerade auch in dem für eine Verbesserung der dortigen religionsunterrichtlichen Situation engagierten Beitrag von Eva-Maria Kenngott sehr deutlich (vgl. Kenngott,88–94). Dieses aus heutiger Sicht nur noch historisch zu verstehende Ergebnis religionspolitischen Befriedungswillens ist nicht „Fisch und nicht Fleisch“, es ist nicht konsequent bekenntnisorientiert und auch nicht konsequent religionskundlich angelegt. Schon die unterschiedliche Benennung des Faches in verschiedenen Schulstufen zeigt das. Dementsprechend schwierige Konflikte belasten hier sowohl das pädagogische Alltagsgeschäft als auch die staatliche Rechtsprechung. Wenn man sich die Stellungnahme des Bremischen Senats zur Frage, ob auch eine kopftuchtragende Muslima Biblischen Geschichtsunterricht erteilen dürfe, ansieht (vgl. dazu 93), dann kann man sich nur wundern über das Maß an unausweichlichen inneren Spannungen und Inkonsequenzen, die dieser längst nicht mehr zeitgemäße Bremische Formelkompromiss bis vor Kurzem hervorgebracht hat. Zu dieser schon konzeptionell unbefriedigenden Situation passte, dass der Bremer Religionsunterricht jenseits der Grundschule bislang offenbar nur 20 % der

Schüler/innen erreicht hat. Eine Änderung dieser prekären Lage religiöser Bildung an den öffentlichen Schulen Bremens wird inzwischen in Angriff genommen. Mit Beginn des Schuljahres 2014 ist ein neuer Rahmenplan Religion in Bremen in Kraft getreten, der sich – bis zur Übernahme von Formulierungen – an die dialogisch-interreligiöse Konzeption aus Hamburg anlehnt. Man wird abwarten müssen, ob diese konzeptionelle Anleihe zu einem Neuanfang führt.

Die Problematik, dass der Religionsunterricht in einer Art bildungspolitischen Resteecke zu landen droht, kommt, wo der Staat die alleinige Verantwortung für ihn trägt, offenbar nicht selten vor. Eine solche Entwicklung ist keineswegs zwingend, aber faktisch eben auch nicht ungewöhnlich. Für eine derartige Marginalisierung gibt es in Bremen wohl schon lange deutliche Anzeichen; und in Brandenburg (vgl. Kenngott, 94–99) und auch in England (vgl. Schreiner, 126–128) mehren sie sich. Das englische Beispiel zeigt, wie viele Möglichkeiten es gibt, einen Religionsunterricht ohne entsprechende Anwaltschaft in ein für ihn schwieriges Fahrwasser zu navigieren (Veränderung von Wahlmöglichkeiten, Veränderung curricularer Verantwortlichkeiten, Veränderungen im Prüfungswesen usw.). Dann braucht es unter Umständen nicht mehr viel, dass die daraus erwachsenden strukturellen Probleme in ihrer Summe ein im schulischen Bildungsprogramm ohnehin nicht unumstrittenes Fach über kurz oder lang ganz erledigen. Offensichtlich sind in England schon jetzt Verhältnisse feststellbar, die es Kritikern des Religionsunterrichts leicht machen, dieses Fach nachdrücklich anzufragen: „Niedrige Standards", „schwache Lehrerleistungen" und „eine Konfusion darüber, was mit dem Fach erreicht werden soll" (127).

Dies muss alle an religiöser Bildung wirklich Interessierten natürlich hellhörig machen und, unabhängig von ihrer Präferenz für einen konfessionellen, interreligiösen oder bekenntnisneutralen Ansatz, fragen lassen, ob man dem Staat zutrauen darf, ein hinlänglich verlässlicher Anwalt des Religionsunterrichts zu sein und für dessen angemessene Förderung, Ausstattung und curriculare Berücksichtigung mit dem gebotenen Nachdruck einzutreten. Welche Qualität bestimmte Organisationsmodelle von Religionsunterricht auf der unterrichtlichen Bühne tatsächlich entwickeln, hängt ja nicht nur von ihren konzeptionellen Vorgaben ab, sondern auch von den Ressourcen, die für die Umsetzung dieser Vorgaben bereitgestellt werden. Was helfen noch so schöne und auf dem Papier möglicherweise überzeugende didaktische Konzepte, wenn sie zum Beispiel von Lehrer/innen realisiert werden sollen, die nicht angemessen ausgebildet sind, die mit diesen Konzepten nicht gründlich genug vertraut sind und denen, zumal in einem komplexen und sensiblen Feld wie dem der Religion, schlicht das erforderliche Sachwissen und die nötige Urteilskompetenz fehlen? In diesem Punkt hat es ein Religionsunterricht mit den Religionsgemeinschaften als starken Bündnispartnern leichter. So achten etwa die beiden großen christlichen Kirchen mit Hilfe eines eigenen aufsichtlichen Systems und in Partnerschaft zu den staatlichen Schulbehörden darauf, dass bei der Ausbildung und Einstellung von Religionslehrer/innen oder bei der Berücksichtigung des Religionsunterrichts im Stundenplan notwendige Standards nicht allzu sehr unterschritten werden. Zudem investieren die Kirchen auch selbst erhebliche Mittel beispielsweise in die Fortbildung von Lehrer/innen und die Entwicklung geeigneter Unterrichtsmaterialien. Dass dies aber nicht exklusiv nur mit einem konfessionellen Religionsunterricht verbunden sein muss, zeigt die Entwicklung in Hamburg. Hier wurde mittlerweile die Voraussetzung dafür geschaffen, dass qua Staatsvertrag und rechtlicher Vereinbarungen *mehrere* Religionsgemeinschaften die inhaltliche Verantwortung für einen gemeinsamen Religionsunterricht übernehmen können. Dies alles heißt allerdings nicht, dass da, wo Religionsunterricht in inhaltlicher Verantwortung der Religionsgemeinschaften angeboten wird oder werden sollte, keine Differenzen zwischen Soll- und Ist-Zustand bestünden.

Am schwierigsten liegen die Dinge wahrscheinlich da, wo dem Bereich der „Religion" in der öffentlichen Schule nicht ein eigenes Fach entspricht, sondern wo dieser Bereich „integrativ", also in einen themen- und oft auch fächerübergreifenden Zugriff mit einzuschließen versucht wird. Dies wird zukünftig an vielen Schweizer Schulen so sein (vgl. Helbling, 108–110.). Religion wird hier in Gestalt ausgewählter „kulturelle(r) und soziale(r) Erscheinungsformen" thematisiert (vgl. 114) und in eine allgemeine Sachkunde integriert. Auch für einen solchen „Religionsunterricht" nimmt Helbling in Anspruch, dass es dabei nicht nur um einen „Kanon von zu lernenden Fakten aus den Religionen" (113) gehe, sondern um eine Einführung in „Religion als Weltzugang" (ebd.). Die Frage ist allerdings: Wird, wenn Schüler/innen Religion als kulturelles und soziales Phänomen betrachten lernen, tatsächlich etwas von deren eigenem Weltzugang deutlich? Geschieht eine solche Betrachtung nicht viel eher in der Tradition religionssoziologischer oder religionspsychologischer Analyse? Was ist an einer solchen Betrachtung genuin religiös? Der religiöse Charakter des fraglichen Weltzugangs hängt ja nicht an der Materialität des Gegenstandsbereichs, sondern am *modus operandi*, eben an einem bestimmten Umgang mit der Welt. Und da bleiben doch erhebliche Zweifel, ob einem solchen Umgangsmodus in einem dezidiert sachkundlichen Fach angemessen Raum gegeben werden kann.

Nun muss man im Gegenzug allerdings auch fragen: Was wären denn Formen des Umgangs mit der Welt, die als genuin „religiös" gelten können und die, dies ist an dieser Stelle gleich hinzuzufügen, gleichzeitig als bildungsrelevant und schulkompatibel gelten können? Tut sich nicht auch der konfessionelle Religionsunterricht mittlerweile schwer, aus der unterrichtlichen Praxis Beispiele anzuführen, die zeigen, wie eine Lerngruppe diesen spezifisch religiösen Weltzugang beschreitet (vgl. Englert, 26–30)?

8 Ausblick

Relativ weit, gemessen am Anspruch dieses Bandes, holt Dressler in seinen „Überlegungen zu einem evangelischen Bildungsverständnis“ aus. Dressler diskutiert, was Bildung soll und nicht soll, kann und nicht kann; inwiefern die religiöse Tradition des (evangelischen) Christentums und eine ihr entsprechende Theologie das Bemühen um Bildung einerseits inhaltlich zu substantiieren vermögen, andererseits den mit Bildung sich verbindenden Ansprüchen (auf Heil, Glück und umfassendes Gelingen) auch eine Grenze setzen; schließlich: was die besondere Funktion und Aufgabe speziell religiöser Bildung für die Orientierungssuche postmoderner Menschen sein könnte. Die Frage ist: Was geben diese Überlegungen her für die Beantwortung der Frage nach der unter den gegebenen Umständen angemessensten Form religiöser Bildung?

Auch wenn Dressler nirgendwo auf eine der zur Diskussion stehenden Formen schulischen Religionsunterrichts sich ausdrücklich bezieht, entwickelt er doch eine Reihe von Ansprüchen an eine sach- und zeitgemäße religiöse Bildung, die sich durchaus als Tauglichkeitskriterien für die unterschiedlichen Modelle von Religionsunterricht brauchen lassen. Wichtige Punkte dabei sind:

- Religiöse Bildung hat eine Art Wächterfunktion. Sie muss Perspektiven bereitstellen helfen, die unterschiedliche Formen der Totalisierung kritisch zu unterlaufen vermögen. Dabei kann es sich um epistemologische Totalitätsansprüche (wie beispielsweise beim sog. „Naturalismus“) oder auch um ideologische Totalitätsansprüche handeln (wie beispielsweise bei säkularen Heilsversprechen – zu denen, wie Dressler deutlich macht, auch die Bildung selbst zählen kann).
- Religiöse Bildung hat die Aufgabe, anthropologische Grenzerfahrungen zu reflektieren. Hier ist insbesondere an die Erfahrung der Endlichkeit und an die Erfahrung des Unbedingten (des Absoluten, des Transzendenten) zu denken. Vielleicht ist es sogar die zwischen diesen beiden grundlegenden Erfahrungen bestehende Spannung, die die *condition humaine* in besonderer Weise charakterisiert: dass etwas derart Fragiles und Vergängliches wie der Mensch sich doch auch als Gefäß der Erfahrung von etwas Unbedingtem, ihn absolut Übersteigendem erleben kann.
- Religiöse Bildung hat gewisse elementare normative Grundlagen unserer Kultur im Bewusstsein zu halten (vgl. Dressler, 139). Dass dem Menschen als solchen, unabhängig von dem, was er darstellt oder leistet, Würde zuzusprechen sei, ist eben nicht einfach nur eine Forderung positiven Rechts, sondern etwas dem Menschen unter dem Titel seiner „Personalität“ von vornherein und bedingungslos Zugesprochenes. Wenn man, wie Dressler, davon ausgeht, dass die rechtfertigungstheologische

Unterscheidung zwischen Personen und ihren Taten sowie ihren empirischen Eigenschaften ... die Grundlage des modernen Menschenwürde-Postulats“ (ebd.) ist, hilft religiöse Bildung genauer zu begreifen, inwiefern diese Würde weder erst erworben werden muss, noch aus irgendeinem Grunde aberkannt werden kann.

– Religiöse Bildung soll dazu befähigen, Religion und Religionen sachgerecht wie kritisch zum Gegenstand zu machen. Sachgerecht insofern, als solche Bildung mit der Welt des Religiösen kompetent bekannt macht und diese in ihren authentischen Ausdrucksgestalten präsentiert (also nicht etwa in Formen, die den semantischen Reichtum ihrer Sprache und Symbole verkürzen oder den lebenspraktischen Anspruch ihrer Perspektiven einfach unterschlagen); kritisch insofern, als es eben nicht um die Einübung in eine partikulare religiöse Praxis geht, der gegenüber zum Beispiel „religiös unmusikalische“ Menschen sich schadlos verweigern könnten, sondern um die Auseinandersetzung mit einem anthropologisch grundlegenden Weltzugang (inklusive problematischer Formen, diesen Weltzugang zu beschreiten). Es gehe insbesondere um die Ausbildung der „Fähigkeit des Wechsels zwischen ‚religiöser Rede‘ und ‚Reden über Religion‘“ (143), zwischen der Partizipation *an* und der Analyse *von* Religion.

Dies ist ein im Ganzen überschaubarer, aber im Einzelnen höchst anspruchsvoller Katalog von Forderungen. Sofort klar ist: Wo religiöse Bildung organisatorisch oder auch inhaltlich als eine Art Resterampe fungiert, lässt sich diesen Forderungen nicht annähernd gerecht werden. Wo Religionslehrer/innen „Religion“ sozusagen nebenbei unterrichten und nicht wirklich „in der Sache stehen“, sind sie nicht in der Lage, einen Religionsunterricht zu initiieren, der diesen Forderungen genügen könnte. Unabhängig davon, wie die Frage nach der angemessensten Form von Religionsunterricht zukünftig entschieden wird, bleibt das Fach auf eine Religionslehrerbildung angewiesen, die mit den gesellschaftlichen Veränderungen im Feld von Religion Schritt halten kann.

Autorinnen und Autoren

Dr. Bernhard **Dressler** ist Professor i. R. für Praktische Theologie mit dem Schwerpunkt Religionspädagogik am Fachbereich Evangelische Theologie der Philipps-Universität Marburg.

Dr. Rudolf **Englert** ist Professor für Religionspädagogik am Institut für Katholische Theologie der Universität Duisburg-Essen.

Dr. Katharina **Frank** ist Wissenschaftliche Mitarbeiterin und Dozentin für Religionskunde am Religionswissenschaftlichen Seminar der Universität Zürich.

Dr. Dominik **Helbling** ist Dozent und Fachleiter Ethik und Religionen an der Pädagogischen Hochschule Luzern.

Dr. Eva-Maria **Kenngott** ist Forschungslektorin für „Religion und Bildung" am Institut für Religionswissenschaft und Religionspädagogik der Universität Bremen.

Dr. Thorsten **Knauth** ist Professor für Religionspädagogik am Institut für Evangelische Theologie der Universität Duisburg-Essen und Leiter der dort angegliederten „Arbeitsstelle interreligiöses Lernen" (AiL).

Dr. Lothar **Kuld** ist Professor für Katholische Theologie/Religionspädagogik an der Pädagogischen Hochschule Weingarten.

Amin **Rochdi** ist Studienrat im Realschuldienst sowie Mitarbeiter und Promovierender am Interdisziplinären Zentrum für Islamische Religionslehre (IZIR) der Friedrich-Alexander-Universität Erlangen-Nürnberg.

Dr. Henning **Schluß** ist Professor für Bildungsforschung und Bildungstheorie am Institut für Bildungswissenschaft der Universität Wien.

Dr. Peter **Schreiner** ist Wissenschaftlicher Mitarbeiter und stellv. Direktor am Evangelischen Comenius-Institut in Münster.

PD Dr. Dr. Joachim **Willems** ist Heisenberg-Stipendiat der DFG an der Humboldt-Universität zu Berlin und verwaltet die Professur für Religionspädagogik am Institut für Evangelische Theologie und Religionspädagogik der Universität Oldenburg.

Nicolett **Wels** ist Juristin und ausgebildete Lehrerin für das Unterrichtsfach „Lebensgestaltung-Ethik-Religionskunde", welches sie in Potsdam unterrichtet.